W0192732

Jan-Friedrich Conrad

RECORDING

Einführung in die
Technik der Musikproduktion

Ein
FACHBLATT SOUNDCHECK
Buch

Impressum

Verlag, Herausgeber und Autor machen darauf aufmerksam, dass die im vorliegenden Buch genannten Markennamen, Produktbezeichnungen und Schaltungen in der Regel patent- und warenrechtlichem Schutz unterliegen. Die Veröffentlichung aller Informationen und Abbildungen geschieht mit größter Sorgfalt, dennoch können Fehler nicht ausgeschlossen werden. Verlag, Herausgeber und Autor übernehmen deshalb für fehlerhafte Angaben und deren Folgen keine Haftung. Sie sind jedoch dankbar für Verbesserungsvorschläge und Korrekturen.

© 1995
2. Auflage 1996
3. Auflage 1998
4., grundlegend neu überarbeitete Auflage 2001
PPV Presse Project Verlags GmbH, Bergkirchen

ISBN 3-932275-18-7

Titelfoto: Arno Drexler
Titelgestaltung: Brigitte Viehauser
Grafiken: Matz Gößwein
Druck: Schroff-Druck, Augsburg

Alle Rechte vorbehalten. Nachdruck, auch auszugsweise, sowie Vervielfältigungen jeglicher Art nur mit schriftlicher Genehmigung der PPV Presse Project Verlags GmbH.

Vorwort

Sechs Jahre sind seit Erscheinen der Erstauflage dieses Buches vergangen – ein Zeitalter in einer von Digitaltechnik dominierten Branche. Tonbandgeräte mit bewegten Teilen haben dramatisch an Bedeutung verloren, und zwar auch die digitalen. Lediglich in der Produktion von Rockmusik dominieren nach wie vor analoge Mehrspurtonbandgeräte. Auch die digitalen Mehrspur-Cassettenrecorder befinden sich auf dem Rückzug. Für die große Mehrheit der Musikproduktionen sind Computer und kombinierte Harddiskrecording- und MIDI-Sequenzer-Software das preiswerteste, effizienteste und leistungsfähigste Werkzeug der Musikproduktion. Als Aufnahmemedium hat sich die Festplatte für den Computer durchgesetzt. Dank der Verfügbarkeit preiswerter CD-Brenner erübrigt sich auch der Bedarf an Mastermaschinen, also Zweispur-Tonbandmaschinen, DAT-Recordern und dergleichen. Das wird erst recht gelten, wenn sich die DVD und ihre beschreibbaren Pendants durchgesetzt haben werden.
Mit Medien wie der DVD, deren Speicherkapazität die der CD weit übertrifft, werden auch mehrkanalige Surround-Verfahren interessanter. Ihre Verbreitung wird wesentlich davon abhängen, wie weit sich Surround-Anlagen in Wohnräumen durchsetzen, das heißt, wie viele der Endverbraucher in die zusätzlichen Verstärker, Boxen und Abspielgeräte investieren und diese in ihre Wohnumgebung integrieren wollen. Medien mit der Speicherkapazität der DVD sind auch Voraussetzung für höhere Auflösungen von 24 statt 16 Bit und Abtastraten von 88,2 oder 96 kHz anstatt 44,1 kHz bei der CD. Gleichzeitig mit dieser Verbesserung gegenüber der Klangqualität der CD gewinnen auch Formate an Bedeutung, deren Klangqualität der der CD klar *unter*legen ist. Im Zuge der Vermarktung von Musik über das Internet wächst die Bedeutung datenreduzierter Formate wie MP3. Die MP3-Dateien sind ausreichend klein, um zügig aus dem Internet geladen werden zu können. Der Musiker benötigt für all das nur einen einzigen Computer, der zugleich die Funktion übernimmt, die Musik im Internet einer breiten Öffentlichkeit zugänglich zu machen – an der Phonoindustrie vorbei, deren Kompetenz sich zunehmend auf Marketing und Vertrieb beschränkt. Insofern trägt der Computer zu einer Demokratisierung der Musikproduktion bei.

Für die Neuauflage dieses Buches bedeutet das, dass es nicht länger eine größere Zahl an Geräten und Instrumenten darzustellen gilt, sondern Prozesse und Verfahren. Der Kompressor, der Equalizer, der Sampler und der Synthesizer begegnen uns nicht länger nur als Hardware, sondern auch als Plug-In in einem Programm. Der kreative Freiraum nimmt zu. Früher war das Aufnahmeverfahren stärker durch technische Regeln geprägt – so hat man vor der Aufnahme komprimiert, weil sich das Bandrauschen so besser im Zaume halten lässt. Bei 16-Bit-Aufnahmen sollte man auch heute noch so vorgehen. Aber wenn das Signal erst einmal in der digitalen Domäne des Harddiskrecorders vorliegt, kann man so viele Prozesse anwenden, wie man will. Wo die Prozessorleistung Grenzen setzt, nimmt man Zwischenmischungen auf (mit der Bounce-Funktion), die danach sogar wieder verworfen werden können. Wo bislang mit Spurkapazitäten streng hauszuhalten war, kann man heute munter drauflos arbeiten. Wenn ein Fehler unterläuft, kann man stets zum Status vor der Bearbeitung zurückgreifen. Das heißt "Non-destructive Editing" (nicht-destruktive Bearbeitung) und nimmt der Musikproduktion den Stress. Die Klangqualität moderner Systeme ist so gut, dass der Produktionsprozess heute nicht länger der Frage unterworfen ist, wie man das Rauschen gering hält und Höhenverlusten (durch Kopierverluste) entgegenwirkt. All dies hat das Vorgehen bei der Musikproduktion bis vor kurzem entscheidend geprägt. Ein Buch, das Einsteigern, ambitionierten Musiker/inne/n und angehenden Tontechniker/inne/n die Grundlagen der Aufnahmetechnik vermitteln will, darf den historischen, von diesen früher alltäglichen Problemen gesäumten Pfad verlassen, und zum Wesentlichen, zum Eigentlichen kommen: Den musikalischen Parametern von Mikrofonen, Kompressoren und Synthesizern beim Arrangieren mit dem Computer. Würde man alle Parameter zählen, die sich in einem kompakten Computer-Heimstudio verbergen, käme man schnell zu dem Schluss, dass das kleine Wohnzimmerstudio ungleich komplexer ist als frühere professionelle Tonstudios. Insofern ist die Lernkurve trotz der vielen Erleichterungen steiler als früher.

Dieses Buch liest man am besten kreuz und quer, denn bei Null fängt niemand an – auch dieses Recording-Buch nicht. Fragen, die man besser an die Bedienungsanleitung eines bestimmten Produkts, an die Hotline eines Herstellers, an seine Website oder an einen Fachhändler richtet, spart dieses Buch aus. Deshalb sind Soundkarten, ihre Standards und Kompatibilitätsprobleme

ebensowenig wie Computer-Betriebssysteme oder konkrete Produktempfehlungen Gegenstand dieses Buchs.
Dieses Buch wendet sich an alle Musiker/innen, die ihre Musik selbst produzieren, vorproduzieren oder bei der Produktion ein kompetentes Wort mitreden wollen. Es wendet sich auch an alle Studenten und Auszubildende der Audio-Produktionstechnik, insbesondere an meine Studenten der Audio-Engineer-Kurse am SAE Technology College – als Einführung in die Technik der Musikproduktion.

Götheby-Holm (Schleswig-Holstein), im Februar 2001

Jan-Friedrich Conrad

Inhaltsverzeichnis

1 Aufnahme- und Regieraumakustik

Für eine Musikproduktion, an der elektronische, aber auch elektrische und akustische Instrumente beteiligt sind, benötigt man einen Aufnahmeraum, in dem die Musikinstrumente und der Gesang stattfinden, und einen davon möglichst schalldicht getrennten Regieraum, in dem das Mischpult und fast alle anderen Geräte stehen. Eine Sichtverbindung zwischen Aufnahme- und Regieraum ist sehr wünschenswert. Dafür besitzen gute Studios (mehrfach verglaste) Fenster. Mehrspur-Tonbandmaschinen und Festplatten sollten wegen ihrer Laufgeräusche in einen nahegelegenen Nebenraum verbannt werden. Bei Festplatten lässt sich das zuweilen kaum vermeiden. Die Laufgeräusche von Computern und ihrer Peripherie sind ein wichtiges Qualitätskriterium. Jedenfalls sollen Geräte mit störendem Betriebsgeräusch (etwa Festplatten) nicht im Aufnahmeraum stehen.

1.1 Der Aufnahmeraum

Es gibt Ingenieurbüros, die auf die akustische Gestaltung von Studios spezialisiert sind – Studioakustik ist eine Wissenschaft für sich, die dicke Bücher füllt. Die wichtigsten Regeln lassen sich jedoch zusammenfassen. Die Akustik des Aufnahmeraums, aber auch des Regieraums, sollte trocken sein. Gute akustische Bedingungen lassen sich mit gelochten Akustikplatten herstellen. Große harte Flächen, etwa die nicht tapezierten Wände eines Partykellers, sollten mit Holz und allerlei flauschigen Materialien soweit bedeckt sein, dass nichts nachklingt oder den Klang verfärbt. Wenn man einmal in die Hände klatscht, bekommt man einen sehr guten Eindruck von der Akustik eines Raumes. Vor der Aufnahme sollte man insbesondere prüfen, ob ein Klatschen in den Ecken des Raumes nahe der Decke zu einem charakteristischen Nachklingen (Klang-Echo) führt. Die Klanglichkeit des Aufnahmeraums ist auf jeder Spur der Produktion zu hören. Der Abhörraum soll zur Längsachse symmetrisch sein, aber parallele Wände und Decken sind ungünstig. Dies ist in den meisten Bauten zwar der Normalfall, kann aber durch die Aufstellung von Paneelen leicht geändert werden.

Schon ein Summen (mit der eigenen Stimme) in stufenlos unterschiedlichen Tonhöhen entlarvt starke Resonanzen. Auch ein Dauerton vom Synthesizer kann dazu herhalten. Treten starke Resonanzen bei bestimmten Frequenzen auf, sollte man die Raumakustik ändern.

Da man hauptsächlich nah mikrofoniert, wird der Raumeindruck überwiegend mit Hilfe digitaler Hallgeräte erzeugt. Räume mit vielen Einrichtungsgegenständen, vielen krummen Winkeln und kleinen Flächen sind grundsätzlich für Aufnahmen besser geeignet als leere Räume mit großen, parallelen Wänden und vielen rechten Winkeln. Eine hängende Wolldecke im Bereich der Ecken des Raumes kann gute Dienste leisten. Holztäfelungen führen in der Regel zu einem angenehmeren Klangbild als tapezierte oder gar steinerne Wände.

2 Software-Audiosequenzer

In der Mehrheit aller Fälle, vom kleinen Homerecording-Studio im Wohnzimmer bis zur professionellen Pop-Produktion, ist der Computer das beste Aufnahmemedium mit dem bei weitem besten Preis-/Leistungsverhältnis und dem besten Bedienungskomfort. Auch wenn gar keine MIDI-Instrumente an der Produktion beteiligt sind, leisten Programme, die einen MIDI-Sequenzer auf der einen Seite und einen Harddiskrecorder mit integriertem Mischpult auf der anderen Seite kombinieren, die besten Dienste. Ihre Notationsfunktionen stehen professioneller Notensatz-Software kaum nach, und auch ihre Audio-Bearbeitungsfunktionen und Audio-Mischpultfunktionen sind kompromisslos. Programme wie Emagic Logic Audio oder Steinberg Cubase sind in Einsteiger- und Profiversionen erhältlich. Bei der Wahl der Programmversion empfiehlt sich, sobald man über einfache Einsteigeransprüche hinausgewachsen ist, der Griff zur professionellen Vollversion. Der absolute Kaufpreis und der Mehrpreis gegenüber der Einsteigerversionen stehen in keinem Verhältnis zum Mehrwert – wenn man sich die nachgerade fantastischen Leistungsmerkmale der Vollversionen vor Augen führt. Diese liefern heute auch zahlreiche Effekte, die die Anschaffung von externen Hall- und Effektgeräten sowie Dynamikprozessoren oft genug erübrigen. Durch die Möglichkeit, CDs zu brennen, entfällt auch der Bedarf für eine so genannte Mastermaschine, mit der man die fertige Produktion letztlich aufzeichnet. Die Prozessorleistung aktueller Computer reicht überdies aus, den PC zugleich als Klangerzeuger zu nutzen – also als Studio mit integriertem Synthesizer, Sampler, E-Piano oder Orgel.

Diese Umstände sprechen dafür, in einen möglichst leistungsfähigen Computer zu investieren, auch wenn die Halbwertszeit seines finanziellen Gegenwerts besonders kurz zu sein scheint. Seine Festplattenkapazitäten, seine Prozessorleistung und sein Arbeitsspeicher sollten stets so groß wie möglich gewählt werden – Sie werden sie voll auszunutzen wissen. Der kurzen wirtschaftlichen Halbwertszeit des Computers steht der bleibende Wert Ihrer Qualifikation gegenüber, mit Computern und Audiosequenzern kompetent umgehen zu können.

2.1 Kompatibilitätsfragen

Ein unverhältnismäßig großer Teil technischer Probleme und Anfragen betrifft Inkompatibilitäten des Computers oder der

Software mit der Soundkarte und ihren Treibern. Achten Sie also besonders darauf, dass die Soundkarte mit dem Programm und dem Computer harmoniert. Am besten orientieren Sie sich auf der Internet-Website des Software-Sequenzer-Herstellers, welche Soundkarten und Audio-Hardware-Lösungen für das Programm empfohlen werden können. Die Marktsituation ändert sich stets sehr schnell. Auch bei der Auswahl der Festplatten ist Aufmerksamkeit geboten. Kurze Zugriffszeiten und hohe Datendurchsatzraten sind gefordert. Die Platten müssen AV-fähig sein, und ihre Laufgeräusche und die ihrer Lüfter müssen sich in engen Grenzen halten.

Nicht AV-fähige Festplatten sind für Audio-Produktionen nicht geeignet, da sie in vom Anwender nicht zu steuernden Intervallen interne Regulierungsprozesse durchführen und ihre Arbeit dabei kurzzeitig unterbrechen. Bei der Bildbearbeitung etwa fällt das gar nicht auf.

Ein weiterer Aspekt, der dafür spricht, am Computer nicht zu sparen, besteht darin, dass der Computer schließlich noch viele andere Aufgaben übernehmen wird – man denke alleine an die Plakat- und CD-Covergestaltung und die vielen Internet-Anwendungen und anderen Aufgaben, bei denen sich leistungsfähige Computer als nützlich erweisen.
Vor dem Hintergrund dieser Entwicklung bietet es sich zunehmend an, um den Computer herum nur eine kleine Peripherie anzuordnen. Dazu gehören neben den Musikinstrumenten und den entsprechend gestalteten Räumlichkeiten ein oder mehrere gute Mikrofone, ein sehr guter Mikrofonvorverstärker, eine Abhöranlage und ein – womöglich recht kleines – Mischpult.

2.2 Grenzen integrierter Audiosequenzer

Der Computer und integrierte Audiosequenzer sind als Aufnahmemedium mittlerweile so allgemein zu empfehlen, dass es die Ausnahmen sind, die diese Regel bestätigen:

Live-Mitschnitte

An ihre Grenzen gelangen computergestützte Aufnahmesysteme (noch) bei Live-Mitschnitten. Dies betrifft in besonderem Maße Konzertmitschnitte, bei denen besondere Anforderungen an die Zuverlässigkeit, an die mechanische und elektrische Stabilität des Aufnahmesystems zu richten sind. Für Live-Konzertmitschnitte ist bis auf weiteres zu empfehlen, mit digitalen oder analogen Mehrspurmaschinen, auch mit digitalen Mehrspur-Cassettenrecordern zu arbeiten. Bei Live-Mitschnitten bewähren sich auch Hardware-Harddiskrecording-Systeme. Bei diesen ist allerdings genau zu klären, ob die Aufnahmekapazität den Anforderungen an einen ganzen Konzertabend gewachsen ist.

Eine zuverlässige gleichzeitige Aufnahme zahlreicher Spuren in hoher Audioqualität ist eine Stärke von Hardware-Harddiskrecordern wie dem Tascam MX-2424. Der Mitschnitt eines ganzen Konzertabends stellt enorme Anforderungen an die Speichermedien, die vor der Produktion zu klären sind.

Sind beispielsweise 24 Spuren parallel einen ganzen Abend lang aufzuzeichnen, bieten sich Bänder und insbesondere die Videocassetten der digitalen Cassettensysteme schon aus ökonomischen Gründen an. Mitschnitte von Symphoniekonzerten bleiben eine Spezialität von DASH-Recordern (Digital Audio Stationary Head). Dabei handelt es sich große Spulentonbandgeräte mit festem Tonkopf. Die auf Videolaufwerken basierenden Cassettensysteme haben rotierende Kopftrommeln (wie beim VHS-Videorecorder).

Rockmusikproduktionen

Der zuverlässige Mitschnitt von vielen Spuren gleichzeitig und über lange Zeiträume bleibt ein Vorzug der konventionellen Tonbandmaschinen. Bei Rockmusik und anderen Musikproduktionen, bei denen das gesamte Live-Zusammenspiel der Band oder des Orchesters gleichzeitig mitgeschnitten wird, sind die Forderungen an Datendurchsatz, an die Anzahl der A/D- und D/A-Wandler der Audio-Hardware, an den Datendurchsatz und die Speicherkapazität der Festplatten so enorm, dass auch moderne Systeme nicht an die Unkompliziertheit einer konventionellen Mehrspurmaschine heranreichen. Dieser Vorzug relativiert sich jedoch rasch, wenn nur einzelne Titel produziert werden oder wenn nur wenige Spuren simultan aufzuzeichnen sind. Bei konventionellen Rockproduktionen ist die kritischste Phase die simultane Aufnahme des Schlagzeugs und des Basses. Hier nimmt man womöglich zwölf Spuren zugleich auf. Viele Produzenten schätzen überdies die Bandkompression und die

Verzerrungen übersteuerter analoger Tonbänder – gerade für Rockmusik. Solche Produzenten sind mit ihren analogen Tonbandmaschinen wunschlos glücklich und bedürfen keines Computers als Aufnahmemedium. Für MIDI-Spuren kann der Computer (der MIDI-Sequenzer) zum Tonbandgerät synchronisiert werden.

Einfachste Produktionen ohne MIDI

Portable Kompaktstudios spielen ihre Stärken da aus, wo mit einfachsten Mitteln, mit wenig Platz und geringem finanziellen Einsatz Demos produziert werden sollen. In der Klangqualität sind manche Kompaktstudios professioneller Studiotechnik ebenbürtig. Nur geringe qualitative Abstriche sind bei digitalen Systemen mit Datenreduktion (etwa den "Virtual Studios" von Roland) in Kauf zu nehmen. Diese bedienen sich der MD-Data-Disk (eines Ablegers der Minidisc) oder Festplatten als Aufnahmemedium und sind mit integrierten digitalen oder analogen Mischpulten erhältlich. Portable Studios mit digitalen Mischpulten besitzen zumeist auch integrierte Effektprozessoren. Manche gestatten den Anschluss eines CD-Brenners zur Datensicherung und zum Aufnehmen des Masters. Aufnahmesysteme auf der Basis der Compact Cassette sind qualitativ nicht mehr zeitgemäß.

Portable Studios besitzen in der Regel keine integrierten MIDI-Sequenzer. Für Produktionen mit MIDI-Spuren sind sie trotz der Möglichkeit der Synchronisation nicht zu empfehlen. Der Bedienungskomfort und die Möglichkeiten der Nachbearbeitung erweisen sich nicht zuletzt wegen der kleineren Displays und der unterlegenen Bedienungselemente selbst den kleinsten Varianten der integrierten Software-Audiosequenzer als klar unterlegen. Obwohl manche Systeme den Datentransfer von und zum Computer ermöglichen, so dass man die Spuren mit Hilfe des Computers nachbearbeiten kann, wird das Leistungsvermögen eines rein computergestützten Systems bei weitem nicht erreicht.

Portable Studios bieten sich insbesondere für Musiker an, die den Kontakt zum Computer unbedingt meiden wollen und darauf Wert legen, dass die gesamte Studiotechnik sich in einem kompakten Gerät verbirgt, so dass auch der Verkabelungsaufwand gering ausfällt. Ein Vorzug portabler Studios besteht in den geringen Laufgeräuschen, die eine Platzierung des Mikrofons in unmittelbarer Nähe zum Gerät erlauben. Mehr dazu finden Sie in Abschnitt *Portable Studios* ab Seite 184.

2.3 Fluss analoger Audiosignale im Computer-Studio

Der direkte Weg in die Soundkarte

Unter der Voraussetzung, dass man immer nur eine (auch eine stereophone) Spur zur Zeit aufnimmt und kostengünstig produzieren will, empfiehlt es sich, ohne den Umweg über ein Mischpult aufzunehmen – wenn kein wirklich hochwertiges Mischpult zur Verfügung steht. Selbst wenn man dazu in Kauf nimmt, öfters Kabel umzustecken, wird der Aufwand durch einen ideal kurzen Signalweg entlohnt, der qualitativ immer besser ist als noch das anspruchsvollste Studiogerät, das im Signalfluss nicht wirklich gebraucht wird. Dieses Vorgehen bietet sich insbesondere bei Gesangsspuren an, die im Vordergrund der Mischung stehen.

Latenzzeit-Problematik

Eine wesentliche Voraussetzung dafür ist, dass die Latenzzeit der Soundkarte hinreichend kurz ist: Das Signal, das am Aufnahmeeingang anliegt, muss mit nicht mehr als etwa 10 Millisekunden Verzögerung am Wiedergabeausgang der Audio-Hardware abgehört werden können. Dies muss im Stopp, in der Aufnahmebereitschaft und während der Aufnahme gewährleistet sein, damit der Aufzunehmende sich live singen beziehungsweise spielen hört, ohne aus dem Takt zu kommen. Auch muss das Monitorsignal mit Effekten (insbesondere Nachhall) verarbeitet sein.

Eine ausreichend kurze Latenzzeit wird im Jahre 2001 noch längst nicht von allen Systemen geboten. Manche Systeme arbeiten verzögerungsfrei, bieten aber nur ein eingeschränktes Routing (Panoramaregelung) im Monitorsignal – oder haben keine Effekte im Monitorsignal. Wer die gesamte Aufnahmetechnik in den Computer verlagern will, muss darauf achten, dass Computer, Audio-Hardware (Soundkarte) und Software (Audiosequenzer, Software-Treiber der Soundkarte) miteinander harmonieren und die Daten entsprechend schnell verarbeiten. Informativ sind diesbezüglich die Internet-Sites Hersteller der Audio-Software-Sequenzer. Für die kommenden Jahren ist damit zu rechnen, dass die Hersteller unproblematische Latenzzeiten als Entwicklungsziel von hoher Priorität einstufen. Der Lohn der Mühe besteht darin, dass der Computer einen Großteil der Hardware eines Tonstudios vollständig ersetzen kann.

Mikrofonvorverstärker

In den letzten Jahren setzen sich zunehmend hochwertige Mikrofonvorverstärker mit nur ein oder zwei Kanälen durch. Diese stehen qualitativ den Mikrofonvorverstärkern sehr hochwertiger Studiomischpulte in nichts nach – allein der Umstand, dass man mit ein oder zwei Exemplaren auskommt, spart enorm. Die Qualität des Mikrofonvorverstärkers ist entscheidend, und er ist auf vielen Spuren ganz im Vordergrund zu hören – insbesondere auf den Gesangs- und akustischen Instrumentalspuren. Andere Geräte ersetzen einen kompletten einzelnen Mischpult-Kanalzug und kombinieren Mikrofonvorverstärker mit Equalizer und Kompressor, zum Teil auch mit Analog/Digital-Wandlern (TC Electronic Gold Channel und andere).

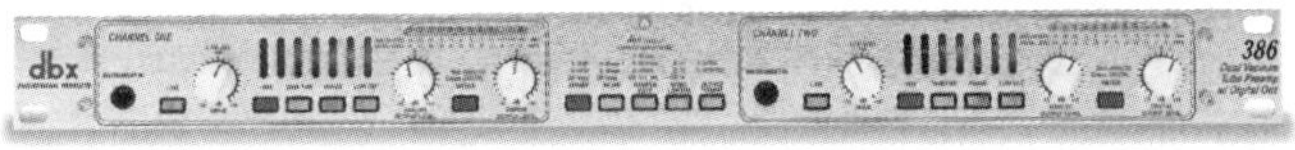

Der zweikanalige Mikrofonvorverstärker DBX 386 verfügt über eine Röhrenstufe, die der Digitalaufnahme von vornherein Wärme verleiht. Integrierte Analog/Digital-Wandler mit einer Abtastrate von bis zu 96 kHz und einer Wortbreite bis zu 24 Bit sowie Dithering und Noise Shaping gestatten den direkten digitalen Anschluss an eine Audio-Hardware (beziehungsweise Soundkarte) mit den betreffenden Anschlüssen. Einen kompletten Mischpult-Kanalzug ersetzen Geräte wie der DBX 376: Das Gerät ist mono, verfügt aber über einen integrierten Equalizer, Kompressor und De-Esser – eine Komplettlösung nicht nur für die Aufnahme von Gesang oder akustischer Gitarren.

Direktaufnahme von E-Gitarren und Bässen

E-Gitarren und insbesondere E-Bässe kann man ohne weiteres ohne den Umweg über eine mikrofonierte Gitarren-Lautsprecherbox aufnehmen. Gitarrenvorverstärker mit integrierten Effekten verfügen oft über digitale Simulationen mikrofonierter Gitarrenboxen. Auch solche Geräte lassen sich grundsätzlich direkt an den Soundkarteneingang anschließen. Der Umweg über ein Mischpult ist komfortabler, bietet aber keinen qualitativen Vorteil.

2.4 Hardware-Mischpult und Audio-Hardware

Maximale Anzahl simultan aufzuzeichnender Spuren

Bei der Planung einer Studioeinrichtung ist die Frage nach der maximalen Anzahl der Spuren, die simultan aufgezeichnet werden können sollen, von wesentlicher Bedeutung. Von den unter Abschnitt *Grenzen integrierter Audiosequenzer* ab Seite 14 dargestellten Einschränkungen abgesehen, kann für einen Großteil der aktuellen Musikproduktion angenommen werden, dass immer nur eine Mono- oder Stereospur zur Zeit aufgezeichnet wird – denn alle Instrumente und Gesangsstimmen werden nacheinander einzeln aufgenommen. MIDI-Arrangements (darunter programmierte Drums) zählen an dieser Stelle gar nicht mit; sie werden zumeist in der Endphase der Aufnahmen, bevor die Abmischung beginnt, im Ganzen in stereo aufgezeichnet. Bei Popmusik und Anverwandtem ist man mit einer Audio-Hardware (Soundkarte), die über nur einen Stereoeingang verfügt, oft schon ausreichend ausgestattet, mit einer Audio-Hardware mit vier oder acht Eingängen oft schon auf der ganz sicheren Seite.

Die meisten Titel des Albums "Music" (Erscheinungsjahr 2000) von Madonna wurden mit der Soundkarte Emagic Audiowerk 8 unter Logic Audio aufgezeichnet. Diese verfügt über nur einen Stereoeingang und vier Stereoausgänge, 16 Bit Wortbreite und einer maximalen Abtastrate von 48 kHz.

Aufnahme über analoge Mischpulte mit Subgruppen

Wenn nicht, wie unter Abschnitt *Der direkte Weg in die Soundkarte* ab Seite 17 dargestellt, der Ausgang des aufzunehmenden Instruments direkt mit dem Aufnahmeeingang der Audio-Hardware verbunden wird, sind es die Subgruppenausgänge des Hardware-Mischpults, die man aufnimmt. (Subgruppen und Direktausgänge sind in den Abschnitten *Subgruppen* und *Subgruppen bei der Aufnahme, Direct Outs* ab Seite 190 dargestellt.) Die Subgruppenausgänge werden 1:1 mit den Aufnahmeeingängen der Audio-Hardware verbunden. Wenn die Soundkarte weniger Eingänge besitzt als das Mischpult Subgruppen hat, ist das ebenso unproblematisch, wie wenn die Anzahl der Subgruppen von der Anzahl der Soundkarteneingänge übertroffen wird. Oft liegen die Subgruppenausgänge dreifach vor, so dass man auch 24-Spur-Maschinen an Mischpulte mit acht Subgruppen anschließen kann. Gruppe 1 ist dann mit den Aufnahmeeingängen der Spuren 1, 9 und 17 verbunden, die schließlich normalerweise nicht simultan aufgenommen werden. (Gruppe 7 wird mit den Eingängen 7, 15 und 23 verbunden ...) Ganz genauso wird die Audio-Hardware angeschlossen. Werden mehr Spuren simultan aufgezeichnet, als das Mischpult Subgruppen hat, stehen noch die Direktausgänge der Kanalzüge als Zuspielquelle zur Verfügung – aber man bedenke, dass selbst für Madonnas Pop-Album nur zwei Eingänge ausgereicht hatten.

Bei der Aufnahme, also beim Weg vom Mischpult in den Computer, bieten digitale Mischpulte gegenüber analogen keine Vorteile, da hier nichts programmiert oder automatisiert werden muss.

Abmischung mit dem Audiosequenzer

Audiosequenzer-Systeme wie Emagic Logic Audio, Steinberg Cubase und andere verfügen über integrierte (naturgemäß digitale) Mischpulte, deren Leistungsmerkmale es auch in der professionellsten Produktion an nichts missen lassen. Insbesondere die Automation dieser Mischpulte, deren Automationsdaten wie alle anderen MIDI-Controller auch aufgenommen und bearbeitet werden können, bieten einen überlegenen Komfort. Nachteilig im Vergleich mit konventionellen Hardware-Mischpulten ist, wenn man nicht direkt auf die Regler zugreifen kann, insbesondere, wenn es nicht möglich ist, mehrere Regler zugleich anzufassen. Die Maus ist als Eingabemedium naturgemäß weniger geeignet als ein Drehregler. Zunehmend setzen sich Hardware-Controller durch, mit denen die integrierten Mischpulte der Audiosequenzer fernbedient werden können. Wenn deren Ausstattung überzeugt, sind weitere digitale Mischpulte überflüssig.

Abmischung mit dem digitalen Hardware-Mischpult

Alternativ kann man die Spuren über viele Einzelausgänge (oder digitale Mehrkanalausgänge) ausspielen und mit dem Hardware-Mischpult abmischen, so wie man die Signale einer Mehrspur-Tonbandmaschine abmischt. Hier spielen digitale Mischpulte mit vielen Bedienungselementen und weiteren integrierten Effektprozessoren ihre Stärken aus. Ihre Automationsdaten können wiederum als MIDI-Signale vom Sequenzer verwaltet werden.

Abhören über ein analoges Analogmischpult

Wird, wie unter *Abmischung mit dem Audiosequenzer* oben beschrieben, nur das integrierte Mischpult des Audiosequenzers verwendet, gilt es letztendlich nur, das Stereosignal dieses virtuellen Mischpults abzuhören. Dazu könnte man theoretisch den Stereoausgang der Audio-Hardware mit dem Eingang des Abhörverstärkers verbinden. In der Praxis ist dies kaum zu empfehlen. Auch die Kürze des Signalwegs bedeutet hier keinen Vorteil mehr, da die Stereosumme für den Endverbraucher in der digitalen Domäne verbleibt. Man schließt die Stereoausgänge der Soundkarte aus diesen Gründen an mehrere Eingänge des "handfesten" Hardware-Mischpults an:

1. Das handfeste Mischpult mischt die Audiosignale der live vom Audiosequenzer gespielten MIDI-Klangerzeuger mit denen der Soundkarte.

2. Über das Mischpult können zugleich andere Musikinstrumente abgehört werden, die man übenderweise mitspielt.
3. Das Mischpult erlaubt es, umstandlos andere Audiosignale, etwa von CD-Playern, im Vergleich abzuhören.
4. Über den Kopfhörerausgang des Mischpults kann ein von einem zweiten Stereoausgang der Audio-Hardware zusätzlich ausgespieltes Monitorsignal unkompliziert vom Musiker im Studio abgehört werden – denn dieser muss eine individuelle Mischung erhalten. Womöglich werden noch mehr Stereomischungen als Monitorwege benötigt.
5. Bei der Verwendung von Audio-Hardware, deren Latenzzeit kein Software-Monitoring erlaubt, wird das Aufzunehmende während der Aufnahme direkt über das Mischpult abgehört – gemischt mit der Begleitung, die der Computer (und die von ihm gespielten MIDI-Instrumente) wiedergeben.

Bei all diesen Aufgaben bedarf es keiner Automation oder Programmierung des Mischpults, und es bedarf auch keiner weiteren Effektprozessoren. Stattdessen werden zahlreiche Eingänge benötigt. All diese Aspekte sprechen sehr dafür, ein *analoges* Mischpult mit dem Computersystem zu kombinieren. Digitale Mischpulte oder programmierte Analogpulte mit Flying Faders erweisen sich allenfalls im Bedienungskomfort bei der Abmischung überlegen. Hier konkurrieren sie mit preiswerteren Fernbedienungen für das integrierte Mischpult des Audiosequenzers. Auch kleine und preiswerte analoge Mischpulte reichen oft aus. Ihre Klangqualität ist oft vorzüglich und auch für professionelle Produktionen völlig ausreichend, zumal wenn man stets einen möglichst direkten Aufnahmeweg in die Soundkarte wählt. Das Mischpult sollte allerdings über Subgruppen und einen separaten Control-Room-Ausgang verfügen. Die Leistungsmerkmale, die bei der Anschaffung eines Mischpults beachtet werden sollten, sind unter Abschnitt *Mischpulte* ab Seite 189 beschrieben, ebenso die Fachbegriffe, die im Zusammenhang mit Mischpulten auftreten.

Anschluss des analogen Mischpults an die Soundkarte

Zusammenfassend lässt sich für ein breites Spektrum von Musikproduktionen diese Installation von analogem Mischpult und Audio-Hardware empfehlen:

- Die Subgruppenausgänge des analogen Mischpults werden mit den analogen Eingängen der Soundkarte beziehungsweise der Audio-Hardware des Computers verbunden. Die Subgruppen des Mischpults werden *nicht* auf den Ausgang des Mischpults geroutet, es sei denn, dass wegen zu langer Latenzzeiten des Audiosequenzer-Systems das Monitoring des Audiosequenzers nicht genutzt werden kann; in diesem Fall ist das Aufzunehmende direkt über das zuspielende Mischpult abzuhören. Die Subgruppe wird in diesem Fall also doch auf die Summe des Mischpults geroutet.

- Einer der Eingänge der Audio-Hardware, oder, wenn es nur einen einzigen gibt, *der* Eingang der Soundkarte wird bei sensiblen Mikrofonaufnahmen direkt mit einem separaten Mikrofonvorverstärker verbunden. Dieser kann über einen integrierten Kompressor und Equalizer verfügen, aber auch einen digitalen Ausgang besitzen. Dieser würde mit dem Digitaleingang der Audio-Hardware direkt verbunden werden. Wesentliche Voraussetzung für einen solchen Direktanschluss sind wiederum ausreichend kurze Latenzzeiten des Audiosequenzer-Systems.
- Die Ausgänge der Soundkarte werden mit Eingängen oder Behelfseingängen (Aux Returns) des Mischpults verbunden. Diese Eingangskanäle werden *nicht* auf die Subgruppen des Mischpults geroutet, da sonst eine Rückkopplung des Soundkarten-Ausgangs auf den Soundkarten-Eingang droht.
- Die Ausgänge der vom Sequenzer per MIDI gespielten Klangerzeuger (Soundmodule, Synthesizer, Sampler ...) werden an Kanalzüge des analogen Mischpults angeschlossen. Um deren Audiosignale mit dem Audiosequenzer (Harddiskrecorder) aufzunehmen, werden diese auf Subgruppen geroutet, die aufgenommen werden. Solange das noch nicht erforderlich ist, werden diese Kanalzüge direkt auf die Stereosumme des Mischpults geroutet.
- CD-Player und andere Signalquellen werden so angeschlossen wie die MIDI-Klangerzeuger – an Eingangskanäle des analogen Mischpults.
- Die Regie-Abhöranlage wird an den Control-Room-Ausgang des analogen Mischpults angeschlossen.
- Separate Monitor-Kopfhörerverstärker oder integrierte Kopfhörerverstärker des Mischpults dienen als Abhöre für die Musiker im Aufnahmeraum. Diese hören einen Stereoausgang der Soundkarte ab, die eine Monitormischung liefert. Diese werden zunächst an Eingangskanäle des Mischpults geführt, die nur auf diese Kopfhörerverstärker geroutet werden.

Der Fluss der MIDI-Signale ist unter Abschnitt *MIDI-Sequenzer* ab Seite 95 beschrieben.

3 Mehrspurverfahren

Grundlage der Musikproduktion in der zweiten Hälfte des zwanzigsten Jahrhunderts war das Mehrspur-Tonband-Verfahren. Auch Harddiskrecorder (also auch Audiosequenzer) bedienen sich des Mehrspurverfahrens. Gängig waren Tonbandgeräte mit 4, 8, 16, 24 oder 32 Spuren. Grundsätzlich nimmt jede Spur nur ein Instrument oder eine bestimmte Gruppe von Instrumenten auf. Eine Spur gibt immer nur ein Monosignal wieder. Stereosignale belegen zwei Spuren.

3.1 Korrekturen

Korrekturen bei Tonbandmaschinen

Während eine Spur aufnimmt, können die anderen Spuren auf Wiedergabe geschaltet sein. Das heißt, dass man sich ab der zweiten Aufnahme mit jeder neuen Aufnahme von den zuvor aufgenommenen Spuren begleiten lässt. Die einzelnen Aufnahmen auf jeder Spur können an jeder beliebigen Stelle anfangen und enden. Fehler können durch sehr kurze Neuaufnahmen innerhalb einer bestehenden Spur korrigiert werden. Dieser Vorgang heißt "Droppen". Das Einsteigen in eine Aufnahme aus der Wiedergabe heraus heißt "Drop In", das Umschalten von Aufnahme- auf Wiedergabe-Betriebsart heißt "Drop Out".
Das Droppen lässt sich manuell oder mit einem Pedal steuern. Das Pedal ist praktisch, wenn der Musiker selbst die Drop-Punkte bestimmen soll. Er hat dann beide Hände frei. Das Droppen kann auch automatisch mit Hilfe eines so genannten "Auto Locators" an bestimmten Zählwerkpositionen, den so genannten "Locator-Punkten" (Locate Points) erfolgen. Der Auto Locator gehört zum Tonbandgerät. Bei Sequenzern und Audiosequenzern ist er integraler Bestandteil der Laufwerksfunktionen ("Transportfenster"). Er ist oft als Kabelfernbedienung des Tonbandgeräts ausgeführt. Das Droppen kann zu Knackgeräuschen auf der Aufnahme führen, insbesondere wenn die Drop-Punkte nicht in (beliebig kurze) Pausen fallen. Schnitte mit Schere und Klebeband sind bei Mehrspur-Bändern im Gegensatz zu Stereotonbändern praktisch nicht möglich.

Die Verfahren des Droppens (beziehungsweise Punchens) und die Funktionalität des Autolocators sind heute jedem Audiosequenzer zueigen. Sie finden sich üblicherweise in dem Fenster mit den Transportfunktionen.

Einfachere Korrekturen mit dem Audiosequenzer

Audiosequenzer sind beim Korrigieren verpatzter Aufnahmen unkomplizierter als Tonbandmaschinen und auch unkomplizierter als die meisten anderen Harddiskrecorder. Das ist wichtig, denn während der Aufnahmen ist man die meiste Zeit damit beschäftigt, immer neue Aufnahmeversuche durchzuführen. Als Drop-In-Zeitpunkt ist bei analogen Tonbandmaschinen immer ein Moment der Stille abzupassen, da der räumliche Versatz von Löschkopf und Kombikopf immer einen Moment der Stille erzwingt. Dieser ist in einer klingenden Note sehr auffällig. Aus diesem Grunde ist man lange damit beschäftigt, nach geeigneten Drop-In-Punkten zu suchen und löscht letztendlich viel längere Passagen.

Einer der Gründe, weshalb man keine verhallten Signale aufnimmt, besteht darin, dass man auf der Spur kaum noch Stille findet.

Die Suche nach dem geeigneten Zeitpunkt wird zusätzlich erschwert, wenn keine musikalische Taktanzeige wie beim Audiosequenzer, sondern nur ein Echtzeitzählwerk als Orientierung dient.

Das Droppen (oder "Punchen") inmitten klingender Noten wäre bei digitalen Recorden ebenfalls problematisch, da sich plötzliche Spannungssprünge in Knacks äußern. Diese sind sogar dann zu erwarten, wenn man zwei identische Sinustöne punchen würde, die nicht zueinander in Phase stehen. Digitale Mehrspurmaschinen und Harddiskrecorder überblenden deshalb die alte Aufnahme in die neue und verfahren am Punch-Out-Punkt ebenso. Die Überblendzeit ist ein Parameter, den man zumeist in mehreren Stufen einstellen kann.
Noch einfacher ist es, gar nicht zu punchen! Beim Audiosequenzer legt man einfach eine neue Spur an, schneidet die bisherige Aufnahme mit der virtuellen "Schere" und schaltet den Bereich, den man neu aufnehmen will, mit dem Mute-Werkzeug stumm. Dann wird auf der neuen Spur neu aufgenommen. Gefällt das Resultat, wird der gewünschte Teil auf die bisherige Spur geschoben, anderenfalls gleich gelöscht. Ist man sich noch nicht sicher, schaltet man die neue Aufnahme stumm und lagert sie auf eine andere Spur aus.
Gute Audiosequenzer erlauben eine nicht-destruktive (also eine widerrufbare) Überblendung zwischen alter und neuer Aufnahme, und zwar mit variabler Überblendzeit.

Non-destructive Crossfade in Emagic Logic Audio Platinum: Die schraffierten Kurvenflächen kennzeichnen die Überblendung (mit variabler Kurvenform). Die neue Aufnahme (Region Lead Guitar.2) lässt sich beliebig verschieben, und die Überblendung lässt sich nachträglich jederzeit ändern. Darunter ein stummgeschalteter weiterer Aufnahmeversuch (Lead Guitar.3). Die Stummschaltung erfolgt mit dem "Mute-Werkzeug" und wird durch den Punkt vor dem Namen angezeigt.

3.2 Produzieren ohne MIDI-Sequenzer

Es ist zweckmäßig, die Produktion mit so genannten "Pilotspuren" zu beginnen, die später wieder gelöscht werden können. Das Tempo wird bei Mehrspurtonband-Aufnahmen mit der ersten Aufnahme festgelegt.
Wenn das Tempo des Songs sich nicht verändert, kann man mit einer Metronomspur beginnen. Nachdem das Metronom – beispielsweise der Click oder die Rimshot eines Rhythmusgeräts – aufgenommen ist, wird als zweite Spur etwa mit einer Gitarre oder einem Piano der gesamte Ablauf des Songs in einem "Take" aufgenommen. Einzelne falsche Noten sind unbedeutend. Wichtig ist nur, dass der zeitliche Ablauf genau stimmt.
Wenn sich das Tempo im Laufe des Songs ändert, programmiert man entweder das als Metronom dienende Rhythmusgerät entsprechend, oder man verzichtet ganz auf das Metronom und beginnt sogleich mit der Aufnahme einer Pilotspur, die die Harmonien, den Rhythmus und die Melodie unmissverständlich vorgibt. Dazu ist eine beidhändig gespielte Pianospur besonders gut geeignet.

Aufnahmen mit Live-Atmosphäre

Gut eingespielte Bands, die rhythmisch sicher sind, können auch simultan Schlagzeug, Bass und Rhythmusgitarre aufnehmen. Die akustische Trennung der einzelnen Instrumente bei der Aufnahme kann Schwierigkeiten bereiten. Bei der Aufnahme einer Rock- oder Bluesband mit elektrischen Gitarren ist es meistens angebracht, den recht lauten Gitarrenverstärker mit dem Mikrofon abzunehmen, da es auf den Klang dieses Verstärkers ankommt. Das Gleiche kann auch für den Bass gelten. Mit Hilfe von Stellwänden kann man die Signale zwar halbwegs voneinander trennen, aber dennoch ist die Gitarre auf allen Schlagzeugmikrofonen zu hören. Wenn man sicher ist, dass es bei dem ersten "Take", also dem ersten Aufnahmeversuch, bleiben soll, die nur durch eine komplette Neuaufnahme aller Spuren zu ersetzen ist, ist das nicht weiter schlimm.

Pilotspuren

Das Einspielen von Aufnahmen ist am angenehmsten und gelingt am besten, wenn man gut begleitet wird. Daher kann es nicht schaden, mehrere Pilotspuren aufzuzeichnen, die die Musiker bei den Aufnahmen der endgültigen Spuren, die später zu hören sein sollen, begleiten. Dazu gehören auch Gesangsspuren, die bei Songs Sicherheit schaffen, was den Ablauf anbelangt.

3.3 Gesangs- und Instrumentalaufnahmen

Bei Mikrofonaufnahmen sind die Eigenschaften des Mikrofons und das Abstrahlverhalten des Instruments zu berücksichtigen. Mehr dazu lesen Sie unter Abschnitt *Mikrofone* ab Seite 109.

Gesangsaufnahmen

Gesang wird bei 16-Bit-Aufnahmen in der Regel schon bei der Aufnahme mit dem analogen Kompressor komprimiert und ohne Effekte und ohne Klangregelung aufgenommen. Alle Monitor-Wünsche der Sänger und Sängerinnen müssen erfüllt werden.

In gewissem Umfange kann man die Intonation durch das Mischungsverhältnis zwischen eigener Stimme und der Begleitung im Monitor des Sängers/der Sängerin steuern. Aufmerksamkeit ist geboten, wenn ungeübte Sänger ungewohnt sanft oder angestrengt intonieren – der Komfort eines perfekten Monitors verführt zu leiser Intonation.

Kompression auf dem Monitor schadet nicht. Im Monitor muss der Gesang verhallt sein. Das hilft bei der Gesangsintonation. Wenn das richtige Mikrofon gewählt ist und dieses korrekt aufgestellt wird, ist in der Regel bei der Aufnahme keine Entzerrung mit dem Equalizer erforderlich. Auch bei der Wiedergabe (Abmischung) kann oft genug darauf verzichtet werden. Dazu muss die Sängerin/der Sänger korrekt intonieren – er oder sie muss eingesungen sein, und der Stimmsitz (die Gesangstechnik) muss stimmen.

Schlagzeugaufnahmen

Die Mikrofonsignale der einzelnen Mikrofone werden mit Gates oder Expandern getrennt. Hier leisten dynamische Mikrofone gute Dienste. Die Klangregelung des Hardware-Mischpults wird bereits bei der Aufnahme verwendet. Das Schlagzeug muss gut gestimmt sein. Die Einrichtung des Schlagzeugs und seine Mikrofonierung nimmt besonders viel Zeit in Anspruch. Es empfiehlt sich, mit verschiedenen Mikrofontypen und Positionen zu experimentieren. Geringfügig veränderte Positionen der Mikrofone können den Klang radikal verändern. Zusätzliche, entfernter im Raum postierte Mikrofone erzeugen einen sehr natürlichen Raumeffekt. Mehr dazu finden Sie in den Abschnitten *Schlagzeugmikrofone* ab Seite 120 und *Schlagzeugabnahme mit Gates und frequenzselektives Gaten* ab Seite 152.
Nur wenn die Anzahl der Hallgeräte bei der Abmischung sonst nicht ausreichen würde, werden Halleffekte mit aufgenommen. Für die Snare Drum und die Toms eignet sich bei Pop- und Rock-Produktionen ein "Gated Reverb" als Nachhall. Bei allen anderen Schlagzeuginstrumenten verwendet man sehr kleine Räume (Raumsimulation) – und auch das nur sehr sparsam.

E-Bass-Aufnahmen, Aufnahmen über DI-Box

Der Bass kann zwar an der Bassbox mikrofoniert werden, aber dem Eigenklang der Endstufe oder der Bassbox ist in den seltensten Fällen eine so große Bedeutung beizumessen. Einfacher ist es, vom Vorverstärker oder der Bassgitarre direkt (über eine DI-Box) ins Mischpult oder in die Audio-Hardware zu gehen. Eine DI-Box ist ein kleiner Transformator-Kasten, der eine galvanische Trennung von Klinkeneingang und XLR-Ausgang herbeiführt, wodurch Brummstörungen vermieden werden. Außerdem wird das Signal symmetriert, so dass lange Kabelstrecken ohne nennenswerte Verluste funktionieren. Die symmetrische Signalführung stellt nicht nur sicher, dass sich auf dem Kabelweg empfangene Störsignale gegenseitig zu Null auslöschen, sie erhöht auch den Nutzsignalpegel um 6 dB. Davon profitiert der Störspannungsabstand nochmals. Schließlich besitzt die DI-Box eine für einen Mischpulteingang geeignetere Impedanz (Scheinwiderstand), so dass auch Verzerrungen ausgeschlossen werden. Bei der Aufnahme des Basses wirkt sich eine leichte Kompression vorteilhaft aus.
Auch elektronische Klangerzeuger (Synthesizer, Sampler und so weiter) können durch eine Impedanz-Anpassung mit der DI-Box an Klarheit und Durchsetzungskraft gewinnen. Dazu bedarf es hochwertiger DI-Boxen mit guten Transformatoren. Man be-

nutzt ganz kurze Klinkenkabel und lange, symmetrische NF-Kabel mit XLR-Steckern (Mikrofonkabel).

"NF-Signal" steht für niederfrequente Signale, also gewöhnliche Audiosignale, im Gegensatz zu "LS-" für "Lautsprecher-" und "HF-" für hochfrequente digitale Audio- und Antennensignale.

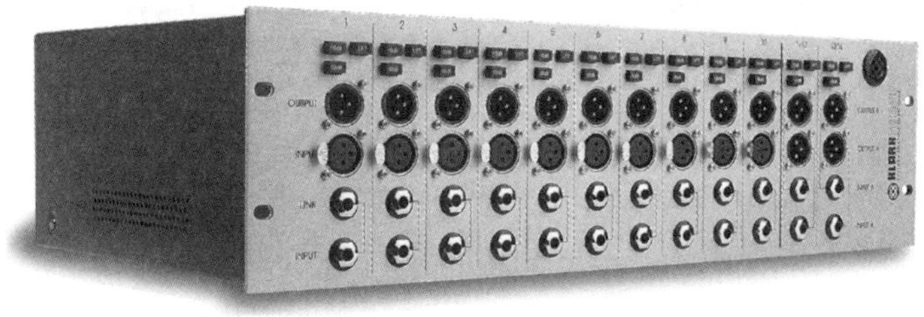

Die Klark Teknik DN1414 ist eine aktive vierzehnkanalige DI-Box mit besonders hochwertigen Übertragern (Transformatoren). Jeder Kanal verfügt über einen 30-dB- und einen 15-dB-Dämpfungsschalter sowie über einen Ground-Lift-Schalter zum Trennen der Masseverbindung zwischen Eingang und Ausgang. In der Regel reichen passive ein- oder zweikanalige Geräte aus – dennoch kommt es auf ihre Audioqualität an.

E-Gitarren-Aufnahmen

Die Wahl der Gitarre, des Tonabnehmers, des Verstärkers, des Mikrofons und vor allem der Position des Mikrofons haben größten Einfluss auf den Sound.

Single Coil Pickups sind anfällig für Brummeinstreuungen. Humbucker sind im Studio unproblematischer. Den Ausschlag gibt aber der Geschmack. Abhilfe schaffen die geschickte Ausrichtung der Gitarre, Distanz zu den Störquellen (im Regieraum), das Ausschalten nicht benötigter störender Geräte, gute, kurze Gitarrenkabel und Metallpaneele, in denen man sich wie in einem Faradayschen Käfig verschanzen kann. Mit Filtern ist dem Brummen nicht gut beizukommen – der Klang würde sich massiv ändern.

Der Lautsprecher wird zumeist nah mikrofoniert. Sein Frequenzgang ist am Rand anders als in der Mitte der Membran. Hier muss man viel experimentieren, um optimale Ergebnisse zu erzielen. In der Regel werden dynamische Mikrofone verwendet. Eine Alternative ist der Einsatz einer Gitarrenvorstufe. Diese sollte eine Lautsprechersimulation besitzen, die den Frequenzgang einer Gitarren-Lautsprecherbox nachbildet. Solche Vorstufen sind sehr unproblematisch, sparen Zeit und klingen zum Teil sehr gut. Bestimmte Sounds lassen sich aber nur durch die Mikrofonierung bestimmter Verstärker erzielen. Diese Gitarrenverstärker sollten (elektrisch) eher klein sein, da der optimale Klang sich erst bei voller Last entfaltet. Das geht schon bei kleinen Gitarren-Combos mit sehr hohen Lautstärken einher. Große Boxengehäuse bieten eine bessere Basswiedergabe.

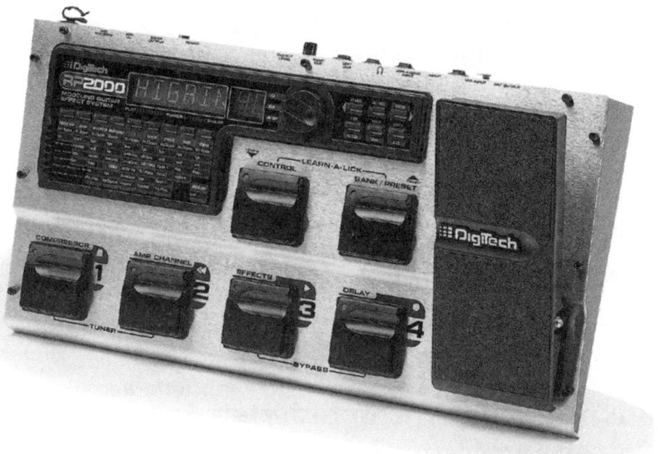

Den Ausgang eines Gitarren-Multieffektprozessors wie des Digitech RP 2000 kann man direkt ans Mischpult anschließen. Ein solcher Prozessor verfügt sowohl über die richtige Eingangsimpedanz für die elektrische Gitarre als auch über eine Gitarrenverstärker- und Gitarrenbox-Simulation im Ausgang.

Aufnahmen akustischer Gitarren

Akustische Gitarren und andere leisere akustische Instrumente werden bevorzugt mit Kleinmembran-Kondensatormikrofonen abgenommen. Bei der Gitarre wird bevorzugt das Schallloch mikrofoniert – aber wegen der sehr unterschiedlichen individuellen Abstrahlcharakteristika ist es immer geboten zu experimentieren. Der gleichzeitige Gebrauch integrierter Tonabnehmer führt zu interessanten Effekten. Werden der interne Tonabnehmer und das Mikrofon im Stereospektrum gespreizt, ist auf Monokompatibilität zu achten. Beim Zusammenmischen ergeben sich Kammfiltereffekte, die auch reizvoll sein können. Als Vorverstärker für akustische Gitarren mit integrierten Tonabnehmern sind E-Bass-Vorverstärker und Gesangs-Mikrofonvorverstärker mit Instrumentaleingängen, deren Impedanz an E-Gitarren angepasst ist, bestens geeignet. Dynamikkompression ist angebracht.

3.4 Zwischenmischungen

Bouncing mit dem Tonbandgerät

Wenn die Anzahl der Audiospuren nicht ausreicht, bietet es sich an, Zwischenmischungen vorzunehmen. Bei akustischen Schlagzeugaufnahmen mit etwa acht Spuren bietet sich beispielsweise bei einer 16-Spur-Produktion eine Stereomischung des Schlagzeugs an. Wenn die Spuren 1 bis 18 mit den einzelnen Trommeln belegt und die Spuren 15 und 16 noch frei sind, kann man letztere auf Aufnahmebereitschaft stellen. Die acht Schlagzeugspuren werden richtig gemischt und ausgesteuert, und mit dem "Play"-Befehl beginnt die Kopie. Hernach können alle acht Schlagzeugspuren gelöscht werden, so dass sie für neue Aufnahmen zur Verfügung stehen.

Bouncing mit synchronisierten Achtspur-Cassettenrecordern

Beim Spulentonbandgerät sind Fehler bei der Zwischenmischung irreparabel. Außerdem leidet durch die Kopie die Klangqualität, je nach Güte des Recorders. Beim Modular Recording mit zwei synchron laufenden digitalen Mehrspurrecordern ist es möglich, die Spuren auf zwei Spuren der anderen Maschine zu kopieren. Danach wird das Band mit den Quellspuren gegen ein neues ausgetauscht. Stellt sich im späteren Verlauf der Produktion heraus, dass die Zwischenmischung nicht gelungen ist, kann der Vorgang wiederholt werden – ohne dass Spuren verloren gehen.

Bei Mehrspurrecordern mit nur acht oder vier Spuren ist man häufiger auf Zwischenmischungen angewiesen. Mit Vierspurrecordern lassen sich nur drei Spuren mono auf die vierte zusammenmischen. Obwohl es gelungene Vierspuraufnahmen gibt, – man denke an Beatles-Platten – ist die Arbeit mit Vierspurrecordern heute kaum noch zu empfehlen.

Bouncing mit Harddiskrecordern

Beim Bouncing mit Harddiskrecordern geht keine Spur verloren. Es wird lediglich eine neue Datei auf der Festplatte abgelegt, die "Bounce-Datei". Mit dieser kann man weiterarbeiten und die bisherigen Audioaufnahmen abmelden – ohne diese löschen zu müssen. Der Vorgang kann revidiert werden (Non-destructive Editing). Eine solche Datei kann direkt auf eine Audio-CD-R gebrannt werden. Zu beachten ist nur ein mit dem CD-Brenn- oder Schnittprogramm kompatibles Datenformat in stereo, 16 Bit und 44,1 kHz Abtastrate.

Sorgfalt bei Aufnahmen

Aufnahmen sollten so sorgfältig durchgeführt werden, dass notwendige Korrekturen nicht bis zur Abmischung verschoben werden. Insbesondere ist auf eine gute Aussteuerung und die Vermeidung von Nebengeräuschen (Brummen, Rauschen) zu achten. Nach Möglichkeit werden keine Effekte aufgenommen – es sei denn, bei der Abmischung stehen nicht genug Prozessoren oder Kanäle zur Verfügung. Mitunter, wenn man schon bei der Aufnahme genau weiß, wie es hinterher klingen soll, kann man bei Gitarren- oder Keyboard-Aufnahmen durchaus auch Effekte aufnehmen. Diese lassen sich nachträglich nicht entfernen.

3.5 Abmischung

Wenn alle Aufnahmen fertiggestellt sind, empfiehlt es sich, die Arbeit an dem Produkt einige Zeit ruhen zu lassen, damit man bei der Abmischung mit erholtem und kritischem Gehör zu Werke geht. Zum Musikproduzieren gehört immer wieder der Mut zu der Entscheidung, auf Spuren, die sehr viel Mühe bereitet haben, ganz zu verzichten, wenn sich Nachhinein herausstellt, dass der Titel davon profitiert, wenn man auf diese Spuren ganz einfach verzichtet.
Jede Spur wird einzeln immer wieder gehört, und die Klangregelung des Mischpults wird so eingestellt, dass der Klang möglichst überzeugt. Bei Aufnahmen mit Gesang verdient der Gesangs-Sound noch mehr Beachtung als alle anderen Spuren. Der Klang der Spuren wird auch im Zusammenhang in allen möglichen Kombinationen überprüft. Dabei stellt sich heraus, ob die Klangregelungen einzelner Spuren verändert werden müssen. Nach Bedarf werden auf einzelne Spuren Exciter, Kompressoren oder andere Prozesse angewendet.
Bei analogen Mischpulten werden die Hallgeräte eingangsseitig an die Effektwege (Ausspielwege, "Aux-Sends") angeschlossen. Ein oder zwei gleichbleibende Hallprogramme genügen oft für alle Spuren gemeinsam.

Die Ausgang der Hallgeräte werden nach Möglichleit an reguläre Kanalzüge des analogen Mischpults angeschlossen, da diese eine bessere Klangregelung besitzen als die Behelfseingänge ("Effect Returns"). So kann der Hall besser bearbeitet werden. Meistens empfiehlt sich eine Bedämpfung der Höhen des Halls. Zu lange Hallzeiten und zu hohe Hallpegel führen zu einem verwaschenen Klangbild.

4 Akustik: Physik und Wahrnehmung

4.1 Grundbegriffe der Akustik, Elektroakustik und der Schallwahrnehmung

Für das Verständnis der tontechnischen Grundlagen, insbesondere für die Grundlagen der Klangsynthese, ist es wichtig, dass man sich über die Bedeutung einiger Begriffe und Sachverhalte im Klaren ist. Dieses Kapitel spricht einige physikalische Größen und Eigenschaften des Gehörs an – es ist so kurz und einfach wie möglich gehalten.

Schall

Bei Schall handelt es sich um Druckwellen, die sich mit Schallgeschwindigkeit (342 Meter/Sekunde bei 20° Celsius) durch die Luft fortpflanzen. Man geht im Allgemeinen davon aus, dass ein gesunder junger Mensch Luftschwingungen mit einer Frequenz von 20 Hertz bis 20.000 Hertz (20 Kilohertz) hören kann. "Hertz" (Hz) ist eine physikalische Einheit, die die Geschwindigkeit von Schwingungen beschreibt und heißt soviel wie "pro Sekunde" beziehungsweise "1/s". Die *Frequenz* ist die Geschwindigkeit einer Schwingung. Schwingt eine Saite mit einer Frequenz von 440 Hz, so heißt das, dass die Saite pro Sekunde 440 Mal hin- und herschwingt. 440 Hz entsprechen einem eingestrichenen "a^1", also dem Kammerton der Stimmgabel.

Frequenz und Tonhöhe

Die Frequenz einer Schallschwingung hängt sehr eng mit der Tonhöhenwahrnehmung zusammen. Je höher die Frequenz, desto höher die wahrgenommene Tonhöhe. Unsere Tonhöhenwahrnehmung steht ziemlich genau (aber nicht exakt) in einem logarithmischen Verhältnis zur Frequenz der Schallschwingung. Das heißt: Eine Verdoppelung der Frequenz nehmen wir immer als Oktave wahr. Für unser Gehör ist der Abstand zwischen 100 Hz und 200 Hz genauso groß wie der Abstand zwischen 400 Hz und 800 Hz oder 1.000 Hz und 2.000 Hz.

Die Frequenz einer Schwingung wirkt sich nicht nur auf die Tonhöhe, sondern auch auf die empfundene Klangfarbe und Lautstärke aus. So bedürfen Schwingungen sehr tiefer Frequenz einer wesentlich höheren Amplitude, um gleich laut wie mittlere Frequenzen wahrgenommen zu werden.

Die (physikalische) "Frequenz" (englisch: Frequency) wird oft mit der (psychologischen) "Tonhöhe" (englisch: Pitch) verwechselt, auch bei der Beschriftung von elektronischen Musikinstrumenten, in Bedienungsanleitungen und in der Fachliteratur.

Amplitude und Lautstärke

Ganz besonders wird die Lautstärke-Wahrnehmung durch den Hub der Schwingung, der so genannten Amplitude, bestimmt. Je stärker die Schwankungen des Luftdrucks ausfallen, desto lauter nehmen wir den Schall wahr. Wenn ein Lautsprecher lauter tönt, bewegt sich seine Membran weiter vor und zurück, und mehr elektrische Energie ist von Nöten, um ihn anzutreiben. Für analoge Audiotechnik gilt: Die Bewegung des Lautsprechers geht immer einher mit der ihn antreibenden Spannung. Die Verstärkerspannung und die Bewegung des Lautsprechers verhalten sich analog zueinander. Das Verhältnis zweier verschiedener Schalldrücke und das Verhältnis zweier verschiedener Wechselspannungen lässt sich durch dieselbe Einheit zur Beschreibung von Verhältnissen beschreiben: Das Dezibel (dB). Das Dezibel ("ein Zehntel Bel", benannt nach dem Telefon-Pionier Alexander Graham Bell, siehe Abschnitt *Pegeldefinitionen* ab Seite 225) beschreibt immer ein Größenverhältnis zu einer Bezugsgröße, und zwar auf logarithmische Weise. Die Verdoppelung der elektrischen Leistung eines Verstärkers, angegeben in Watt, bedeutet eine Zunahme um drei Dezibel. Eine Verzehnfachung der Spannung entspricht einer Zunahme um 20 dB, wird sie auf ein Zehntel reduziert, entspricht dies einer Abnahme um 20 dB. Eine Verdoppelung der Spannung entspricht einer Zunahme um 6 dB.

Das Dezibel ist, ähnlich wie das "Prozent", ein Verhältnismaß, nicht etwa ein Maß der Lautstärke. Es gibt ein speziell den Eigenschaften des Gehörs angepasstes Maß des Schalldrucks, das dB(A). Die ähnlich definierte Einheit "Phon" ist überholt. Darüber hinaus gibt es verschiedene Maße für den elektrischen Pegel von Audiosignalen, etwa das "dBV" und das "dBU".

Verwechseln Sie nicht den psychologischen Begriff "Lautstärke", der sich auf Wahrnehmung bezieht, mit den physikalischen Größen "Leistung", "Amplitude" oder "Schalldruck" – das führt immer wieder zu Missverständnissen. Wie "laut" ein Mensch Schall empfindet, hängt außer vom Schalldruck noch von sehr vielen anderen, teilweise nicht messbaren Faktoren ab. Die Lautstärken-Wahrnehmung hängt unter anderem damit zusammen, ob man aus der Stille heraus mit Schall konfrontiert wird oder ob man bereits andauernd Lärm ausgesetzt war. Die Lautstärke-Wahrnehmung ist viel weniger präzise als die Tonhöhen-Wahrnehmung.

Spektrum und Klangfarbe

Schall begegnet uns nur selten in Form einzelner, einfacher und regelmäßiger Schwingungen. Ein Oszillogramm zeigt den Verlauf der Spannung des vom Mikrofon eingefangenen Luftdrucks nach der Zeit – genauer: Der Luftdruckgradienten, siehe Abschnitt *Richtwirkung und Frequenzgang* ab Seite 112. Die Hochachse eines Oszillogramms stellt die Spannung (das Abbild des Luftdrucks) dar, die Längsachse die Zeit. Diese Kurve ist bei einem Ton mit einer bestimmten Tonhöhe ziemlich regelmäßig, bei einem Geräusch (wie dem Rauschen eines Wasserhahns) dagegen völlig chaotisch.

Fourier-Theorem

Laut des nach dem französischen Mathematiker Jean-Baptiste Fourier (1768–1830) benannten "Fourier-Theorems" lässt sich jede regelmäßige Schwingung als Überlagerung verschiedener einzelner Teilschwingungen mit verschiedener Frequenz und Amplitude auffassen.

Diese Vorstellung ist für den Musiker, der mit elektronischen Musikinstrumenten arbeitet, von größter Bedeutung. Dem einzelnen Ton eines Musikinstruments, etwa dem einer gestrichenen Geige, liegt eine von Saite und Korpus erzeugte Schwingung zu Grunde, die zwar regelmäßig, aber, salopp ausgedrückt, ziemlich kantig und ruckartig ist.

Diese Schwingung lässt sich nach Fourier also als Überlagerung mehrerer einzelner so genannter "Sinusschwingungen" mit verschiedener Frequenz und Amplitude auffassen. Die Frequenz einer regelmäßigen Schwingung ist wesentlich für die wahrgenommene Tonhöhe verantwortlich. Die Frequenzen der Obertöne eines einzelnen Tons eines Musikinstrumentes oder einer Gesangsstimme sind ganzzahlige Vielfache der Schwingung des Grundtons. Ihre kleinen ganzzahligen frequenzverhältnisse untereinander bilden die Grundlage unseres Tonsystems – sie entsprechen nämlich den musikalischen Intervallen. Der Pegel der Oberschwingungen, die in Obertönen resultieren, ist nach dem Fourier-Theorem durch die Form der Schwingung bestimmt. Der zeitliche Verlauf der Obertöne ist maßgeblich für die Klangfarbenwahrnehmung.

Die Frequenzen (also auch die Wellenlängen) der Obertöne stehen zueinander in Verhältnissen, die den Brüchen kleiner ganzer Zahlen entsprechen. Dies gilt deshalb, weil alle Obertöne ganzzahlige vielfache Frequenzen des Grundtons aufweisen. Die Intervalle zwischen den verschiedenen Obertönen bilden die Grundlagen aller Tonsysteme. Die "Tonleiter" der Tonart C-Dur, also die Töne der weißen Tasten, lassen sich auf diese einfachen Frequenzverhältnisse zurückführen.

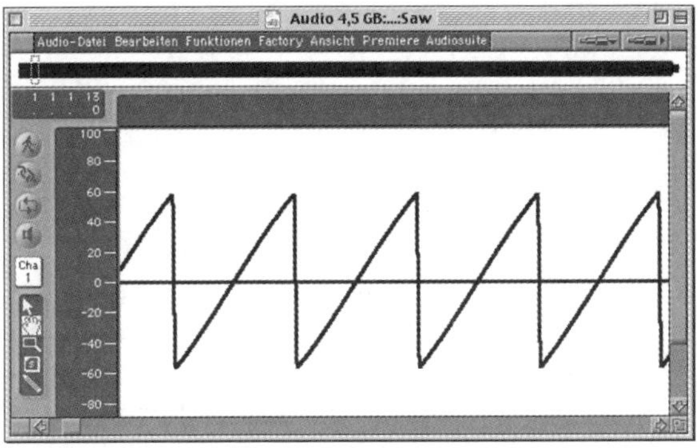

Oszillogramm einer Sägezahnschwingung

Im Zusammenhang mit der grafischen Darstellung einer Schwingung mit Hilfe eines Oszillogramms (und ihrer Ausbreitung in Form von Schall im Raum) spricht man auch von einer "Welle" (englisch: Wave), beziehungsweise von der "Wellenform" (englisch: Waveform).

4.2 Filter

In der Musikelektronik wollen wir jede Wellenform nach Belieben verbiegen, Einfluss auf den Anteil an Oberschwingungen nehmen und so die Klangfarbe bestimmen. Elektrische Bauelemente, mit denen man die Amplitude vorhandener Oberschwingungen anheben und absenken kann, heißen "Filter". Jedes Radio hat ein Filter für die Klangregelung, oft in Form eines "Tone"-Reglers. Befindet sich der Regler auf Rechtsanschlag, sind die Höhen (die hohen Frequenzen) vorhanden, und der Klang ist "brillant" oder "hell". Dreht man den Tone-Regler zurück, wird die Amplitude der hohen Frequenzen gedämpft, und der Klang wird "dumpfer" oder "dunkler". Praktisch die gleiche Funktion hat der Treble-Regler einer Stereoanlage. Treble ist die englische Bezeichnung für "Höhen". Mit dem Treble-Regler kann man die Höhen allerdings nicht nur absenken, sondern auch anheben. Eine Treble-Regelung ist zumeist als so genanntes Shelving-Filter ausgeführt, das oberhalb von 10 kHz (10.000 Hertz) oder 12 kHz eine maximale Anhebung oder Absenkung von bis zu 15 dB erlaubt. Der entsprechende "Bass"-Regler (Tiefen) dient zur Anhebung und Absenkung des Bereichs unterhalb von 100 Hz oder 80 Hz. Weil sehr tiefe und sehr hohe Frequenzen eine wesentlich größere Amplitude haben müssen, damit man sie genauso laut wahrnimmt wie eine mittlere Frequenz (beispielsweise 1.000 Hz), besitzen viele HiFi-Verstärker eine "Loudness"-Taste für einen angenehmeren Höreindruck bei niedrigen Lautstärken. Mit diesem Filter kann man die Bässe und Höhen gleichzeitig anheben. Filter gehören zu den wichtigsten Baugruppen elektronischer Musikinstrumente.

Tiefpass-, Hochpass- und Bandpassfilter

In der Klangerzeugung eines Synthesizers begegnet man hauptsächlich einem besonderen Filtertyp: Dem dynamischen Tiefpassfilter. Das Tiefpassfilter (englisch: "Low Pass Filter", "LPF", auch: "High Cut Filter") verdankt seinem Namen dem Umstand, dass es nur solche Frequenzen passieren lässt, die tiefer als seine jeweilige "Filterfrequenz" (englisch: "Cutoff Frequency") sind. Die Filterfrequenz kann frei über das gesamte Hörfeld verschoben werden. Beträgt die Filterfrequenz 20 kHz, passieren alle Frequenzen, und das Filter hat keine hörbare Wirkung. Beträgt sie nur 1.000 Hz, passieren nur Frequenzen unterhalb von 1.000 Hz.

Als Cutoff Frequency ist diejenige Frequenz angegeben, bei der die Dämpfung oder Anhebung bereits 3 dB beträgt. Die Trennschärfe des Filters heißt "Flankensteilheit". Da ein einzelnes Filterelement immer 6 dB Flankensteilheit aufweist, ergeben Kombinationen mehrerer Filter"pole" stets ganzzahlige Vielfache von 6 dB Flankensteilheit, etwa 24 dB/Oktave bei einem typischen Synthesizerfilter (zuweilen umschaltbar). –6 dB entsprechen einer Halbierung der Amplitude, eine Oktave der Verdoppelung der Frequenz. "6 dB/Oktave" heißt also nur, dass Frequenzzunahme und Dämpfung proportional sind.

Alles, was darüber liegt, wird mehr oder weniger stark abgedämpft und ausgelöscht. Die Filterfrequenz kann beim Synthesizer dynamisch moduliert werden. Innerhalb sehr kurzer Zeit kann sie also, automatisiert und ferngesteuert, wechseln. Es gibt auch so genannte Hochpassfilter, die nur die Frequenzen oberhalb der Filterfrequenz passieren lassen, Bandpassfilter, die nur ein schmales Frequenzband passieren lassen, und Bandsperren, die nur ein schmales Frequenzband auslöschen. Viele Filter lassen sich auch zwischen den verschiedenen Betriebszuständen umschalten. Am häufigsten bedient man sich jedoch eines Tiefpassfilters.

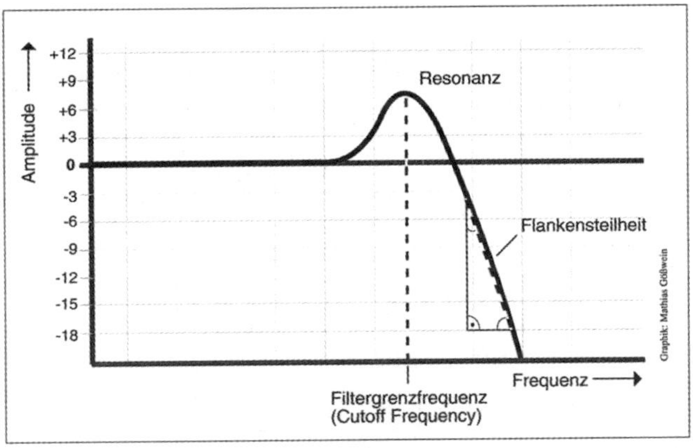

Frequenzgang der Amplitude eines Tiefpassfilters mit Resonanz (schematische Darstellung).

Die meisten Synthesizerfilter verfügen über einen Parameter namens "Resonanz" (englisch: "Resonance") oder "Peak". Je weiter man diesen Parameter aufdreht, desto stärker wird der Frequenzbereich an der Filterfrequenz betont – eine Resonanz entsteht, und der Klang ändert sich drastisch. Bei manchen Synthesizern führt das volle Aufdrehen des Filters dazu, dass das Filter von alleine schwingt. Dann spricht man von einer "Selbstoszillation" des Filters.

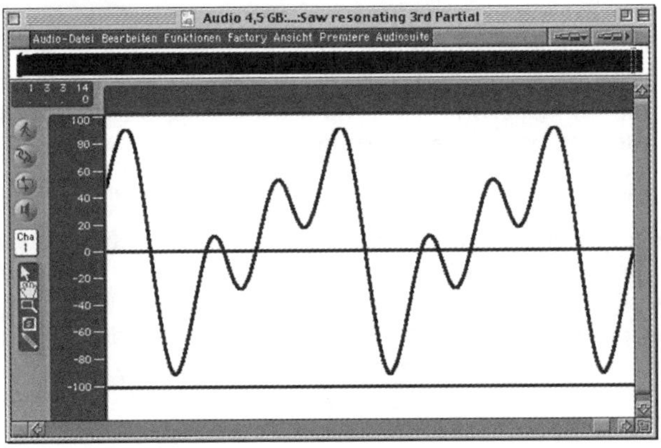

Zwei Wellendurchgänge eines tiefpassgefilterten Sägezahns, dessen dritter Partialton mit Hilfe der Filterresonanz angehoben wurde. Deutlich ist zu erkennen, dass der 3. Partialton die dreifache Frequenz (ein Drittel Wellenlänge) der Grundschwingung aufweist.

4.3 Zeit

Im vorangegangen Abschnitt wurden wichtige Eigenschaften von Frequenzen, Amplituden, Frequenz-Spektren und ihre Auswirkung auf Tonhöhe, Lautstärke und Klangfarbe dargestellt. All diese Phänomene hängen auf recht komplizierte Art und Weise miteinander zusammen, und keines lässt das andere unbeeinflusst. Für unsere Klang- und Musikwahrnehmung ist jedoch ihr zeitlicher Verlauf von höchster Bedeutung.

Man bedenke, dass das Gehör in der Lage ist, eine bestimmte menschliche Stimme auch am Telefon zu erkennen, das nur ein sehr schmales Frequenzband überträgt, und dass man ein Fagott inmitten eines Symphonieorchesters noch durch das Küchenradio erkennen kann. Das funktioniert sogar dann noch, wenn die Tiefenwiedergabe des Küchenradios so schlecht ist, dass die Grundtöne des Fagotts überhaupt nicht übertragen werden! Man erkennt das Fagott mitsamt seinem Grundton allein an seinen charakteristischen Obertonverläufen.

Grundlage dieser erstaunlichen Leistung des Gehörs ist die ständige Analyse zeitlicher Abläufe. Man unterscheidet die Klänge verschiedener Instrumente, aber auch Stimmen und Geräusche insbesondere an den Verläufen der einzelnen Teilschwingungen (Grund- und Oberschwingungen). Dieser Vorgang läuft unbewusst und extrem schnell ab. In der Schnecke des Innenohrs (Cochlea) wird das Frequenzspektrum bereits auf mechanischer Ebene abgebildet. Die Sinneshärchen für die hohen Frequenzen sitzen direkt am Eingang (am ovalen Fenster), und die Sinneshärchen für die tiefen Frequenzen befinden sich im Innern der Schnecke. Man unterscheidet den Klang von verschiedenen Instrumenten insbesondere an ihrem sehr charakteristischen Anfang, dem so genannten "Einschwingvorgang".

Einschwingvorgänge, die mit Pegelspitzen einhergehen, heißen "Transienten".

Die gestrichene Geige offenbart sich durch ein sehr kurzes Kratzen und Quietschen beim Anstreichen, und dadurch, dass die Schwingung eine gewisse Zeit bis zum vollständigen Aufbau ihrer Amplitude benötigt. Auch ein Blechblasinstrument schwingt beim Anblasen sehr kurz auf eine sehr charakteristische und recht chaotische Weise, bis der Ton steht. Typisch für das Klavier ist unter anderem das Klopfgeräusch des Hammers und die Tatsache, dass der Ton verklingt, die Amplitude nach dem Anschlag also ständig abnimmt. Man hat experimentell nachgewiesen, dass selbst Musiker Tonbandaufnahmen von einzelnen Trompeten- und Geigentönen nicht unterscheiden und richtig zuordnen konnten, nachdem man den Anfang der Töne abgeschnitten hat!

- Die Klangfarbe und die Lautstärke hängen vom zeitlichen Verlauf der Schwingung, also vom zeitlichen Verlauf des Frequenzspektrums, ab.
- Synthesizer verfügen deshalb über Baugruppen, die den zeitlichen Verlauf von Frequenz, Frequenzspektrum und Amplitude regeln.
- Weil der Musiker den zeitlichen Verlauf von Frequenz, Frequenzspektrum und Amplitude sehr frei bestimmen kann, sind Synthesizer klanglich so flexibel.

5 Synthese

Fast alle Synthesizer, Sampler und Sample-Player, Klangerzeugungen von Soundmodulen, Portable Keyboards und elektronischen Orgeln bedienen sich desselben Prinzips der Klangerzeugung – der subtraktiven Synthese.
Deshalb lohnt es sich unbedingt, sich mit der Subtraktiven Synthese zu befassen, denn alle programmierbaren Instrumente, die sich der Subtraktiven Synthese bedienen, sind klanglich sehr flexibel und im Grunde leicht zu durchschauen. Es gibt nur zwei Hürden, die den Einstieg erschweren können: Erstens ist die Bedienung bei manchen Instrumenten nicht besonders übersichtlich, etwa weil man an Bedienungselementen, dem Bildschirm und der Software gespart hat. Zweitens neigen die Hersteller dazu, die gleichen Baugruppen mit immer neuen, phantasievollen Namen zu benennen, um über das immer gleiche Funktionsprinzip hinwegzutäuschen. Jeder Hersteller hat eigene blumige Bezeichnungen für sein Klangerzeugungsverfahren gefunden, aber bis auf wenige Ausnahmen handelt es sich dabei immer um die subtraktive Synthese.
Wenn im Folgenden vom "Synthesizer" die Rede ist, sind damit alle Sample-Player und Soundmodule gemeint, die sich der subtraktiven Synthese bedienen – dabei handelt es sich um die große Mehrheit der elektronischen Musikinstrumente.

5.1 Oszillator, Filter und Verstärker

Alle Synthesizer haben eine begrenzte Anzahl von Stimmen – sie können nur eine bestimmte Anzahl von Noten gleichzeitig spielen. General-MIDI-Instrumente haben wenigstens 24 Stimmen, man kann in diesem Fall also maximal 24 Noten gleichzeitig spielen.

Viele Sounds belegen mehrere Stimmen gleichzeitig, weil mehrere Stimmen pro Note gleichzeitig erklingen und gemischt werden. In diesem Fall reduziert sich die Anzahl der maximal gleichzeitig spielbaren Noten entsprechend. Wählt man bei einem 24-stimmig polyphonen Instrument einen Sound, der sich pro Note aus vier Stimmen zusammensetzt, kann man nur noch maximal sechs Noten gleichzeitig spielen. Jüngere Klangerzeuger verfügen oft über 64 und mehr Stimmen. Zumal wenn man mit mehreren Klangerzeugern arbeitet, ist die Bedeutung der Stimmenanzahl der einzelnen Instrumente nicht zu überschätzen.

Die folgenden Erläuterungen beziehen sich auf den Aufbau einer einzigen Stimme eines subtraktiven Synthesizers.

Digitale subtraktive Synthesizer

Die im Folgenden erläuterten Baugruppen müssen in einem digitalen Instrument nicht tatsächlich in Form von sichtbaren Schaltkreisen vorhanden sein. Oft existieren sie nur logisch, als digitale Simulation in Form eines Programms, das auf einem speziellen Mikroprozessor läuft. Synthesizer liegen auch als Plug-Ins vor, die in Echtzeit vom Computer berechnet werden.
Ein Großteil der heute erhältlichen Synthesizer spielt Samples, also Originalaufnahmen anderer Instrumente, durch Spiel auf der Tastatur (beziehungsweise über MIDI) ab. Durch Betätigen einer Taste eines solchen Synthesizers kann man also das Abspielen einer digitalen Originalaufnahme, etwa eines Flügels oder einer Geige, auslösen. Die Baugruppe, die dieses Sample abspielt, heißt "Oszillator". Das Signal des Oszillators, also die Schwingung des Flügels, der Geige, oder was für ein Sample, was für eine Wellenform immer man aktiviert hat, durchläuft ein Filter. Das dynamische Tiefpassfilter kann im ersten Moment eines Tons also ganz geöffnet sein, also nichts herausfiltern, und wenige Millisekunden später geschlossen sein und nur mehr sehr tiefe Frequenzen passieren lassen.
Vom Filter gelangt das Signal in den "Verstärker" (Amplifier). Die Funktion dieser Baugruppe ist durchaus nicht eine "Verstärkung" des Signals, sondern nur eine dynamische Regelung seiner Amplitude. Deshalb spricht man auch von der "Dynamikstufe". Dabei hat der Verstärker selbst häufig überhaupt keine Parameter, an denen man irgend etwas einstellen könnte. Der Verlauf der Amplitude über die Zeit wird vielmehr an der Baugruppe eingestellt, die den Verstärker steuert: Dem Hüllkurvengenerator (englisch: Envelope Generator). Hüllkurvengeneratoren gehören zu den wichtigsten Baugruppen von Synthesizern. Sie werden, entsprechend ihrem englischen Namen, oft mit "EG" oder "ENV" abgekürzt.
Angenommen, der Oszillator spielt das Sample eines Orgeltons ab, der bekanntlich so lange mit gleichbleibendem Pegel stehen bleibt, wie man die Taste gedrückt hält: Das Filter lässt in diesem Beispiel alle Frequenzen passieren, es tut hier weiter nichts zur Sache. Der Hüllkurvengenerator lässt sich nun so einstellen, dass der Verstärker einen Amplitudenverlauf erzeugt, bei dem nach dem Anschlagen der Taste die Amplitude absinkt wie die Schwingung einer angeschlagenen Saite. Man kann also den Klang der Orgel so spielen wie ein Klavier, nämlich mit der Maßgabe, dass der Ton wie bei einem Klavier ausklingt.

Die Hersteller zeigen sich oft bestrebt, nicht nur ihren sehr ähnlichen Klangerzeugungen, sondern auch allen Baugruppen möglichst herstellerspezifische Namen zu verleihen. Dies geschieht offenbar in der Absicht, die Ähnlichkeit der Klangerzeugungsverfahren zu vertuschen. Für das Filter kursieren bespielsweise die Namen "VDF", "TVF" und "DCF". Die Dynamikstufe wird als "VDA" oder "TVA" bezeichnet, oder statt ihrer taucht nur die Bezeichnung des die Dynamikstufe steuernden Hüllkurvengenerators auf. Die Hüllkurvengeneratoren können unter anderem die Namen "EG" oder "ENV" tragen, wobei diese Abkürzungen je nach Modulationsadresse (Oszillator, Filter) auch "PEG" (für "Pitch EG") oder "FEG" heißen können.

Modulation und Echtzeit

Eine einzelne Stimme eines subtraktiven Synthesizers besteht also immer wenigstens aus einem Oszillator, der die ursprüngliche Schwingung erzeugt, indem er ein Sample abspielt, aus einem Filter, das das Obertonspektrum dieser Schwingung beeinflusst, und dem Verstärker, der, durch einen Hüllkurvengenerator gesteuert, den Verlauf der Amplitude regelt.
Die Besonderheit der drei Module "Oszillator", "Filter" und "Verstärker" besteht darin, dass sie in Echtzeit moduliert werden können. Wesentlich für den Charakter eines Klangs ist schließlich der zeitliche Verlauf seiner Frequenz, seines Frequenzspektrums und seiner Amplitude.
Die Beeinflussung eines Parameters (einer beliebigen, variablen Größe) durch ein beliebiges steuerndes Element heißt "Modulation". Wann immer live, während des Spielens, Steuervorgänge stattfinden, spricht man von "Echtzeit". Das Gegenteil von "Echtzeit" liegt vor, wenn ein Computer zunächst ein Ergebnis in Ruhe ausrechnen muss, das man hinterher abspielen kann. Der Rechenvorgang nimmt mehr Zeit in Anspruch als das Abspielen des Errechneten. Es gibt Kompositionen für Computer, die nicht gespielt wurden, sondern bei denen das endgültige Audiosignal, nach der Eingabe der nötigen Daten in den Computer, vom Computer ausgerechnet wurde. Es gibt auch Aufnahmen elektronischer Musik, die Ton für Ton aus Magnettonband-Schnipseln zusammenmontiert wurden (insbesondere aus den fünfziger Jahren des 20. Jahrhunderts). Ein Synthesizer kann demgegenüber wie jedes andere Musikinstrument auch "in Echtzeit" *gespielt* werden. Voraussetzung dafür ist, dass die Modulationen in Echtzeit stattfinden:

- Der Parameter "Frequenz" des Oszillators kann in Echtzeit moduliert werden.
- Der Parameter "Filtergrenzfrequenz" (englisch: "Cutoff Frequency") des Filters, der das Spektrum bestimmt, kann in Echtzeit moduliert werden.
- Der Parameter "Amplitude" des Verstärkers kann in Echtzeit moduliert werden.

5.2 Modulationsquellen: Hüllkurvengenerator, LFO und Tastatur

Hüllkurvengenerator

Ein Hüllkurvengenerator (englisch: "Envelope Generator") regelt den Verlauf der Amplitude, indem er den Verstärker (die Dynamikstufe) moduliert. Was ist eine Hüllkurve? Man stelle sich den Klang einer einzelnen Note von einer Orgel, von einem Klavier und von einem Xylophon vor. Der Ton der Orgel bleibt mit gleichem Pegel solange stehen, wie die Taste gedrückt ist. Seine Amplitude bleibt immer gleich. Die Amplitude des Klaviertons sinkt hingegen über viele Sekunden ab, bis der Ton ganz verstummt ist. Der Ton eines Xylophons verklingt sehr schnell. Die Oszillogramme und die Hüllkurven dieser drei Instrumente sind schematisch in den nebenstehenden Graphiken dargestellt. Die englische Übersetzung des Wortes "Hüllkurve" lautet "Envelope".

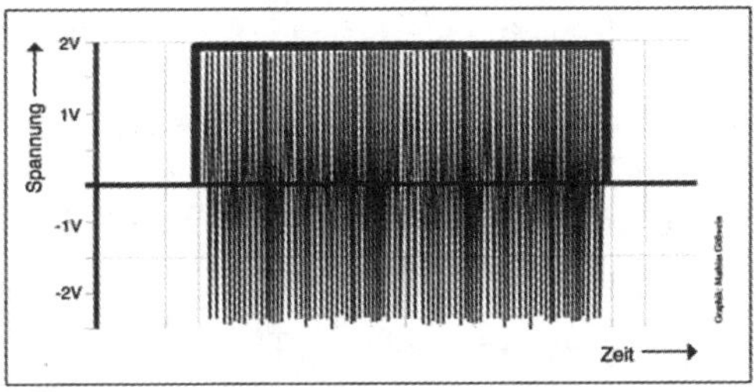

Oszillogramm und Hüllkurve eines Orgeltons (schematische Darstellung). Der Ton verharrt auf einem stabilen Pegel, solange die Taste gedrückt gehalten wird.

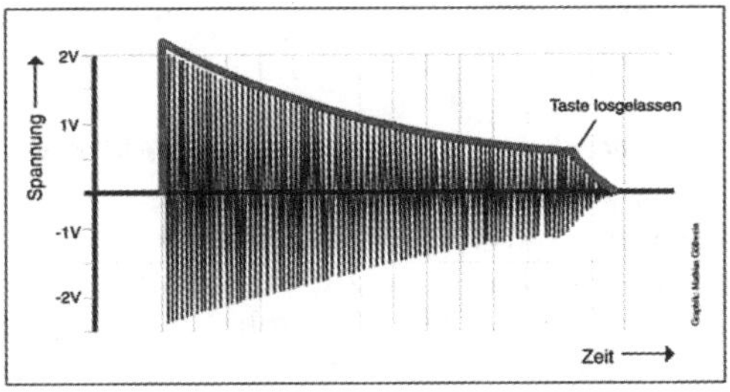

Oszillogramm und Hüllkurve eines Klaviertons (schematische Darstellung). Der Ton verklingt mit der Zeit. Durch das Loslassen der Taste wird die Schwingung mit einem Filz gedämpft.

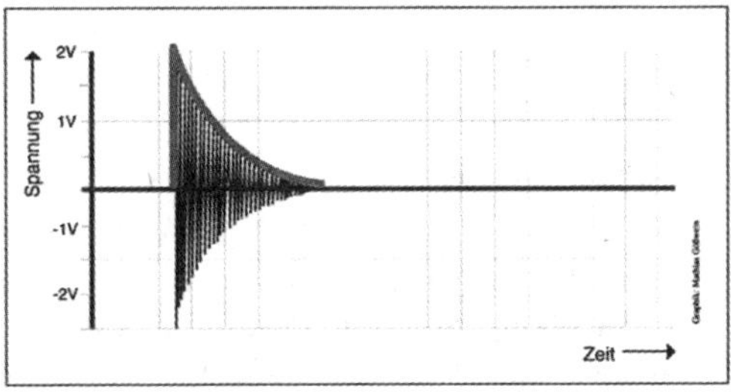

Oszillogramm und Hüllkurve eines Xylophontons (schematische Darstellung). Der Ton verklingt sehr schnell – die Decay-Zeit ist kurz.

Ein Hüllkurvengenerator ist eine Modulationsquelle, die in Echtzeit Steuersignale in Form von Hüllkurven erzeugt. Am Hüllkurvengenerator können Sie einstellen, ob der Ton stehen bleiben soll, ob er langsam oder schnell verklingen soll. Hier können Sie auch einstellen, ob der Ton langsam einschwingen soll wie der Ton einer Glasharfe oder einer Violine oder ob er so schlagartig erklingen soll wie ein hart angeschlagenes Becken.

Die Parameter eines Hüllkurvengenerators

Man trifft heute im Wesentlichen zwei verschiedene Typen von Hüllkurvengeneratoren an: Die so genannten ADSR-Generatoren und Segmenthüllkurven-Generatoren, deren Hüllkurven durch verschiedene Zeiten oder Winkel und verschiedene Pegel eingestellt werden. "ADSR" steht für "Attack Time", "Decay Time", "Sustain Level" und "Release Time" – die vier Parameter des ADSR-Generators:

- "Attack Time" (Einschwingzeit) ist die Zeit, die der Ton braucht, um seinen vollen Pegel zu entfalten. Sie ist unhörbar kurz bei einem Xylophon oder einem Klavier, länger bei Streichern und sehr lang bei einer Glasharfe oder einer Singenden Säge.
- "Decay Time" (Ausschwingzeit) ist die Zeit, die der Ton braucht, um vom vollen Pegel nach Ablauf der "Attack"-Zeit auf den "Sustain"-Pegel zurückzufallen. Sie ist sehr kurz beim Xylophon und länger beim Klavier.
- "Sustain Level" (Haltepegel) ist der Pegel, auf dem der Ton verharrt, solange die Taste gedrückt bleibt. Der "Sustain"-Pegel ist bei einer Orgel voll aufgedreht, so dass die Decay-Zeit nicht von Belang ist. Beim Xylophon und dem Klavier ist der Sustain-Pegel gleich Null, denn die Instrumente klingen ganz aus. Bläser und Streicher haben mittlere Sustain-Pegel, denn ihr Ton bleibt stehen, hat aber eine geringere Amplitude als die (kurze) Einschwingphase.

- "Release Time" (Ausklingzeit) ist die Zeit, die der Pegel nach Loslassen der Taste benötigt, um ganz zu verklingen.

Gelegentlich kommt noch ein "Hold"-Parameter hinzu, der bestimmt, wie lange der Spitzenpegel nach Ablauf von "Attack" und vor Beginn von "Decay" gehalten wird. Fehlt dieser Parameter, fällt der Pegel sofort in die Decay-Phase.

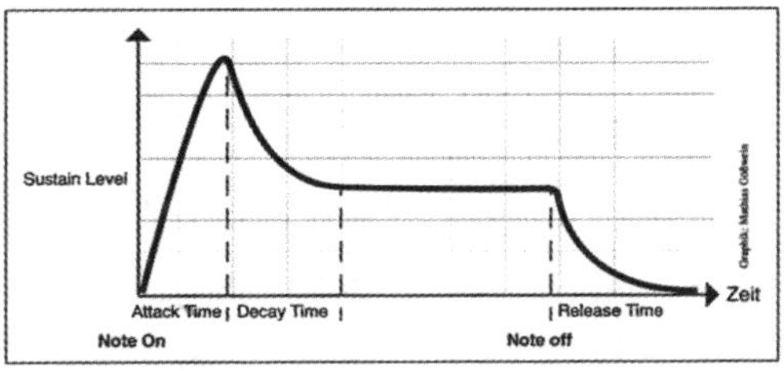

Die vier Parameter eines ADSR-Hüllkurvengenerators

Bei den meisten modernen Segmenthüllkurven-Generatoren hingegen kann man aber zumeist vier verschiedene Punkte definieren, die die Hüllkurve durchlaufen soll. Für jeden Punkt kann man den Pegel ("Level") und die Zeit ("Time") definieren, die es braucht, um diesen Punkt zu erreichen. Wenn "Level 1" voll aufgedreht ist, ist also "Time 1" die Attack-Zeit. Wenn "Level 2" niedriger als "Level 1" ist, ist "Time 2" die Decay-Zeit und so weiter. Möglich ist beispielsweise eine Einstellung, bei der der Pegel nach Erreichen von Pegel 2 erneut auf einen höheren Pegel 3 ansteigt. Solche Hüllkurvengeneratoren sind also flexibler, aber auch weniger übersichtlich als ADSR-Hüllkurvengeneratoren und klingen nicht unbedingt besser.

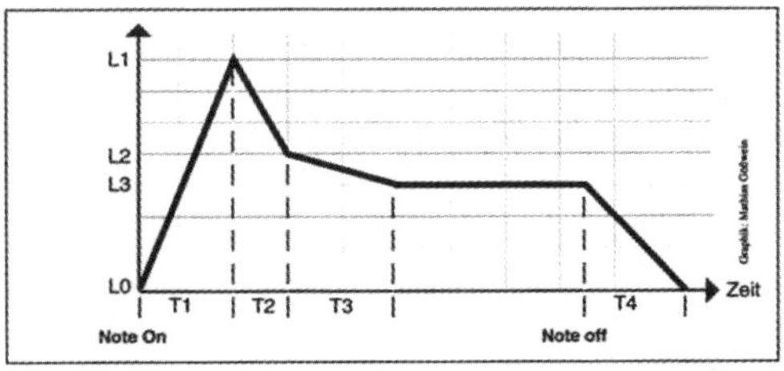

Segmenthüllkurve (schematische Darstellung)

Die Hüllkurvengeneratoren von Yamaha-Instrumenten arbeiten übrigens nicht mit Zeiten ("Time"), sondern mit Winkeln ("Rate"), die die Geschwindigkeit der Pegelzunahme oder -abnahme zwischen den einzelnen "Levels" regeln. Einige Synthesizer erzeugen sehr übersichtliche Graphiken ihrer Hüllkurven auf dem Display. Bei virtuellen Instrumenten und Editorprogrammen kann man die Punkte der Hüllkurve oft sogar mit der Maus anfassen und verschieben!

Anschlagsdynamische Hüllkurvengeneratoren

Die Anschlagsdynamik, die auf der Messung der Geschwindigkeit, mit der die Taste angeschlagen wird, beruht, kann die Hüllkurven maßgeblich beeinflussen. Zum einen kann die Anschlagsdynamik den Pegel beeinflussen. Das bedeutet: Je härter die Taste angeschlagen wird, desto lauter ist der Ton – wie bei einem Klavier. Der Parameter, der den Einfluss der Anschlagsdynamik auf den Hüllkurvengenerator bestimmt, heißt oft "Velocity".
Die Anschlagsdynamik kann aber auch Einfluss auf die Zeiten der Hüllkurve nehmen, nach dem Motto: "Je härter der Anschlag, desto kürzer die Attack- ("Einschwing"-) Zeit". Eine solche Modulation bietet sich bei Streichern an.

Hüllkurvenmodulation von Filter und Oszillator

Das Wort "Hüllkurve" (ebenso das englische Wort Envelope) meint in seiner ursprünglichen Bedeutung die Kurve, die das Oszillogramm einhüllt. Sie bezieht sich also auf den Verlauf der Amplitude nach der Zeit. Der Hüllkurvengenerator (Envelope Generator) kann aber nicht nur zur Modulation des Verstärkers, sondern auch zur Modulation der Filterfrequenz (Cutoff Frequency) des Filters oder der Frequenz des Oszillators herangezogen werden.
Zumeist verfügen Synthesizer heute über separate Hüllkurvengeneratoren für den Oszillator, das Filter und den Verstärker. Der zeitliche Verlauf der Frequenz des Oszillators, der Filterfrequenz des Filters und der Amplitude des Verstärkers können dann unabhängig voneinander eingestellt werden. Da die Frequenz des Oszillators mit der Tonhöhe (englisch: "Pitch") korrespondiert, heißt der Hüllkurvengenerator (englisch: Envelope Generator) bei vielen Instrumenten "Pitch EG". Der Hüllkurvengenerator für das Filter wird dementsprechend als "Filter Envelope" oder "Filter EG" bezeichnet. Die Parameter dieser Hüllkurvengeneratoren sind zumeist dieselben wie beim Hüllkurvengenerator für den Verstärker, der den zeitlichen Verlauf der Amplitude regelt.
Beim Verstärker (Dynamikstufe) ist eine Modulation der Amplitude durch den Hüllkurvengenerator fast immer erwünscht – es sei denn, man will immer nur gleich laut bleibende Dauertöne produzieren. Das ist beim Filter und insbesondere beim Oszillator aber nicht immer der Fall. Wie stark ihre Hüllkurvengeneratoren sie beeinflussen, will man bei den Oszillatoren und Filtern im einzelnen regeln können. Der Parameter für die Modulationsintensität heißt oftmals "EG Depth". Je höher diese Modulationsintensität gewählt ist, desto stärker ist der Einfluss des Hüllkurvengenerators auf die Frequenz beziehungsweise die Filter-

frequenz (Cutoff Frequency). Eine ausgewogene Abstimmung von "Cutoff Frequency" und "EG Depth", also ihrer Modulation durch den "Filter EG", ist bei der Programmierung und Optimierung von Sounds außerordentlich wichtig. Besonders interessant ist eine stark anschlagsdynamische Modulation des Filters mit einem Hüllkurvengenerator. Man bedenke, dass ein hart angeschlagenes Klavier nicht nur lauter, sondern auch wesentlich brillanter klingt als ein piano angeschlagenes Klavier! Wenn man bei der "Filter EG" dem "Velocity"-Parameter einen hohen Wert verleiht, vollzieht der Synthesizer diese Eigenschaft des Klaviers (und vieler anderer Instrumente) nach.

LFO

Musikalische Töne leben zu einem großen Teil von periodischen Schwankungen der zu Grunde liegenden Frequenz, des Frequenzspektrums und der Amplitude. Eine regelmäßige Schwankung der Frequenz nehmen wir als "Vibrato" wahr. Eine regelmäßige Schwankung der Amplitude äußert sich durch ein "Tremolo". Der "LFO" ist eine Modulationsquelle, die solche regelmäßig schwankenden Steuersignale liefert, die sich auf Oszillator, Filter und Verstärker anwenden lassen. "LFO" ist die Abkürzung für "Low Frequency Oscillator", was soviel heißt wie "niederfrequenter Oszillator" oder "langsam schwingender Schwingkreis". Der LFO ist ein Oszillator, der Frequenzen im Bereich von etwa 0,1 Hz bis 50 Hz erzeugt, dessen Frequenzen sich also im Wesentlichen unterhalb des Hörbereichs abspielen.

Wenn der LFO die Frequenz des Oszillators moduliert, dann bestimmt die Frequenz des LFOs die Geschwindigkeit des Vibrato-Effekts. Sehr langsame und sehr intensive Modulationen erzeugen einen Sireneneffekt, schnellere hingegen ein Zittern oder "Trillern" der Tonhöhe. LFO-Modulationen des Filters äußern sich je nach Geschwindigkeit und Intensität durch eine Art "Wah-Wah"-Effekt. Der LFO eines Synthesizers hat zumeist drei Parameter:

1. Die Frequenz. Die "Geschwindigkeit" wird im Synthesizer häufig als "Speed" oder "Rate" bezeichnet.
2. "Delay" ist eine einstellbare Verzögerung. Der LFO wird erst wirksam, nachdem der Ton schon eine (einstellbare) Zeit erklingt. Ein verzögertes Vibrato entspricht der Intonation von vielen Streichern, Gitarristen und Sängern.
3. Die Wellenform ("Waveform") bestimmt den Verlauf der Modulation. Eine Frequenzmodulation mit einer rechteckigen Wellenform äußert sich durch ein (mehr oder minder schnelles) ruckartiges Umschalten zwischen zwei verschiedenen Frequenzen, wohingegen eine sinus- oder dreieckförmige Modulation für gleitende Übergänge sorgt. Oft findet

man auch eine Wellenform, die mit "Sample & Hold" beziehungsweise "S&H" bezeichnet ist. Dabei handelt es sich um zufällig schwankende Werte, die zur Erzeugung von Zufallstonmustern herangezogen werden können.

Matrixmodulation

Auf dem Paneel eines analogen Synthesizers findet man Felder, die durch Linien grafisch voneinander abgesetzt sind. Darin sind die Parameter der Oszillatoren ("VCO"), der Filter ("VCF"), der Dynamikstufen ("VCA"), der Hüllkurvengeneratoren und der LFOs als Schalter und Regler repräsentiert. Bei historischen Synthesizern waren diese Baugruppen ("Module") als separate Geräte in einem gemeinsamen Schrankgehäuse integriert. Daher rührt die Bezeichnung "Modularer Synthesizer". Modulare Synthesizer sind klanglich extrem flexibel, allerdings technisch auch sehr anfällig und in der Regel weder programmierbar noch polyphon.

Einer der wesentlichen Nachteile dieser Instrumente besteht darin, dass jede Verbindung zwischen den einzelnen Modulen mit einzelnen Kabeln hergestellt werden musste. Ein sehr unübersichtlicher Drahtverhau vor dem Instrument ist die unvermeidliche Folge. Die Module späterer analoger Synthesizer waren intern fest verdrahtet. Das senkte die Produktionskosten, die Anfälligkeit, und die Geräte wurden transportfähig.

Allerdings litt auch die klangliche Flexibilität, denn es waren nur mehr wenige, ab Werk vorgegebene Modulationen möglich. Alle modulierbaren Module, also Oszillatoren, Filter und Verstärker, besitzen einige Parameter, die die Intensität der Modulation durch die anderen Module regeln. Im Feld des Filters befinden sich beispielsweise fast immer zwei Regler, die die Intensität der Modulation der Filterfrequenz durch den Hüllkurvengenerator und den LFO bestimmen. Entsprechende Parameter findet man auch bei den Oszillatoren.

Es ist aber nur selten möglich, beispielsweise das Filter durch den Ausgang eines Oszillatoren oder den VCA durch einen LFO zu modulieren. So bleiben viele Möglichkeiten der Klanggestaltung versperrt, an die die Konstrukteure vielleicht selbst nicht gedacht hatten. Eine Matrixmodulation schafft hier die größtmögliche Flexibilität.

Die Modulationsmatrix ist eine Tabelle, mit der beliebige Modulationsquellen mit beliebigen Modulationsadressen verknüpft werden können. Lediglich die Anzahl dieser vollkommen beliebigen Verknüpfungen ist begrenzt. Als Modulationsquellen kommen in Betracht:

- Die Tastatur (Notennummer),
- Die Anschlagsdynamik,

- Die polyphone und kanalbezogene Druckdynamik ("Aftertouch", "Pressure"),
- LFOs,
- Hüllkurvengeneratoren,
- Rauschgeneratoren,
- Zufallsgeneratoren (meist Bestandteil des LFOs, "Sample & Hold"),
- Audiosignale von Oszillatoren und Filtern,
- Externe Audiosignale,
- Externe Steuerspannungen etwa eines Pedals,
- Alle MIDI-Controller-Befehle.

Modulationsadressen sind:

- Die Frequenzen der Oszillatoren,
- die Wellenformen der Oszillatoren (bei Impulsbreitenmodulation und Wavetable-Synthese, siehe unten)
- die Filterfrequenzen der Filter,
- die Pegel der Dynamikstufen,
- die Parameter der Hüllkurvengeneratoren und der LFOs (selten),
- Parameter der Effektprozessoren.

Insbesondere wenn die Modulationen sehr schnell erfolgen können, was bei analogen und hochwertigen digitalen Synthesizern möglich ist, sind die klanglichen Resultate komplexer Modulationen oft schwer vorauszusagen. Experimentierfreude führt zu interessanten Ergebnissen! Die Matrixmodulation gab mehreren Oberheim-Synthesizern ihren Namen. Sie kommt aber auch bei vielen Instrumenten anderer Hersteller vor.

Besondere Ausstattungsmerkmale der Oszillatoren

Impulsbreitenmodulation

Manche subtraktiven Synthesizer sind im Bereich der Oszillatoren besonders aufwendig ausgestattet. Speziell bei analogen Synthesizern ist die Möglichkeit der Modulation der Impulsbreite der Rechteckwelle verbreitet (Impulsbreitenmodulation, auch "Pulse Width Modulation").

Die Impulswelle und die Rechteckwelle sind elektronisch mit einfachen Schaltungen leicht zu erzeugen. Eine Folge von sehr kurzen Spannungsimpulsen, auf die längere Pausen folgen, heißt Impulswelle. Sie ist sehr reich an Obertönen, klingt also sehr scharf und brillant.

Eine regelmäßige Folge gleichbleibend hoher und niedriger Spannungen, wobei die Dauer der hohen und der niedrigen Spannungsperioden jeweils gleich lang ist, heißt wegen ihrer charakteristischen Form "Rechteckwelle". Sie ist reich an

Obertönen, deren Frequenzen ungeradzahlige Vielfache der Grundschwingung sind. Sie hat einen hohlen Klang, der entfernt an den einer Klarinette erinnert.

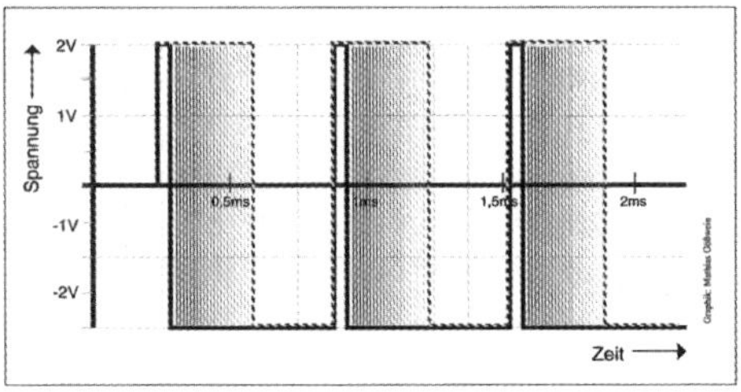

Impulsbreitenmodulation (Pulse Width Modulation)

Die Breite der Impulse lässt sich bei manchen Synthesizern beliebig zwischen einer schmalen Impulswelle und der Rechteckwelle (mit 50 % Impulsbreite) einstellen. Oft kann dieser Wert durch eine Steuerspannung ferngesteuert werden. Dann spricht man von einer "Impulsbreitenmodulation". Sie kann durch einen LFO, also periodisch, oder durch einen Hüllkurvengenerator erfolgen. Der Klangeindruck ist wegen des komplexen Wandels der Obertonstruktur sehr reich, voll und bewegt. Der Klang der Impulsbreitenmodulation erinnert an den Klang zweier gegeneinander schwebender (verstimmter) Oszillatoren. Die Möglichkeit der Impulsbreitenmodulation durch einen Hüllkurvengenerator ist leider selten.

Wavetables

Eine Besonderheit der Synthesizer der deutschen Synthesizer-Hersteller PPG und Waldorf ist die Wavetable-Synthese, die auch vom Modell "Wavestation" des Herstellers Korg unterstützt wird.

Die Wellenformen dieser Synthesizer sind in Tabellen (Wavetables) organisiert. Dabei wird die Position der Wellenform in dieser Tabelle zu einem modulierbaren Parameter. Während der Modulation der Wellenform durch eine beliebige Modulationsquelle werden die einzelnen Wellenformen durchfahren, und der Klang ändert sich stetig – ähnlich wie bei der Impulsbreitenmodulation. Die Tabellen mit den Wellenformen sind zumeist ab Werk vorgegeben (Ausnahme: Waldorf Wave). Dadurch lassen sich auf einfache Weise sehr komplexe, organische und dynamische Veränderungen der Obertonstruktur erzielen, die über das übliche von subtraktiven Synthesizern gebotene Maß weit hinausgehen.

Synchronisierte Oszillatoren

Eine Besonderheit vor allem von analogen Synthesizern, die man nur selten in digitaler Simulation findet, ist die Synchronisation der Oszillatoren. Dazu bedarf es zweier Oszillatoren pro Stimme, deren Signal zumeist von einem Filter und einer Dynamikstufe bearbeitet wird. Normalerweise schwingen beide Oszillatoren mit vollkommen unabhängigen Frequenzen. Wird die Frequenz des Oszillators mit der höheren Frequenz nach der des anderen synchronisiert, wird dem synchronisierten Oszillator mit jedem Wellendurchgang des synchronisierenden Oszillators ein Neubeginn seiner eigenen Welle aufgezwungen. Er schwingt solange frei, bis der andere Oszillator einen neuen Wellendurchgang beginnt. In dem Moment beginnt auch er seine Wellenform von vorn.

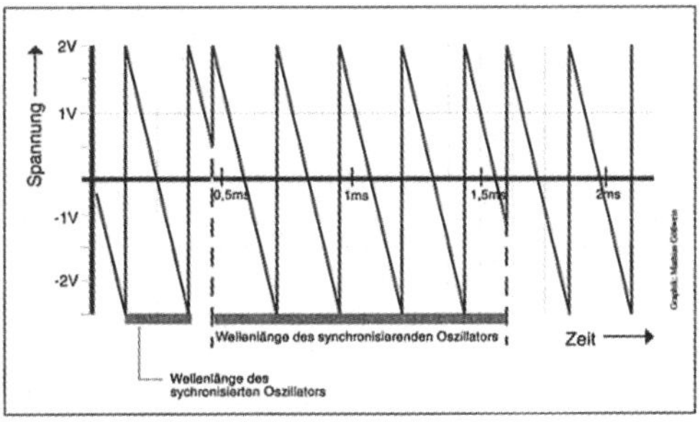

Synchronisierte Sägezahnwelle

Das Resultat ist ein sehr komplexes Spektrum. Der Klangeindruck ist metallisch, "schneidend" und in jedem Fall sehr unnatürlich. Ein sehr dynamischer Verlauf des Frequenzspektrums wird erzielt, wenn der synchronisierte Oszillator in der Frequenz moduliert wird, etwa durch einen Hüllkurvengenerator oder durch einen LFO.

5.3 FM-Synthese

In der Praxis gibt es neben der Subtraktiven Synthese nur sehr wenige abweichende Syntheseverfahren. Die "Additive Synthese", die auf dem Prinzip des Zusammenmischens von Sinuswellen beruht, spielt auf dem Musikinstrumenten-Markt keine Rolle, wenn man einmal von der Zugriegelorgel als primitivster Form eines additiven Synthesizers absieht. Neben der Klanggestaltung, die allein auf Sample-Playern (oder analogen Oszillatoren) in Kombination mit Filtern beruht, kommen in der Praxis nur zwei andere Syntheseverfahren vor: Die FM-Synthese und seit neuestem das so genannte "Physical Modelling" (siehe Ab-

schnitt *Physical Modelling* ab Seite 53). "FM" ist die Abkürzung von "Frequency Modulation" beziehungsweise "Frequenzmodulation". Beiden Verfahren ist der Vorteil gemein, dass ihre Klänge sich in Abhängigkeit von der Anschlagsdynamik und anderen Controllern in Echtzeit sehr komplex verändern können. Bei der Subtraktiven Synthese geht demgegenüber immer nur ein dynamisches Tiefpassfilter auf und zu – das zu Grunde liegende Sample bleibt immer gleich. Allenfalls die Möglichkeit der Impulsbreitenmodulation von Rechteckwellen oder Wavetables schaffen hier Abhilfe. FM-Synthesizer können aber sehr organisch und musikalisch auf die Anschlagsdynamik reagieren – im gesamten Frequenzspektrum eines jeden Tons. Allerdings ist die authentische Wiedergabe von Originalklängen nicht möglich. Die Programmierung von FM-Synthesizern ist komplizierter als die von subtraktiven Synthesizern. Die Beschäftigung mit ihnen lohnt sich jedoch, da die Resultate sehr individuell sind.
Die ersten für einen breiten Kundenkreis erschwinglichen FM-Synthesizer waren der äußerst populäre Yamaha DX 7 und sein weniger bedeutender kleiner Bruder, der DX 9. Der DX 7 ist ein sechzehnstimmig polyphoner digitaler FM-Synthesizer, der im MIDI-Poly-Mode arbeitet. Jede Stimme arbeitet ein Programm ab, das folgende Situation digital simuliert:
Es gibt sechs Oszillatoren, so genannte Operatoren, die Sinusschwingungen erzeugen. Jeder Operator besitzt einen eigenen vierstufigen, anschlagsdynamischen Hüllkurvengenerator, der den Pegel des Operators steuert. Jeder Operator kann in der Frequenz moduliert werden, und zwar insbesondere auch durch die Ausgangssignale der einzelnen Operatoren. Es gibt solche Operatoren, deren Ausgangssignale dem Audioausgang des Synthesizers zugeführt werden, deren Signal also hörbar ist: Diese Operatoren heißen "Carrier". Außerdem gibt es solche Operatoren, "Modulators" genannt, die nur die Carrier oder aber andere Modulators modulieren.

Der FM-Synthesizer Yamaha DX 7 II D ist eines der Nachfolgemodelle des zu seiner Zeit ungemein erfolgreichen DX 7.

Die Verschaltung der Operatoren, also die Organisation ihrer Ausgänge als Modulatoren und Carrier, wird in 32 verschiede-

nen so genannten "Algorithms" organisiert, die jeweils eine Feedback-Schleife enthalten.
Die Frequenzen der Modulatoren sind beliebig. Sie liegen im Audiobereich – sie können genauso hoch oder höher sein als die Frequenzen der Carrier. Im Gegensatz zu einer Modulation der Frequenz eines Oszillators mit dem LFO ist keinerlei "Schwankung der Tonhöhe" wahrnehmbar. Vielmehr bekommt die oberschwingungsfreie Sinuswelle Beulen und Dellen, da sie innerhalb eines Zyklus beschleunigt und wieder abgebremst wird. Die Wellenform verändert sich – und mit ihr das Obertonspektrum. Da alle Operatoren anschlagsdynamisch sind, erfolgt die Verbiegung der Wellenform und mithin der Obertonstruktur so dynamisch und komplex.
FM-Synthesizer gibt es fast ausschließlich nur von Yamaha – aber nicht jeder digitale Yamaha-Synthesizer ist auch ein FM-Synthesizer. Die Modelle SY 77, TG 77, SY 99 und FS1R sind mit einer subtraktiven Klangerzeugung kombiniert. Diese kann sogar als Modulator innerhalb der FM-Klangerzeugung in Erscheinung treten, was sehr komplexe Modulationen ermöglicht. Die FM-Klangerzeugung wurde gegenüber dem DX 7 erheblich erweitert. Obgleich die FM-Synthese in mancher Hinsicht der Subtraktiven Synthese unterlegen ist, ist sie doch in bestimmten Bereichen unübertroffen. Sie überzeugt insbesondere bei harten, perkussiven Klängen, bei E-Piano-Sounds, bei Vibraphon- und Metallophonklängen. Auch bestimmte Glockenklänge und einige bestimmte Bässe und Effektklänge kann man nur mit einem FM-Synthesizer erzeugen. FM-Sounds einfach zu samplen wird ihrem Potential nicht gerecht, denn dem Sampler fehlt die Dynamik der inneren Obertonstruktur. Seine Dynamik bezieht sich nur auf den Pegel oder die Filterfrequenz.

5.4 Physical Modelling

Hinter "Physical Modelling", also dem "Körperlichen Modellieren" eines Klangs verbirgt sich die Idee, nicht direkt die Parameter eines Audiosignals zu steuern, sondern die physikalischen Eigenschaften eines Musikinstruments in einem Algorithmus abzubilden und die Beschaffenheit dieses virtuellen Musikinstruments beliebig bestimmen zu können.
Das heißt: Ein Physical-Modelling-Synthesizer spielt kein Trompeten-Sample ab, sondern er berechnet die Schwingung der Luftsäule, den Einfluss eines bestimmten Mundstücks und die Eigenschaften des metallenen Körpers einer Trompete und lässt die Akustik einer Trompete als digitales Abbild der Wirklichkeit im Rechner stattfinden.

Der Reiz besteht darin, dass man nicht nur reale, sondern auch irreale Instrumente simulieren kann: Eine sieben Meter lange Posaune aus einem nur wenige Millimeter dicken Rohr, eine mit einem Doppelrohrblatt geblasene Gitarre, ein Xylophon aus Gummi, ein Klavier mit dickeren, aber extrem stark gespannten Saiten und so weiter. Parameter wie "Anblasdruck", "Spannung der Lippen (beim Blasen)" lassen sich in den Algorithmus einbinden und in Echtzeit steuern.

Eine besondere Stärke dieser Instrumente besteht in der Möglichkeit, mehrere Parameter des physischen Modells simultan mit Controllern (Rädern, Hebeln, Druck- und Anschlagsdynamik ...) zu regulieren, woraufhin die Klangerzeugung sehr organisch und authentisch reagiert. Frühere Modelle klingen teilweise etwas dünn und vermochten sich im Zuge der Popularität analoger und virtuell analoger Synthesizer am Markt nicht recht durchzusetzen. Mit ihren spezifischen Ausdrucks- und Klangeigenschaften ergänzen sich die oft monophonen Physical-Modelling-Synthesizer besonders gut mit anderen Klangerzeugern. Manche, wie der Korg Prophecy, bieten auch virtuell analoge Klangerzeugungs-Algorithmen.

5.5 Resynthese

Insbesondere Digitalpianos bedienen sich spezialisierter Resynthese-Algorithmen, und es ist vorstellbar, dass die Resynthese erheblich an Bedeutung gewinnt. Das Prinzip der Resynthese besteht in der Analyse von Samples hinsichtlich des zeitlichen Verlaufs ihres Spektrums. Auf dem Wege einer so genannten "Fourier Transformation" wird die Welle in ihre einzelnen spektralen Bestandteile zerlegt und resynthetisiert ("wieder zusammengesetzt").

Dabei lassen sich Eigenschaften des Schallereignisse durch einfache Parameter ausdrücken und unabhängig von anderen Parametern beeinflussen. Beispielsweise ist es mit Hilfe der Resynthese ohne weiteres möglich, die Länge eines Schallereignisses unabhängig vom Spektrum zu manipulieren. Außerdem können beliebige spektrale Anteile in eine beliebige Abhängigkeit von der Anschlagsdynamik gebracht werden und so weiter. Resynthesizer sind eine Perspektive, dem Sampling-Verfahren mehr Lebendigkeit und Dynamik zu verleihen.

Der Roland Variphrase Processor VP 9000 wird eingesetzt und gespielt wie ein Sampler. Das Gerät ist ein Resynthesizer, der Time Stretching, Pitch Shifting und davon unabhängige Formantverschiebungen in Echtzeit gestattet. Die Prozesse lassen sich auf Gesang, aber auch auf komplette Drum-Loops anwenden, die sich hinsichtlich ihrer Tempi automatisch aufeinander abstimmen lassen. Siehe auch Abschnitt Harmonisch korrekte Transpositionen *ab Seite 142.*

6 Elektronische Musikinstrumente

6.1 Klangerzeugungsverfahren

Die digitale Subtraktive Synthese auf Basis von Samples, die dynamisch gefiltert werden können, ist das dominierende Verfahren elektronischer Klangerzeugung. Die meisten elektronischen Musikinstrumente verfügen heute über integrierte Effektprozessoren. Klangerzeugungen dieser Art befinden sich in Synthesizern mit und ohne Tastatur, in Portable Keyboards und elektronischen Orgeln mit Begleitautomaten, in den so genannten "Workstations", also in Synthesizern mit integrierten Sequenzern, und in den so genannten "Sound-Modulen" oder "Expandern".

Zumeist sind die Samples ab Werk vorgegeben. Sie befinden sich in einem "ROM" genannten Speicherbaustein. "ROM" steht für "Read Only Memory", also einen Speicher, der nur gelesen, nicht aber beschrieben werden kann. Deshalb spricht man im Zusammenhang mit solchen Musikinstrumenten auch von "ROM-Sample-Playern" oder, als Kurzwort, von "Romplern".

Sampler (oder RAM-Sampler) heißen demgegenüber Musikinstrumente, die beliebige Audiosignale aufzeichnen und durch Spiel auf der Tastatur (beziehungsweise über MIDI) wiedergeben können. "RAM" ist die Abkürzung für "Random Access Memory" und meint einen Speicherbaustein, der sowohl beschrieben als auch ausgelesen werden kann.

Sample-Player heißen demgegenüber Musikinstrumente, die beliebige Samples von Samplern abspielen können, die aber selbst nicht samplen, also aufzeichnen können. Für die gängigen Sampler-Modelle gibt es große Bibliotheken ("Libraries") mit Samples auf CD-ROM und Disketten.

Kombinierte Instrumente

Die unterschiedlichsten Kombinationen von Klangerzeugungen, Begleitautomaten, Sequenzern, MIDI-File-Playern und Effektprozessoren sind am Markt mit und ohne Tastatur erhältlich. Außer dem Preisvorteil und der kompakteren Bauweise ergeben sich aus der Kombination dieser Baugruppen keine besonderen Vorzüge. Die Integration des Effektprozessors in die Klangerzeugung ist bei der Musikproduktion vorteilhaft, da Wandlungsprozesse vermieden und Echtzeitsteuerungen der Effektparameter erleichtert werden.

Workstations, also Keyboards mit aufwendigen integrierten MIDI-Sequenzern, erfreuen sich seit dem Ende der achtziger Jahre großer Beliebtheit. Diese integrierten Hardware-Sequenzer halten in der Regel einem Vergleich selbst mit den einfachsten Einsteigerversionen moderner Software-Sequenzer, die heute überwiegend als Audiosequenzer ausgeführt sind, nicht stand. Das Ausstattungsmerkmal "Sequenzer" ist in einem Keyboard für die Musikproduktion daher praktisch überflüssig.

Begleitautomaten

Bei der Musikproduktion werden Begleitautomaten, die man in Portable Keyboards und elektronischen Orgeln findet, nur selten eingesetzt. Die Rhythmen und Styles können bei der Komposition und Produktion jedoch inspirieren. Solche Begleitautomaten sind dann sinnvoll, wenn sie alle Spuren in Form von MIDI-Daten senden. Dabei muss der Sequenzer mit der Begleitautomatik synchronisiert werden. Deshalb muss die Begleitautomatik die MIDI-Clock senden. Die MIDI-Daten der Begleitautomatik können mit dem Sequenzer aufgezeichnet, bearbeitet und von beliebigen Klangerzeugern mit beliebigen Sounds wiedergegeben werden.

Masterkeyboards

Als Eingabeinstrument wird bei der Produktion von Musik im Allgemeinen nur ein einziges Keyboard-Manual benötigt. Diese sollte über eine anschlagsdynamische Tastatur mit Druckdynamik ("Pressure", "Aftertouch") sowie über einen Pitch Bender und ein Modulationsrad verfügen. Keyboards, die auch polyphone Druckdynamik senden, sind leider selten. Bei der Arbeit mit guten Software-Sequenzern sind an die MIDI-Implementation der Tastatur ansonsten keinerlei besonderen Ansprüche zu stellen. Allenfalls Keyboards aus der MIDI-Frühzeit (bis etwa 1986) haben zum Teil Eigenschaften, die zu Problemen führen können.

Das Masterkeyboard muss eine "Local Off"-Funktion besitzen, mit der die interne Klangerzeugung von der Tastatur getrennt wird. Die MIDI-Befehle der Tastatur werden gegebenenfalls über den alles kontrollierenden Sequenzer wieder dem MIDI-Eingang des Klangerzeugers zugeführt.

Natürlich sollte die Tastatur gut bespielbar sein. Pianisten bevorzugen Tastaturen mit gewichteten Tasten aus Holz. Einfache Kunststofftastaturen lassen sich schneller und einfacher bespielen, aber die Kontrolle über die Dynamik gelingt nicht so gut. Reine Masterkeyboards bieten im Studio keine besondere Vorteile. Gewichtete Tastaturen haben in der Form eines Digitalpianos, ungewichtete Tastaturen als Synthesizer häufig das beste Preis-/Leistungsverhältnis.

Die Tastaturen von Digitalpianos wie dem Alesis DG 8 kommen den Bedürfnissen von Pianisten entgegen. Ein solches Instrument verfügt über eine integrierte Klangerzeugung, die gute Piano- und Flügelsounds, oft auch viele andere Sounds liefert. Gegen den Einsatz eines solchen Digitalpianos als Masterkeyboard im Studo spricht lediglich das Fehlen von Pitch Bender und Modulationsrad, bei vielen Modellen auch das Fehlen der Druckdynamik (Aftertouch).

Der Umfang der MIDI-Implementation des Masterkeyboards ist bei der Arbeit mit einem guten Software-Sequenzer nahezu unbedeutend. Hauptsächlich kommt es auf die Qualität der Tastatur an. Allerdings sollte das Keyboard anschlagsdynamisch sein und Druckdynamik senden. Ein Umfang von fünf Oktaven reicht in der Regel aus. Vorteilhaft ist eine Auswahl unter verschiedenen Charakteristika der Anschlagsdynamik. Oft stehen mehrere verschiedene Kurven zur Auswahl, die die Anschlagsgeschwindigkeiten den verschiedenen MIDI-Velocity-Werten zuordnen.

So genannte Masterkeyboard-Eigenschaften, wie das Senden unterschiedlicher Keyboard-Zonen auf unterschiedlichen MIDI-Ausgängen oder komplexe Programmierungen von Systemeinstellungen sind bei Keyboards von Interesse, die bei Live-Konzerten eingesetzt werden. Wo ein Audiosequenzer die Steuerung übernimmt, ist das nicht erforderlich, da er all diese Funktionen selbst erfüllt.

Ökonomie bei der Planung des Instrumentariums

In einem Studio mit einem MIDI-Keyboard und einem Computer, auf dem ein Software-Sequenzer läuft, sind alle weiteren Diskettenlaufwerke, Sequenzer, MIDI-File-Player und zusätzliche Tastaturen praktisch überflüssig. Deshalb empfiehlt es sich, Instrumente in Ausführungen zu wählen, die ohne diese Ausstattungsmerkmale auskommen. Vor allem wenn ein Live-Einsatz gefordert ist, können sich die Ansprüche an die Instrumente jedoch verschieben – die Berechtigung der kombinierten Instrumente sei also nicht in Frage gestellt.

Der Yamaha CS2X kombiniert eine ungewichtete anschlagsdynamische Tastatur mit Pitch Bender und Aftertouch mit einer programmierbaren General-MIDI-Klangerzeugung (Yamaha-XG-Standard) und voll programmierbaren Synthesizereigenschaften. Mögen solche Keyboards wegen externer Netzteile und des geringen Gewichts live auch unbefriedigend erscheinen, eignen sie sich im Studio vorzüglich als Masterkeyboard und Klangerzeuger mit vollständiger Ausstattung und ohne im Studio überflüssige Details. Ein integriertes To-Host-Interface dient in kleinen Anlagen als MIDI-Interface zwischen Computer, Keyboard und einem dritten MIDI-Gerät.

Qualitätskriterien

Die Entwicklung der letzten Jahre hat sehr preisgünstige und äußerst leistungsfähige Instrumente hervorgebracht. Das Potential moderner General-MIDI-Expander übertrifft in vielen Punkten das Leistungsvermögen professioneller Instrumente zu einem Vielfachen des Neupreises, die nur wenige Jahrgänge zurückliegen. In letzter Zeit kann auch die technische Klangqualität und das Rauschverhalten kostengünstiger Instrumente professionellen Ansprüchen grundsätzlich genügen.

Bedienungskomfort

In Anbetracht des Funktionsumfangs ist ein hoher Bedienungskomfort wichtig. Dieser hängt wesentlich von der Anzahl der Bedienungselemente und der Größe des Displays ab. Noch wichtiger ist jedoch die Qualität der Software. Eine schlechte Software kann jeglichen Bedienungskomfort großzügig ausgestatteter Instrumente vereiteln. Auf der anderen Seite gibt es überzeugende Konzepte mit relativ kleinen Displays und wenigen Tastern. Als gelungen erweisen sich oft Bedienungskonzepte mit hierarchischen Menüstrukturen. Cursor-Tasten sollten den Weg von Parameter zu Parameter weisen. Endlosräder und Plus-/Minus-Tasten eignen sich gut für die Dateneingabe. Zusätzliche numerische Tastaturen (Ziffernfelder wie beim Telefon) sind wünschenswert.
Oft sind Taster oder auch Regler direkt unterhalb des Displays angeordnet. Im Display erscheint die Beschriftung ihrer jeweili-

gen Funktion in Abhängigkeit vom gewählten Menü. So lassen sich Parameter sehr schnell selektieren. Eine vollständige Implementation systemexklusiver Daten ist die Voraussetzung für Editor-Software, die eine übersichtliche virtuelle Bedienungsoberfläche auf den Bildschirm des Computers zaubert.
Am schnellsten und komfortabelsten gestaltet sich die Bedienung, wenn man gar nicht erst den gewünschten Parameter suchen und selektieren muss, sondern ihn direkt anfassen kann. Das ist auch eine Voraussetzung für die intuitive Kontrolle in Echtzeit. Manche Synthesizer besitzen deshalb sehr viele Regler und Schalter.

Externe Netzteile

In zunehmendem Maße setzen die Hersteller auf die Stromversorgung mit Hilfe von externen Netzteilen. Das vereinfacht die Logistik des Vertriebs, beschleunigt die behördlichen Zulassungsverfahren der Instrumente und spart ganz einfach Produktionskosten, da das Gehäuse kleiner und leichter sein darf und nicht elektromagnetisch abgeschirmt werden muss. Ein theoretischer Vorteil der externen Netzteile besteht in der größeren räumlichen Entfernung zur Elektronik, die empfindlich gegen elektromagnetische Störungen ist, die von Netzteilen verursacht werden können.
Tatsächlich sind externe Netzteile nur bei professionellen Mischpulten in Form hochwertiger Geräte im 19-Zoll-Stahlgehäuse wirklich von Vorteil. Ansonsten sind externe Netzteile, vom Kostenvorteil einmal abgesehen, nur eine Quelle ständigen Ärgers. Die Steckverbindungen sind zumeist unzuverlässig, so dass an einen Live-Einsatz nicht zu denken ist. Daran ändern auch Zugentlastungen nur wenig.

Bei Geräten mit externen Steckernetzteilen muss man sehr aufpassen, dass man diese bei Live-Einsätzen nicht vergisst – ein ebenso banaler wie tückischer Risikofaktor, auf den Profis sich nur ungern einlassen. Zumeist sind die Netzteile nicht standardisiert, so dass Ersatz nur schwer zu bekommen ist. Auch bei Standard-Netzteilen verbitten sich die Hersteller die Verwendung anderer Netzteile. Die Gehäuse der Instrumente mit externen Netzteilen sind grundsätzlich nicht geerdet – das gilt übrigens auch für Instrumente mit zweipoligen Netzsteckern. Das ist bei Klangerzeugern zumeist nicht problematisch, aber bei Signalprozessoren schon eher. Die Erdung erfolgt nur über das unsymmetrische Audiokabel. Die Erdung darf nicht aufgehoben werden, was Probleme bei der Beseitigung von Brummstörungen heraufbeschwören kann.

Bei Klangerzeugern sind symmetrische Anschlüsse und Ground-Lift-Schalter zum Trennen der Erde nicht üblich, im Gegensatz zu professionellen Signalprozessoren. Die meisten Instrumente besitzen asymmetrische Klinkenausgänge, selten Cinch-Ausgänge. Die Anzahl der Ausgänge entspricht der Anzahl der (teuren) Digital/Analog-Wandler. Die meisten Klangerzeuger besitzen einen Stereoausgang. Zusätzliche Ausgänge sind immer sehr zu begrüßen, denn sie gestatten die unabhängige Bearbeitung ihres Signals mit externen Effekten und Equalizern.

Flexibilität und Klangqualität

Jedes elektronische Musikinstrument besitzt eine spezifische Eigenklanglichkeit. In letzter Zeit nähern sich die Klangcharaktere der verschiedenen Sample-Player allerdings immer weiter an – und zwar auf einem sehr hohen qualitativen Niveau. Bei Musikinstrumenten, die auf der Wiedergabe von Samples beruhen, kommt es naturgemäß auf die Qualität der Samples besonders an. Die bloße Größe des Speichers ist dabei nicht das ausschlaggebende Kriterium. Zumeist sind die Sample-Daten komprimiert oder – unter Klangeinbußen – reduziert. Die Klangeinbußen fallen insbesondere bei einfachen Portable Keyboards und billigen General-MIDI-Modulen störend auf. Alle Multisamples sind unterschiedlich lang und liegen in unterschiedlichen Intervallen vor (siehe Abschnitt *Sampler* ab Seite 65).

6.2 Synthesizer

Mit dem Begriff "Synthesizer" verband sich schon immer die Illusion, alle möglichen Instrumente "imitieren" zu können. In der Praxis führen solche Versuche immer wieder zu unbefriedigenden Resultaten. Jeder Synthesizer ist ein eigenständiges Musikinstrument mit einem eigenen Charakter, der sich in unterschiedlichen Klangcharakteren, aber auch unterschiedlichen technischen Konzeptionen äußert, die zu ganz anderen Arbeitsstrukturen führen.
Die Grenze zu reinen ROM-Sample-Playern sind schwer zu ziehen, denn auch diese Instrumente verfügen über Synthesefunktionen – auf der anderen Seite lassen sich auch die mit umfangreichen Wellenspeichern ausgestatteten Synthesizer als Sample-Player einsetzen.

Spielweise

Der Unterschied liegt nicht nur im Instrument, sondern vielmehr in seiner Spielweise. Ein Synthesizer kann gegebenenfalls als Orgel oder als E-Piano fungieren, wenn man ihn entsprechend programmiert und spielt. Ein Synthesizer wird aber nicht zum Saxophon, denn dem Tasteninstrument fehlen die Ausdrucksparameter dieses Holzblasinstruments.
Die wesentliche Eigenschaft der Synthesizer ist ihre Echtzeit-Fähigkeit. Daraus folgt, dass eine Note nicht wie die andere klingen muss. Darin unterscheiden sich Synthesizer von Samplern.

Die Phasenlage der Audio-Oszillatoren und der LFOs kann beim Synthesizer variieren, da ihre Frequenzen nicht durch den Anschlag der Taste synchronisiert sind. Auch wenn es beim Hören zunächst nicht auffällt: Der Wiederholungseffekt des Samplers ist für den Synthesizer untypisch. Wenn es jedoch erwünscht ist, kann der Synthesizer auch sehr einfache, sterile Klänge hervorbringen.
Synthesizer gestatten die Kontrolle ihrer Parameter in Echtzeit. Nicht immer muss ein Synthesizer je einen eigenen Regler oder Schalter für jede einzelne Funktion besitzen. Die Möglichkeit der Kontrolle der Parameter über die Anschlagsdynamik und die diversen MIDI-Controller genügt.

Dezente Modulationen und Verstimmungen

Soll der Klang des Synthesizers lebendig, bewegt und warm klingen, besteht die Kunst der Programmierung oft in dezenten Modulationen. Ein guter Synthesizer zeichnet sich unter anderem durch viele Modulationsquellen aus, insbesondere aber durch die Flexibilität, mit allen möglichen Modulationsquellen beliebige Modulationsadressen ansprechen zu können.
Klangfülle entsteht durch gleichzeitiges Erklingen mehrerer Oszillatoren, die gegeneinander "schweben". Die durch die Verstimmung bedingten stetigen Phasenverschiebungen versetzen das Klangbild in Bewegung. Ist die Verstimmung sehr gering, wird der Klang nur wenig bewegt, ist sie zu stark, wirkt der Klang eben verstimmt. Der Verstimmungsparameter ("Detune") ist deshalb besonders sensibel. Die Frequenz der Oszillatoren lässt sich modulieren, etwa durch einen verzögert einsetzenden LFO (verzögertes Vibrato) oder auch durch einen Hüllkurvengenerator.
Wenn der Hüllkurvengenerator anschlagsdynamisch ist, kann das Ausmaß der Verstimmung durch die Stärke des Anschlags bestimmt werden. Auch die Modulation der Oszillatorenfrequenz durch die Druckdynamik bietet sich an. Die Modulation darf sich nur auf einen der beiden Oszillatoren auswirken oder muss gegenläufig erfolgen, damit die Tonhöhe sich nicht zu sehr verändert. Bei diesen Operationen muss der Verstimmungsparameter sehr fein austariert werden.

Analoge Synthesizer

Die tatsächlichen Qualitäten eines Synthesizers sind nicht leicht zu durchschauen. Die Ausstattungsmerkmale moderner ROM-Sample-Player scheinen die Leistungsmerkmale klassischer analoger Synthesizer zu übertreffen. Bei näherem Hinsehen bestätigt sich der erste Eindruck nicht immer. Die Auswahl an Wellenformen mag bei einem analogen Synthesizer eingeschränkt sein. Seine spezielle Klanglichkeit erhält er durch Oszillatoren mit besonderen Ausstattungsmerkmalen wie der Synchronisation oder der Über-Kreuz-Modulation (Cross Modulation) der Oszillatoren oder der Impulsbreitenmodulation. Diese Merkmale lassen sich auf Basis von Samples nur unvollkommen nachbilden.

Virtuell analoge Synthesizer

Techno, Hip Hop, andere Dancefloor-Produktionen und andere populäre elektronische Musik führten zu einer größeren Akzeptanz für eine künstliche, kühlere Klangästhetik. Analoge Synthesizer sind die Instrumente dieser Ästhetik. Die Produktion echter analoger Synthesizer ist heute, wenn man an polyphone Instrumente mit aufwendiger Stimmenarchitektur denkt, ungleich kostspieliger als deren digitale Simulation. Neuere Entwicklungen sind auch klanglich ihren Leitbildern keineswegs unterlegen. Beim Vergleich der Leistungsmerkmale virtuell analoger Synthesizer mit analogen Synthesizern kann leicht übersehen werden, dass analoge Synthesizer weitaus störungsanfälliger und oft nicht ausreichend stimmstabil sind. Viele Modelle sind nicht anschlagsdynamisch und verfügen nur über wenige Speicherplätze.

Von anderen digitalen Synthesizern unterscheiden sich die virtuell analogen Synthesizern hauptsächlich in zwei Punkten:

- Virtuell analoge Synthesizer verfügen zumeist über zahlreiche Hardware-Bedienungselemente, die einen intuitiven Live-Zugriff auf die Parameter der Klangerzeugung erlauben.
- Virtuell analoge Synthesizer simulieren die komplexeren Eigenschaften der Oszillatoren analoger Synthesizer und beschränken sich auf die für analoge Synthesizer typischen Wellenformen Sägezahn, Rechteck, Impulswelle (mit Impulsbreitenmodulation), Dreieck, Rauschen und Sinus. Demgegenüber gibt es keine Samples akustischer Instrumente, wie sie für andere digitale Synthesizer (wie GM-Soundmodule) typisch sind.

Andere digitale Synthesizer und selbst programmierbare General-MIDI-Module sind nicht zu unterschätzen: Der Zugriff auf ihre Synthesizerparameter mag komplizierter erscheinen, ist aber gleichwohl möglich. Die Eigenschaften der Klangerzeugung selbst müssen denen virtuell analoger Synthesizer nicht unterlegen sein. Spezielle Editoren und Editor/Librarian-Programme (Sound-Datenbanken), die mit dem Audiosequenzer synchronisiert werden können, erlauben einen guten Zugriff auf die Klangerzeugung.

Der Oberheim OB • 12 zählt zu den virtuell analogen Synthesizern, deren Konzept sich seit den neunziger Jahren besonders großer Beliebtheit erfreut. Die Klangerzeugung funktioniert digital. Das Bedienungskonzept mit vielen Reglern auf dem Paneel, der Sound und die Ausstattung der Klangerzeugung, insbesondere die der Oszillatoren, orientieren sich an analogen Vorläufern.

Virtuelle Synthesizer (Plug-Ins)

Die Prozessorleistung aktueller Computer erlaubt zunehmend die Einbindung selbst aufwendigerer und polyphoner Synthesizer in den Audiosequenzer.

Für die Integration von virtuellen Synthesizern und anderen Plug-Ins in Audiosequenzer gibt es standardisierte Software-Schnittstellen, die nicht Gegenstand dieses Buches sind. Beim Kauf von Software sind Kompatibilitätsfragen zu klären.

Noch kann nicht jede Hardware ausreichend kurze Latenzzeiten gewährleisten, so dass der virtuelle Synthesizer auch bei gestopptem Sequenzer und Live-Spiel auf der MIDI-Tastatur ausreichend schnell reagiert. Langfristig wird die Entwicklung jedoch zunehmend Instrumente hervorbringen, deren Timing-Eigenschaften denen von über MIDI-Kabel angesteuerten Klangerzeugern überlegen ist. Virtuelle Synthesizer beanspruchen viel Prozessorleistung. Die Anzahl der simultan verfügbaren anderen Plug-Ins und der zur Verfügung stehenden Audiospuren wird durch die Integration von Software-Synthesizern eingeschränkt. Die den Hardware-Instrumenten ebenbürtige Klangqualität, die Flexibilität und insbesondere die Preiswürdigkeit sprechen jedoch sehr für den Einsatz von virtuellen Synthesizern im Studio. Im Vergleich mit virtuell analogen Hardware-Synthesizern ist das Fehlen tatsächlich greifbarer Bedienungselemente zu beklagen. Von Vorteil ist demgegenüber die besonders unkomplizierte Automation – Reglerbewegungen lassen sich ohne weiteres aufzeichnen und bearbeiten – sowie die direkte, vollkommen kabelfreie Integration ins Mischpult. Zumeist lassen sich auf einem System mehrere, beispielsweise bis zu sechzehn Synthesizer eines Typs simultan einsetzen, auch wenn man nur einmal den Software-Synthesizer erworben hat. Auch virtuell analoge Modularsysteme sind heute verfügbar. Bei analogen Modularsystemen war bislang an Polyphonie und Programmierbarkeit nicht zu denken – die virtuellen Systeme bieten diese Leistungsmerkmale.

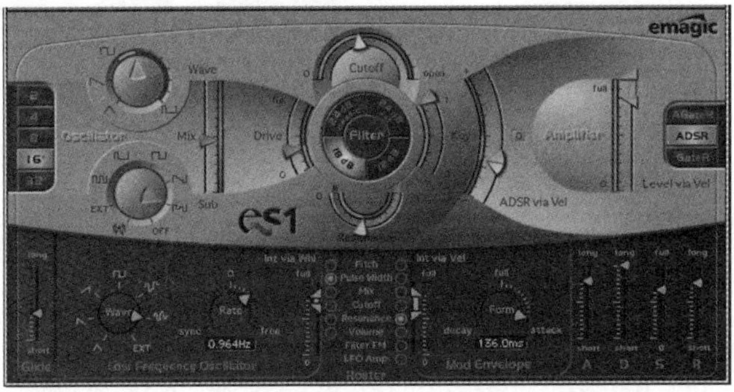

Virtuelle Synthesizer wie der Emagic ES 1 manifestieren sich nur auf dem Bildschirm des Computers. Sie werden wie Effekt-Plug-Ins direkt ins virtuelle Mischpult des Audiosequenzers eingebunden. Manche virtuellen Synthesizer bedienen sich auch einer fotorealistischen Bildschirmdarstellung historischer Vorbilder. Der ES 1 ist ohne Vorbild unter den wirklichen analogen Synthesizern.

6.3 Sampler

Klangqualität und Speicherkapazität

Mit einem Sampler (auch: "RAM-Sampler") lässt sich jedes Audiosignal aufzeichnen. Die Grundlagen der digitalen Schallaufzeichnung sind im Abschnitt *Digitale Schallaufzeichnung (Sampling) – Grundlagen* ab Seite 177 dargestellt. Die Qualität der Aufzeichnung ist maßgeblich durch die Quantisierung und die Abtastrate (Sample-Frequenz) bestimmt. Beide Größen korrelieren proportional mit dem Datenaufkommen. Auch die Gesamt-Länge aller Samples korreliert linear mit der Größe des Speichers. In der Vergangenheit musste man deshalb Kompromisse eingehen, um mehrere und längere Samples aufzeichnen zu können.

Den Maßstab an Klangqualität setzt heute die CD. Sie ist stereo, das Audiosignal ist mit einer Samplefrequenz von 44,1 kHz gesamplet und mit 16 Bit quantisiert. Die CD besitzt eine Speicherkapazität von mehreren Hundert Megabytes. Ein Mono-Sample in CD-Qualität von der Länge einer Minute belegt gut zehn Megabytes.

Sampler wie der Akai S 5000 sind oft mit großen Displays ausgestattet, die die Wellenformen der Samples darstellen können – das ist bei Schnitten und bei Loops (Schleifen) wichtig.

Digitale Sampler sind erst seit 1978 überhaupt erhältlich, ihren Durchbruch hatten sie Mitte der achtziger Jahre. Die Kapazität der Speicherbausteine ist bekanntlich ständig rasant gestiegen – bei sinkenden Preisen. Deshalb hat sich die Problematik entschärft, aber noch immer sollte man darauf achten, mit dem Speicher hauszuhalten, um optimale Ergebnisse erzielen zu können. Auch Sampler manifestieren sich zunehmend als Plug-Ins, also als virtuelle Instrumente. Gerade beim Sampler bietet sich dies an, denn mit Soundkarte, Arbeitsspeicher, schnellem Prozessor, Bildschirm und Tastatur sowie mit der Aufnahmefunktion des Audiosequenzers bietet der Computer alles, was ein Sampler braucht. Auch ein CD-ROM-Laufwerk, das die verbreiteten Sampling-CDs mit fertig vorbereiteten Sounddaten (Samples) lesen kann, ist bereits an Bord. Der virtuelle Sampler nimmt viel Prozessor-, Festplatten- und RAM-Speicherkapazität in Anspruch – schnelle, moderne Computer können dies jedoch parallel zum Audiosequenzer und zu anderen Plug-Ins bereits bewältigen.

Einer der faszinierendsten Aspekte des Sampling besteht darin, dass das Audiosignal, dass durch Spiel auf der Tastatur wiedergegeben wird, beliebig komplex sein kann. Bei Synthesizern ist ein erheblicher Bauaufwand von Nöten, damit ein komplexes Frequenzspektrum realisiert werden kann. Die Klangfülle eines Orchesters mit vielen Dutzend gleichzeitig tönenden Saiten, die alle eine unabhängige Frequenz haben, lässt sich synthetisch nur mit vielen elektronischen Oszillatoren und Kunstgriffen wie dem Choruseffekt nachbilden. Eine einzige Stimme eines Samplers kann demgegenüber die gesamte Klangfülle eines Orchestertons wiedergeben. Stereo-Samples belegen zwei Stimmen.

Sampler gehören zu den leistungsfähigsten und vielseitigsten Musikinstrumenten überhaupt. Im Heimstudio kann ein Sampler ohne weiteres durch einen ROM-Sampler oder einen Sample-Player ersetzt werden, wenn es nur darum geht, Standardklänge zu arrangieren. Wenn man allerdings die Freiheit sucht, mit ganz bestimmten oder völlig beliebigen Klängen ar-

beiten zu können, ist der Sampler ein unverzichtbares Instrument. Im folgenden Abschnitt soll jedoch auf spezifische Schwächen der Sampler eingegangen werden, die es bei der Arbeit mit diesem Instrument geschickt zu umschiffen gilt.
Zunächst ist der Klang eines Samplers von einer Tonbandaufnahme des Originals nicht zu unterscheiden. Wird der Sampler jedoch wie ein Tasteninstrument gespielt, fällt auf, dass jede Note innerhalb eines gewissen Tonbereichs exakt genau so klingt wie die andere. Das kann bei einem Orchester nicht passieren und ist auch für synthetische Klänge nicht typisch. Das Abspielen von Streicher- oder Bläser-Samples auf einem Tasteninstrument wirkt auf die Dauer unnatürlich, da die Intonation des gesampleten Streichers beziehungsweise Bläsers nicht fortwährend schwankt. Die Identität von Ton zu Ton, die ein Sampler an sich hat, könnte kein Instrumentalist nachahmen.
Die verschiedenen Originalinstrumente sind unterschiedlich empfindlich für diesen Effekt. Nicht anschlagsdynamische Tasteninstrumente wie die Orgel oder das Cembalo lassen sich authentischer durch den Sampler nachbilden als von Ton zu Ton unterschiedliche Instrumente wie das Saxophon oder die Violine.

Beim Einsatz des Samplers als Ersatz für Originalinstrumente ist zu berücksichtigen, wie weit das Klangbild unter der der statischen Wiederholung der einzelnen Samples leidet. Insbesondere für Bläser gilt: Einzelne Samples, einzelne Töne klingen authentisch, etwa Bläser-"Hits" klingen gut. Demgegenüber ist es nicht möglich, ein authentisches Saxophonsolo, das aus vielen Tönen besteht, auf einem Tasteninstrument auf Basis von Samples zu spielen.

Es gibt Instrumente, die sich praktisch nicht samplen lassen, etwa die verzerrte E-Gitarre. Die Verzerrungen eines Verstärkers führen jeweils zu ganz und gar anderen harmonischen Strukturen (und einem unterschiedlichen Dynamikverhalten), wenn auf der Gitarre ein Dur-Akkord, ein Moll-Akkord oder ein einzelner Ton angeschlagen wird. Gleichzeitiges Abspielen der Samples einzelner verzerrter Gitarren-Töne, die gemeinsam einen Moll-Akkord bilden, hat mit dem verzerrten Moll-Akkord der E-Gitarre nichts zu tun. Dazu kommen die von Ton zu Ton unterschiedlichen Anschläge des Gitarristen, die in Stärke, Plektron-Winkel und Position des Saiten-Anschlags variieren.

Oft lässt man sich dazu verleiten, auf einem Tasteninstrument mit einem Bläser-Sound wie auf einem Tasteninstrument zu spielen, obwohl man eine Bläserwirkung erzielen will. Einstimmige Instrumente wie Bläser lassen sich am besten imitieren, wenn man sie auch einstimmig, Spur für Spur, einspielt. Dabei sollte die linke Hand stets am Pitch Bender und dem Modulationsrad liegen, um jeder einzelnen Note durch behutsame Modulationen Leben einzuhauchen. Jede Spur wird mit der Intonation des Musikers (des Bläsers) eingespielt, der jeder einzelnen Note Beachtung schenkt und eine Bedeutung beimisst. Jedes "Blasinstrument" erhält einen eigenen MIDI-Kanal und leicht unterschiedliche Sounds. Die

Resultate klingen ungleich lebendiger und natürlicher. Der Arbeitsaufwand ist im Endeffekt gar nicht so viel größer, da man sich so, wie bei einer kleinen Besetzung, ein sparsameres Arrangieren leisten kann, das ohne die überladene Klangfülle vieler Spuren auskommt. Entsprechendes gilt auch für Streicher.

Multisampling

Alle Instrumente, die man mit einem Sampler emulieren möchte, verfügen über einen mehr oder minder großen Tonumfang. Ein vom Sampler beispielsweise um den Faktor $3/2$ schneller abgespieltes Sample hat jedoch mit dem Klang des um eine Quinte höher gespielten Originalinstruments nur noch eine gewisse Ähnlichkeit. (Siehe auch Abschnitt *Pitch Shifter* ab Seite 141.)

Besonders leidet die Authentizität der Klänge solcher Instrumente unter dieser so genannten "Totaltransposition", deren Resonanzkörper den Klang maßgeblich prägt. Ein extremes Beispiel ist die menschliche Stimme. Bei Aufwärtstranspositionen um mehr als eine Sekunde wird der Mickey-Mouse-Effekt deutlich hörbar.

Vergleichsweise unempfindlich sind Glocken, Metallophone (auch Vibraphone) oder Xylophone, deren Resonanzröhren mit der Größe der schwingenden Platten wachsen. Das Spektrum einer großen Glocke ähnelt der einer ganz kleinen Klingelglocke ganz erstaunlich – die Schwingung läuft nur langsamer ab. Das lässt sich mit einem Sampler oder einem Tonbandgerät leicht nachvollziehen.

Um beispielsweise den Klang eines Flügels auf die MIDI-Tastatur des Samplers zu übertragen, muss man deshalb verschiedene Samples in verschiedenen Tonlagen aufzeichnen. Diese werden nur in geringem Umfang transponiert. Ein Satz mehrerer Samples aus verschiedenen Tonlagen eines Instruments heißt "Multisample".

Wird aus jeder Oktave eines Klaviers jeweils das "C" gesamplet, muss der Sampler bei der Wiedergabe der einzelnen Samples lediglich um maximal einen Tritonus (sechs Halbtonschritte) transponieren. Angenommen, der Übergang von Sample zu Sample innerhalb des Multisamples erfolgt zwischen jedem Fis und jedem G. Die Fis und G klingen dann deutlich weniger authentisch als die C. Außerdem hört man einen mehr oder weniger deutlichen Sprung zwischen dem Fis und dem G, den es zwischen allen anderen Tasten nicht gibt. Die Kunst des Multisampling besteht unter anderem darin, möglichst unauffällige Übergänge zu schaffen – eine Schwierigkeit, an der schon manch Entwickler von Digitalpianos, ROM-Playern und Synthesizern gescheitert ist. Jüngere Digitalpianos sind älteren Modellen diesbezüglich deutlich überlegen.

Beim Kauf von ROM-Playern, Synthesizern und insbesondere von Digitalpianos sollte man prüfen, ob bei den verschiedenen Sounds auffällige Klangunterschiede zwischen den einzelnen Tasten (aber auch zwischen den verschiedenen Abstufungen der Anschlagsdynamik) stören. Dazu sollte man jeweils nur ein einziges, nicht nachbearbeitetes Multisample (keine Filter, keine Effekte) chromatisch, Taste für Taste, durchspielen.

Beim Samplen von Musikinstrumenten wird die Klangqualität um so besser, je geringer die Intervalle zwischen den einzelnen Samples sind. Weniger wichtige, also seltener gespielte Lagen sollte man mit größeren Multisampling-Intervallen bedenken als die wichtigen mittleren Lagen. Samples, die man überhaupt nicht braucht, sollte man aus dem Speicher entfernen. Die Sparsamkeit im Umgang mit dem Speicher ermöglicht ein feiner aufgelöstes Multisampling und längere Samples.

Die Länge der Samples

Die Spektren (und die Pegel) der Töne aller Musikinstrumente verändern sich in der Zeit mehr oder minder stark. Für die Identifikation eines Musikinstruments durch den Hörer ist insbesondere die Einschwingphase charakteristisch. Sie differiert von Instrument zu Instrument sehr stark und dauert oft nur wenige Millisekunden. Aber auch danach ist der Klang in Bewegung. Bei allen gezupften oder angeschlagenen Saiteninstrumenten (und besaiteten Tasteninstrumenten) verklingt der Ton mit der Zeit. Am Anfang ist der Klang brillanter, er besitzt einen höheren Obertonanteil. Die Obertöne verklingen schneller als der Grundton – er bleibt eine vergleichsweise lange Zeit stehen.
Um mit dem Sampler auch lange Noten spielen zu können, sind möglichst lange Samples dieser Töne wünschenswert. Bei den meisten Samplern bestimmt der Anwender vor der Aufnahme, wie lang das Sample sein soll. Hinterher kann das Sample verkürzt werden, indem es am Anfang, am Ende oder auch in der Mitte beschnitten wird. Da der Sampler nach jeder Aufnahme etwas Rechenzeit zum Nachdenken benötigt, empfiehlt es sich, die zu erwartende Länge des Samples bei der Wahl der Aufnahmedauer nur um eine gewisse Reserve zu erhöhen.

Automatisches Auslösen der Aufnahme

Normalerweise wird die Aufnahme durch einen Tastendruck manuell ausgelöst. Alternativ kann die Aufnahme auch durch das aufzuzeichnende Signal ausgelöst ("getriggert") werden. Dazu lässt sich ein "Threshold" definieren, also ein Schwellwert für einen Pegel, nach dessen Überschreiten die Aufnahme beginnt.
Wenn man ein hart angeschlagenes Becken samplen möchte, bietet sich dieses Verfahren an. Bei der Aufnahme sanfter Streicher mit einer längeren Einschwingzeit können dabei die die ersten Millisekunden verloren gehen, und der Klangeindruck leidet. Deshalb befinden sich gute Sampler vor der durch das

Überschreiten des Threshold definierten Aufnahme permanent im Aufnahmezustand. Vor der Aufnahme lässt sich daher bestimmen, um wieviel Zeit das Sample vor Überschreiten des Threshold beginnen soll. Der Sampler schaut gewissermaßen in die Zukunft und beginnt die eigentliche Aufnahme unmittelbar, bevor das Signal die Aufnahme auslöst.
Bei der Wiedergabe von Samples mit einer langen Einschwingzeit mit dem Sequenzer bietet es sich an, die betreffende Spur des Sequenzers um einige Millisekunden vorzuziehen, damit der volle Pegel des Samples auf die Zählzeit fällt. Das gilt insbesondere für quantisierte Spuren.

Automatisches Auslösen der Aufnahme durch einen MIDI-Befehl

Viele Sampler gestatteten auch das Auslösen der Aufnahme durch einen MIDI-Notenbefehl. Das ist immer dann sehr praktisch, wenn man den Klang von MIDI-Instrumenten samplen will: Die Aufnahme beginnt genau in dem Moment, in dem die Instrumente zu spielen beginnen.

Man kann Samples mit einer beeindruckenden Klangfülle aufnehmen, indem man alle MIDI-Instrumente, gesteuert etwa durch einen Sequenzer, simultan eine Note spielen lässt. Multi-Mode-Instrumente spielen mehrere Sounds simultan. Der Sampler zeichnet eine Mischung aller Klänge auf. Die Aufnahme wird durch denselben MIDI-Notenbefehl gesteuert, der auch die aufzunehmenden Instrumente triggert.

Es empfiehlt sich, die Samples am Ende grundsätzlich soweit zu kürzen, dass kein Speicherplatz mit unnötigen Pausen belegt wird.

Schleifen ("Loops")

Bei manchen Instrumentalklängen bleibt der Ton mehr oder minder stabil, etwa bei einer Orgel oder in begrenztem Umfange auch bei Bläsern und Streichern. Dann bietet sich eine Schleife an. Wie bei einer Tonbandschleife wiederholt der Sampler dann stetig einen bestimmten Abschnitt des Samples, solange die Taste gedrückt bleibt, beziehungsweise bis der Note-Off-Befehl die Note beendet.

Drum Loops
Eine besondere Bedeutung haben Sample-Schleifen in der Produktion von Dancefloor-Musik. Für Hip Hop ist das Verfahren typisch, bestimmte Passagen vorzugsweise von Vinyl-Schallplatten älteren Datums (etwa mit Soul- oder Funk-Musik) zu samplen, in denen für wenigstens einen Takt nur die Begleitung durch eine Rhythmusgruppe zu hören ist. Mit dem Sampler wird eine Schleife gebildet, die diese ein oder zwei Takte permanent wiederholen. Oft fügt man moderne Drum-Sounds hinzu. Diese Begleitung dient als Fundament für den Rap.

Entgegen einer verbreiteten Auffassung ist das Zitat in der Musik, insbesondere die Verwendung von Samples aus anderen Aufnahmen, aus urheber- und leistungsschutzrechtlichen Gründen grundsätzlich nicht zulässig – auch nicht, wenn es um sehr kurze Passagen geht. Werke anderer sind noch Jahrzehnte nach deren Tode geschützt. Die gängige Praxis des "Von-anderen-Absamplens" geschieht oft leichtsinnig im Vertrauen auf das Einverständnis des zitierten Künstlers (oder seiner Erben). Es empfiehlt sich, vor der Veröffentlichung die Erlaubnis durch den jeweiligen Musikverlag einzuholen.

Saubere Schleifen-Übergänge

Gelungene Schleifen sind oft nur mit Mühe herzustellen. Fast immer, wenn an der Nahtstelle ein Sprung innerhalb der Welle auftaucht, ist dieser als Knacks zu hören. Deshalb fügt man Schnitte immer da ein, wo beide Enden dieselbe Auslenkung besitzen. Im Idealfall ist der Schnitt auch optisch im Oszillogramm nicht auszumachen. Auch hier sind Audiosequenzer mit ihren detaillierten Wellenformdarstellungen und automatischen Suchfunktionen für Nulldurchgänge besonders komfortabel.

Oft sind das Spektrum und die Amplitude der Schwingung an beiden Enden recht unterschiedlich. Auch dann ist ein deutlicher, ständig wiederkehrender Sprung hörbar, der sich in dem typischen "Eiern" der Sample-Schleife manifestiert.

Abspielrichtung und Smoothing

Sampler können Samples grundsätzlich auch rückwärts abspielen. Daraus ergeben sich eine ganze Reihe interessanter Klangeffekte. Populär ist das in eine Pause oder den Anfang des Stücks fallende, rückwärts abgespielte Becken, das exakt auf einer Zählzeit aufhört.

Indem der Sampler die Schleife abwechselnd vorwärts und rückwärts wiedergibt, werden die sprunghaft-abrupten Übergänge zwischen Anfang und Ende der Schleife vermieden. Allerdings kann sich der Rückwärtsklang auch als unvorteilhaft und wenig authentisch entpuppen.

Manche Sampler bieten auch die Möglichkeit, Überblendungen zwischen der Anfangs- und der Endphase der Sample-Schleife zu berechnen ("Smoothing"). Der Sprung wird dadurch effektiv abgeglättet. Je nach Sample leidet der Klang aber darunter, dass für die Zeit der Überblendung zwei Schallereignisse simultan zu hören sind. Das Verfahren funktioniert etwa bei einem Sample mehrerer Streicher besser als bei dem Sample einer einzelnen Trompete.

Sampling und Anschlagsdynamik

Die meisten elektrischen oder akustischen Instrumente kann man mehr oder weniger kräftig intonieren, also mehr oder weniger heftig anschlagen, streichen, blasen und so weiter. Damit geht nicht nur eine Veränderung des Pegels einher, sondern vor allem auch eine Veränderung des zeitlichen Verlaufs des Spektrums. Die Nachbildung dieser Dynamik mit einem anschlagsdynamischen Sampler, bei dem allein die Amplitude des Samples durch die Anschlagsdynamik bestimmt wird, ist unbefriedigend.

Anschlagsdynamische Filterung
Ein Verfahren, das Spektrum in die Abhängigkeit der Anschlagsdynamik zu bringen, ist die Subtraktive Synthese. Die Stimmenarchitektur der meisten Sampler entspricht der eines subtraktiven Synthesizers mit dynamischen Filtern. Allerdings hat ein mit einem Tiefpassfilter gefilterter Ton eines fortissimo angeschlagenen Flügels nur wenig mit dem Ton eines piano angeschlagenen Flügels gemein. Aus diesem Grunde klingen die meisten Klavier-Sounds von Synthesizern so unbefriedigend – auch, weil im Interesse größtmöglichen Durchsetzungsvermögens fast ausschließlich Fortissimo-Töne verwendet werden. Solche Sounds eignen sich für die Interpretation von Boogie Woogie, aber nicht für Klavierliteratur oder die meisten Spielarten des Jazz. Die Filterung von Samples geht immer auf Kosten der Authentizität. Sie ist aber dennoch oft das Mittel der Wahl, um Sounds Leben einzuhauchen.

Velocity Switch
Eine andere Möglichkeit, dem Sampler Dynamik zu verleihen, ist das "Velocty Switching". Man arbeitet dabei mit mehreren verschiedenen Samples für unterschiedliche Werte der Anschlagsdynamik. Beispielsweise verwendet man das Sample eines piano angeschlagenen Flügels für den Bereich 1 bis 64 und einen forte angeschlagenen Flügel für den Bereich 65 bis 127. (Die MIDI-Anschlagsdynamik ist in 127 Werte eingeteilt, der Wert "0" entspricht einem Note-Off-Befehl, der eine Note beendet.) Bei diesem Verfahren verdoppelt sich der Bedarf an Speicherplatz. Die abrupten klanglichen Unterschiede zwischen den unterschiedlichen Anschlägen können problematisch sein. Deshalb empfiehlt es sich, recht ähnliche Samples zu verwenden und sich mit der gegenüber einem echten Flügel eingeschränkten Dynamik des Samplers abzufinden. So kann man für jedes Stück eine passende Charakteristik wählen. Eine Dynamik, die von Pianissimo bis Fortissimo reicht, ist eher selten erforderlich.

Velocity Crossfade
Alternativ lassen sich auch verschiedene Samples in Abhängigkeit von der Anschlagsdynamik überblenden. Im mittleren Bereich sind dann sowohl das Piano- als auch das Forte-Sample zu hören – gleichzeitig. Dadurch wird der abrupte Übergang vermieden. Allerdings hat der Klang eines mezzoforte angeschla-

genen Pianos nur wenig mit dem Klang von zwei gleichzeitig erklingenden Klavier-Tönen zu tun, von denen eines piano und das andere forte angeschlagen ist! Im übrigen kostet das Verfahren zwei Stimmen, bei Stereo-Samples sogar vier Stimmen pro Note. Das Beispiel zeigt, dass eine Stimmenzahl von 128 Stimmen für einen Sampler kein übertriebener Luxus sind.
Es zeigt sich ebenfalls, weshalb sich ein Flügel nur unvollkommen mit dem Sampler abbilden lässt. In der Praxis bietet eine Kombination der drei Maßnahmen Filterung, Velocity Switch und/oder Velocity Crossfade aber sehr oft befriedigende Resultate, wenigstens, solange es nicht um die Interpretation klassischer Soloklavierliteratur geht. Bei der Produktion von Popmusik reicht es sogar oft aus, die Dynamik des Spektrums zu ignorieren und sich mit der Dynamik des Pegels zufriedenzugeben. Dann muss man sich nur für ein einziges Multisample entscheiden.

Statische Bearbeitung

Manche Sampler ermöglichen die Neuberechnung von Sample-Daten. Der Vorgang erfolgt nicht in Echtzeit. Üblich sind beispielsweise die Mischung verschiedener Samples, die Bearbeitung durch statische Filter und Ringmodulationen (Multiplikation der Auslenkungen zweier Wellen). Das Resultat ist ein einziges Sample, das nur eine Stimme belegt (zwei bei Stereosamples). Es gibt Software-Editoren für Sampler, die jedes beliebige Spektrum erzeugen können. Im Vergleich zu Synthesizern fehlt dem Sampler jedoch die Dynamik in Echtzeit erfolgender Prozesse.

Resampling

Manche Sampler können gleichzeitig aufnehmen und spielen. Das heißt, dass diese Sampler samplen können, was sie gerade spielen. Dieser Vorgang heißt "Resampling". Beispielsweise ist es möglich, polyphones Spiel verschiedener Samples aufzuzeichnen und so ein einziges neues Sample mit einem sehr komplexen Klangbild zu erzeugen. Nach Möglichkeit erfolgt dieser Prozeß intern, das heißt innerhalb der digitalen Domäne. Dann muss man dazu keine Kabelverbindungen herstellen, und Wandlungsverluste werden vermieden. Das Verfahren gleicht dem Bouncing beim Harddiskrecorder.

6.4 Digitalpianos und Piano-Expander

Im Abschnitt *Sampler* ab Seite 65 ist das Problem bereits angeschnitten: Das Pianoforte trägt seinen Namen aus gutem Grund. Seine Tastatur reagiert dynamisch auf den Anschlag. Piano und

Forte schlagen sich nicht nur im Pegel, sondern auch im Spektrum nieder. Alle elektronischen Pianos haben anschlagsdynamische Tastaturen, die das Phänomen berücksichtigen, dass der Klang mit zunehmender Anschlagsgeschwindigkeit nicht nur lauter, sondern auch brillanter wird.
Ausgehend von Samples echter Flügelklänge errechnen Digitalpianos den Obertongehalt für jede Note. Die meisten Hersteller gehen von einem Konzept aus, das einen Forte-Anschlag eines Flügels als Ausgangsmaterial verwendet. Demzufolge klingen die meisten Digitalpianos im Forte-Bereich absolut authentisch und sehr durchsetzungsfähig.
Viele Instrumente glänzen besonders durch die vordergründige Authentizität der Wiedergabe von Anschlagsgeräusch, allerlei drahtigem Knirschen und klaviertypischen Inharmonizitäten, die durch die dicken Saiten verursacht werden. Diese Klangeigenschaften wirken zwar beeindruckend, sagen aber nicht viel über die Musikalität dieser Klänge aus. Wichtig ist ein dynamisches Klangverhalten, dem man nicht anmerkt, wie Samples umgeschaltet, überblendet oder gefiltert werden.

Unter Inharmonizitäten versteht man Abweichungen der Frequenz der Obertöne vom ganzzahligen Vielfachen der Grundfrequenz. Das von Pythagoras beschriebene Verhalten der Obertöne, mit ganzzahligen vielfachen Frequenzen wie der Grundton zu schwingen, gilt nur für ideal dünne Saiten (und Luftsäulen). Bei den dicken Bass-Saiten des Klaviers oder dem dicken Rohr der Tuba ist das nicht mehr der Fall – die Obertöne sind "verstimmt".

Bei guten Digitalpianos kommen zum Teil sehr komplexe Algorithmen zum Einsatz, die speziell für Piano-Sounds entwickelt und optimiert wurden. Ein gutes Digitalpiano klingt nicht nur bei Fortissimo gut, sondern auch wenn es darum geht, piano zu spielen. Deshalb sind gute Digitalpianos Samplern, ROM-Sample-Playern und Synthesizern in punkto Piano-Sounds überlegen. Es gibt viele Digitalpiano-Klangerzeugungen auch in der Form von Expandern, also ohne Tastatur.
Die meisten Digitalpianos bieten darüber hinaus auch andere Klangprogramme, etwa mit Sounds von elektronischen und elektrischen Pianos oder mit Orgel- und Streicherklängen.
Nicht jede Digitalpiano-Tastatur ist gleich gut gewichtet. Für Pianisten, die auf das Spielgefühl einer gewichteten Tastatur angewiesen sind, bieten diese Instrumente sich deshalb besonders als Masterkeyboard für das MIDI-System an.

Integrierte Verstärker und Lautsprecher sind nützlich, da sie überall die Gelegenheit bieten, sich warmzuspielen. Das ist gerade in Live-Situationen und im Studio sinnvoll.

Das Emagic evp 88 ist ein virtuelles Instrument (Plug-In), das auf die Simulation von (elektroakustischen) E-Pianos wie des Fender Rhodes spezialisiert ist. Statt gesampleter Flügelsounds bietet es eine spezielle E-Piano-Simulation mit Echtzeiteffekten (Verzerrer, Phaser, Chorus, Tremolo ...).

Drumcomputer und Drum-Expander

Rhythmusgeräte (Drumcomputer) sind Kombinationen von speziellen, einfachen Sequenzern und zumeist in der Form einfacher ROM-Sample-Player ausgeführten Klangerzeugungen. Der Sequenzer, der oft auch mit vorprogrammierten Rhythmen versehen ist, "spielt" die gesampleten Drum-Sounds.
Da es immer am einfachsten ist, mit nur einem einzigen Sequenzer zu arbeiten, werden heute nur noch vereinzelt Drumcomputer programmiert. Die Drum-Sounds werden vielmehr von einer Spur des Software-Sequenzers gespielt – wie die Noten eines Pianoklangs. Auf jeder Taste liegt ein anderer Sound. Durch General MIDI ist die Belegung der Tasten mit Schlagzeug- und Perkussion-Sounds standardisiert. Bei der Programmierung des Sequenzers, also bei der Aufnahme des Rhythmus, bietet sich ein besonderer MIDI-Controller mit Schlagflächen an, auf dem man Trommeln kann wie auf einem Schlagzeug. Auch elektronische Schlagzeuge sind eine elegante Alternative, die dem Spielgefühl des Schlagzeugers entgegen kommt.

Viele Arrangeure und Produzenten ziehen das Spielgefühl der Schlagflächen eines Rhythmusgeräts der Tastatur eines Masterkeyboards vor, wenn es darum geht, Schlagzeugspuren zu programmieren. Diese MIDI-Flächen senden bei guten Rhythmusgeräten MIDI-Noten, die wiederum mit dem Sequenzer aufgezeichnet werden können. Die Synchronisation des Drumcomputer-eigenen Sequenzers zu einem anderen MIDI-Sequenzer mit Hilfe des MIDI Timecode oder anderer Formen der Synchronisation ist unnötig kompliziert.

Grundsätzlich genügt jedoch die anschlagsdynamische Tastatur des Masterkeyboards für das Einspielen des Rhythmus. Dabei kann man sich auch Wiederholungsschleifen, die Aufnahme auf verschiedenen unabhängigen Spuren und Quantisierungs-Algorithmen zu Nutze machen.
Es gibt ROM Sample-Player, die auf Schlagzeug- und Perkussionsklänge spezialisiert sind. Grundsätzlich kommt auch jeder Sampler in Betracht. Die meisten Schlagzeug-Klänge sind sehr kurz. Deshalb belegen Schlagzeuge relativ wenig Sample-Speicher. Die schärfste Konkurrenz für Drumcomputer sind jedoch die in die meisten modernen MIDI-Klangerzeuger eingebauten Schlagzeug- und Perkussionsklänge, wie etwa der General-MIDI-Instrumente. Diese verfügen über ein ganzes Arsenal guter Drum-Sounds.

Einzelausgänge

Bei anspruchsvollen Produktionen ist es jedoch wichtig, dass einige der einzelnen Schlaginstrumente separate Einzelausgänge erhalten. Es ist nämlich wichtig, dass die Snare Drum und die Toms von den anderen Instrumenten unabhängige Effektbearbeitungen erhalten können. Deshalb benötigt man allein für die Drums etwa einen Stereoausgang und wenigstens zwei Einzelausgänge für einen anspruchsvoll gemischten Drum-Sound.
Das können die meisten MIDI-Klangerzeuger nicht bieten. Hier müsste man die einzelnen Schlagzeugspuren nacheinander auf Audiospuren der Mehrspurmaschine aufzeichnen oder auf eine differenzierte Effektbearbeitung verzichten. In dieser Hinsicht sind Rhythmusgeräte noch immer besser ausgestattet als die ökonomischen MIDI-Multi-Mode-ROM-Sampler.

Sampler wie der Akai S 5000 haben viele Einzelausgänge, da sie simultan sehr unterschiedliche Sounds ausspielen, die nach individueller Weiterverarbeitung und Abmischung verlangen. Externe Massenspeicher mit Samples (CD-ROM-Laufwerke, Festplatten) werden per SCSI angeschlossen.

Mit Effekten gesamplete Sounds

Manche Instrumente bieten auch Sounds, bei denen die Effekte gleich mitgesamplet wurden. Dadurch spart man Ausspielwege und Effektgeräte bei der Abmischung, allerdings ist man in der Flexibilität der Abmischung stark eingeschränkt. Es ist praktisch nicht möglich, den Effekt nachträglich zu entfernen. Man kann allenfalls die Sounds austauschen.

Sounds selber programmieren

Die wenigsten Besitzer programmierbarer Synthesizer und ROM-Sample-Player modifizieren jemals die ab Werk mitgelieferten Sounds ihrer Instrumente. Dadurch liegt das Potential dieser Instrumente brach. Die Werks-Sounds wurden mit der Absicht programmiert, die Klangfülle des Instruments in ein möglichst gutes Licht zu setzen – insbesondere beim "Antesten" im Fachgeschäft. Viele Klänge sind sehr imposant oder erstaunlich, und sie regen den Appetit des Kunden an. In der musikalischen Praxis lassen sich solche Klänge manches Mal einsetzen – die wichtigsten Klangprogramme fehlen jedoch.

6.5 Vorhandene Werksklänge gezielt den eigenen Bedürfnissen anpassen

Anstatt Sounds von Anfang an neu zu programmieren, bietet sich oft eine einfache Modifikation der vorhandenen Werksklänge an, die sich mit einfachen Mitteln sehr gut an die Bedürfnisse des jeweiligen Arrangements anpassen lassen. Moderne Synthesizer und ROM-Sample-Player besitzen als MIDI-Multi-Mode-Instrumente mit integrierten Effektprozessoren und zahlreichen Stimmen oft ein auf den ersten Blick etwas unübersichtliches Innenleben. "Easy Edit"-Menüs, die dem Besitzer die angeblich wichtigsten Parameter offenbaren, andere aber im Dunklen lassen, schaffen oft nur Verwirrung.
Oft eignen sich Klangprogramme fast für den jeweiligen Zweck, aber eben nicht ganz. Sehr viele Klangprogramme lassen sich mit einer oder mehrerer der folgenden fünf Maßnahmen optimieren:

Zuviel des Guten

Angenommen, ein Sound klingt ganz gut, aber er enthält einen charakteristischen Beiklang, der stört – etwa ein angenehmer Streicher-Teppich mit einem störenden Klingeln. Mit großer Wahrscheinlichkeit wird das Klingeln von einer separaten Stimme abgespielt, während andere Stimmen die Streicher

spielen. Die Lösung: Man stellt die störende Stimme leise oder sogar ganz aus.
Es kann darüber hinaus interessant sein, im Oszillator ("Wave Generator"...) eine andere Wellenform beziehungsweise ein anderes Sample zu wählen ("Wave Select", "Wave Set"...). Dadurch kann ein störendes Nebengeräusch oft in einen den Gesamtklang bereicherndes Element verwandelt werden. Im Falle der Streicher bieten sich etwa Violinen- oder Cello-Samples an.

Ein- und Ausschwingzeiten

Häufig trifft man auf Werksprogramme, die zwar im großen und ganzen der eigenen Vorstellung entsprechen, jedoch nach dem Anschlag der Taste zu träge einschwingen. Falls dies nicht bereits durch das verwendete Sample verursacht wird, lässt sich das durch eine Verkürzung der Einschwingzeit ("Attack Time") korrigieren. Relevant sind die Parameter der Filter- und der Dynamikhüllkurve. Der Parameter der Einschwingzeit ist dort zumeist als "Rate 1" oder "Time 1" ("T1") repräsentiert.
Oft klingen Werksprogramme auch zu lange nach – auch das Gegenteil kann der Fall sein. Das durch eine lange Release-Zeit bedingte langsame Ausklingen ist nicht mit dem Nachhall zu verwechseln. Der Name des Release-Parameters hängt von der Anzahl der Stufen des Hüllkurvengenerators ab. Die meisten Hüllkurvengeneratoren besitzen vier Stufen. Dann heißt der Parameter "Rate 4" oder "Time 4" (auch "Release Rate").

Anschlagsdynamik

Manche Klänge reagieren extrem empfindlich auf den Anschlag. Eine dezentere Einstellung der Anschlagsdynamik empfiehlt sich vor allem beim Spiel auf ungewichteten Kunststofftastaturen. Wenn zwischen die Tastatur und die Klangerzeugung ein MIDI-Sequenzer geschaltet ist, lässt sich die Anschlagsdynamik ohne weiteres auf die Hälfte oder ein Viertel komprimieren, um den Klang an Tastatur und Spielweise anzupassen. Das musikalische Gehör ist für Dynamik sehr empfänglich. Der Hörer versteht auch eine komprimierte Dynamik sehr gut – es ist für den musikalischen Ausdruck im Allgemeinen nicht erforderlich, ständig zwischen pianissimo und fortissimo zu schwanken.
Die Anschlagsdynamik wirkt beim subtraktiven Synthesizer oft auf den Pegel und auf die Filterfrequenz, zumeist auf dem Umweg über die anschlagsdynamische Steuerung der Hüllkurvenpegel. Deshalb findet man in den betreffenden Hüllkurvengeneratoren die Parameter "Velocity" oder "Velocity Sensitivity" (Anschlagsdynamik).

Übertriebene Brillanz

In einem guten Arrangement werden neben brillanten Klängen auch charakteristische warme Sounds mit weniger Höhen benötigt, die man im Angebot der Werksklänge nur selten findet, da der Hersteller unbedingt den Eindruck vermeiden will, dass das Instrument im Laden dumpf klingt.
In solchen Fällen bietet sich eine Filterung mit dem Equalizer an, aber auch das Herabsetzen der Filterfrequenz und eine andere Einstellung des Resonanzparameters im Filter. Oft wird die Filterfrequenz in erster Linie durch die Filterhüllkurve bestimmt, so dass hier ein dezenterer Wert zu wählen ist.

Monophone Werks-Sounds

Viele Werksprogramme, zumal solche, deren Namen sich auf historische Synthesizer beziehen, sind nur einstimmig (monophon) spielbar. Obwohl dies mit dem offensichtlichen Nachteil einhergeht, dass man keine Akkorde spielen kann, gestattet die Monophonie interessante Spielweisen. Die unbeabsichtigte Überschneidung zweier Noten ist ausgeschlossen, was schnellen Soli zugute kommen kann. Der Portamento-Effekt, also das stufenlose Gleiten von einer Note zur nächsten, ist nur bei monophonen Klängen berechenbar.
"Fingered Portamento" heißt eine Betriebsart, die das Portamento-Spiel automatisch bei Legato (gebundenes Spiel) aktiviert und bei Staccato und Portato (zwischen den Tönen sind sehr kurze Pausen) unterbindet. Soll ein solches Programm jedoch polyphon spielbar sein, so müssen die Funktionen "Mono" und "Portamento" ausgeschaltet werden.
Viele, insbesondere ältere, Synthesizer besitzen eine Funktion namens "Unison", in der alle Stimmen des Instruments "unisono" denselben Ton spielen. Auch hier ist nur einstimmiges Spiel möglich, aber der Klang besitzt eine besondere Fülle, die man mit keinem Choruseffekt nachbilden kann. Bei digitalen Synthesizern ist diese Funktion leider nicht üblich.

7 Der MIDI-Standard

7.1 Das MIDI-Prinzip

"MIDI" ist die Abkürzung für "Musical Instrument Digital Interface", was soviel heißt wie "digitale Schnittstelle für Musikinstrumente". In der Welt der Computer und anderer Geräte ist die MIDI-Schnittstelle eine Ausnahmeerscheinung. Wohl kein anderer Standard für die digitale Verbindung von Geräten unterschiedlicher Hersteller hat jemals für eine Industrie und eine Kultur eine so große Bedeutung entwickelt wie MIDI für die Musikinstrumenten-Industrie und die Musikproduktion. Die Perspektiven, die durch MIDI seit 1983 für Musiker eröffnet wurden, haben Musikstile geprägt.
Der MIDI-Standard wurde von Anfang an als zu wenig leistungsfähig und vor allem als zu langsam kritisiert. Dennoch wurde er bis heute nicht grundlegend verändert, sondern immer nur um zusätzliche, neue Befehle erweitert. Alle alten MIDI-Geräte aus der Zeit seit 1983 sind, ihren damals definierten Fähigkeiten entsprechend, mit den neuesten MIDI-Instrumenten kompatibel. Auch nach achtzehn Jahren, das ist in der digitalen Welt eine gewaltige Zeitspanne, ist noch kein neuer Standard in Sicht. Wo eine MIDI-Leitung nicht ausreicht, benutzt man eben mehrere MIDI-Leitungen – damit kann man auch leben. Und wo MIDI für die zu übertragenden Datenmengen nicht ausreicht, verwendet man MIDI, um einen Befehl zu übertragen, der die Übertragung von Daten über eine andere Schnittstelle steuert. Digitale Audiodaten für Sampler und Harddiskrecorder treten in Dateien von mehreren Megabytes Größe auf. Diese werden zumeist mit Hilfe von SCSI- oder AES-EBU-Schnittstellen übermittelt. Die Steuerung dieser Vorgänge erfolgt aber häufig über die sehr preiswerte MIDI-Verbindung.

7.2 Eigenschaften der MIDI-Schnittstelle

MIDI überträgt keine Audiodaten, sondern digital codierte Informationen über Ereignisse wie das Herunterdrücken (Note On) oder das Loslassen (Note Off) von Tasten, Pedalen und so weiter. Es werden also sehr wenige Informationen übertragen, die ihrerseits komplexe Vorgänge steuern können. MIDI ist eine ereignisorientierte serielle Schnittstelle. Das heißt: Alle Ereignisse ("Events") wie der vom Drücken einer Taste ausgelöste "Note-On"-Befehl werden nacheinander übertragen, wann immer sie gerade erzeugt werden, und ohne dass sie einem bestimmten Zeitraster untergeordnet wären. Es handelt sich also

nicht etwa um eine parallele Schnittstelle, die einen kontinuierlichen Datenstrom überträgt, der auf verschiedene Leitungen verteilt wäre. Die MIDI-Übertragung erfolgt mit Hilfe von 180°-DIN-Fünfpolkabeln, von denen nur zwei Pole belegt sind. Ein dritter Pol ist ausgangsseitig geerdet. Die Übertragungsrate beträgt nur 31,25 Kilobit/s. Alles ist also sehr kostengünstig konzipiert worden. Die Events (die einzelnen Befehle) werden als 10-Bit-Worte übertragen, wobei das erste und das letzte Bit jeweils lediglich der Synchronisation von Sender und Empfänger dienen. Der Empfänger verarbeitet dann 8-Bit-Worte, die die gesamte Information enthalten.
Jedes MIDI-Gerät sollte einen Eingang ("MIDI In"), einen Ausgang ("MIDI Out") und einen weiteren Ausgang, an dem eine exakte Kopie des über MIDI In eingehenden Signals anliegt, besitzen. Dieser Ausgang heißt "MIDI Thru". Es gibt Geräte (zum Beispiel manche Hallgeräte), die keine MIDI-Daten zu senden haben. Deshalb fehlt zuweilen der "MIDI Out", manchmal fehlt auch der "MIDI In" oder der "MIDI Thru" – je nach Funktion des Geräts.

7.3 MIDI-Thru-Ketten

Damit ein MIDI-Instrument ein anderes steuern kann, muss dessen Ausgang (MIDI Out) mit dem MIDI-Eingang (MIDI In) des anzusteuernden Instruments verbunden sein. Wenn ein Instrument mehrere andere Instrumente steuern soll, werden diese Instrumente zu einer MIDI-Thru-Kette zusammengefasst. Dabei wird der MIDI Out des steuernden Instruments mit dem MIDI In des ersten Empfängers verbunden. Dessen MIDI Thru wird mit dem MIDI In des nächsten Empfängers verbunden, dessen MIDI Thru wiederum an den MIDI In des nächsten Empfängers angeschlossen wird und so weiter.
Allzu lange MIDI-Thru-Ketten verursachen jedoch Verzögerungen. Deshalb besitzen Masterkeyboards und Sequenzer, deren Hauptaufgabe eben in der Steuerung einer größeren Anzahl von Empfängern liegt, teilweise mehrere MIDI-Ausgänge. So können viele Instrument direkt angesprochen und MIDI-Thru-Ketten verkürzt werden.

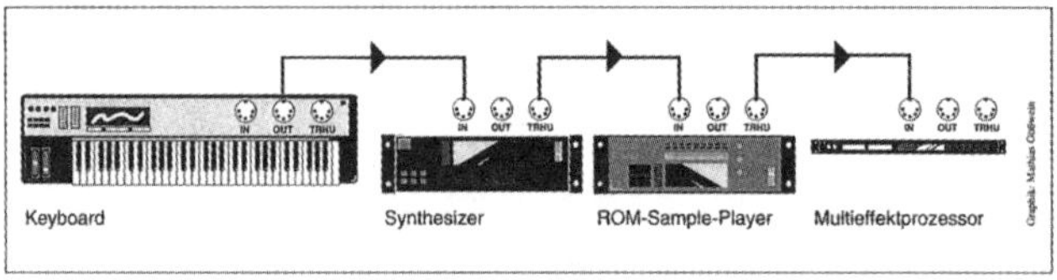

Das Weiterreichen von Daten in einer MIDI-Thru-Kette erfolgt nicht verzögerungsfrei. Die Geräte sind per MIDI nicht galvanisch verbunden – MIDI ist an Brummstörungen also niemals schuld.

7.4 Die MIDI-Befehle und das MIDI-Datenformat

Eine umfassende Erläuterung des MIDI-Datenformats würde den Rahmen dieses Buches sprengen. Im Folgenden sollen aber die wesentlichen Eigenschaften der wichtigsten Datentypen und Betriebsarten dargestellt werden, die einem beim Musikproduzieren begegnen. Es gibt fünf verschiedene Gruppen von MIDI-Befehlen (MIDI Commands):

1. Channel Commands,
2. System Common Commands,
3. System Realtime Commands,
4. System Exclusive Commands und
5. Reset Commands.

Sie haben die folgenden Bedeutungen und Eigenschaften:

1. Channel Commands sind praktisch alle Noten- und Kontrollbefehle. Sie sind in jeder MIDI-Leitung sechzehn so genannten Channels (Kanälen) zugeordnet, damit unterschiedliche Instrumente individuell auf unterschiedliche Kanäle reagieren können. Die Kanäle bestehen freilich nicht in der Form von Hardware, denn es gibt in einem MIDI-Kabel eben nur zwei datenführende Adern. Vielmehr definieren im Falle von Channel Commands die letzten vier Bits des jedem Event vorausgehenden Status-Bytes die Kanalnummer. Dadurch können bestimmte Empfänger auf einen bestimmten Empfangskanal ("Receive Channel") eingestellt werden, auf den sie ausschließlich reagieren – obwohl verschiedene Instrumente über eine MIDI-Thru-Kette miteinander verbunden sind und jedes Instrument dort die gleichen Daten erhält. Aber jedes Instrument reagiert eben nur auf die für es bestimmten Daten mit der betreffenden MIDI-Kanalkennung – die Events mit anderen Kanalkennungen werden einfach ignoriert und unverändert an den MIDI Thru weitergeleitet. Die verschiedenen Typen von MIDI Channel Commands sind im nächsten Abschnitt dargestellt.

2. System Common Commands (Allgemeine Systembefehle) sind Befehle, die zur Steuerung von Sequenzern dienen, die ihrerseits MIDI-Befehle aufzeichnen und senden können. Diese Befehle sind nicht sehr gebräuchlich, da man im Allgemeinen versucht, mit einem einzigen zentralen Sequenzer auszukommen. Die Synchronisation zweier Geräte, etwa von Rhythmusgerät und Sequenzer, ist heute ein recht seltener Sonderfall, denn es ist fast immer vorteilhafter, die Sounds des Rhythmusgeräts vom zentralen Sequenzer aus anzusteuern und auf den integrierten Sequenzer des Rhythmusgeräts ganz zu verzichten.
3. Mit System Realtime Commands (Echtzeit-Systembefehle) ist die "MIDI Clock" gemeint, die ebenfalls nur dann aktiv sein muss, wenn mehrere Geräte synchronisiert werden sollen. Die MIDI Clock ist ein Taktgeber, der regelmäßig nicht näher codierte Impulse sendet (96 Impulse pro 4/4-Takt). Die MIDI Clock wird auch bei manchen Echoeffekt-Algorithmen bestimmter Signalprozessoren benutzt, um ein getaktetes Echo zu erzeugen, das unabhängig vom Tempo beispielsweise immer die Länge einer halben Note beibehält. Der "MIDI Song Position Pointer" ist eine heute überholte Methode, einem Gerät zusätzlich zur MIDI Clock mitzuteilen, wieviel Taktimpulse seit Anfang des Songs vergangen sind. Dadurch können zwei Geräte synchron an beliebigen Taktpositionen starten. Leistungsfähiger als die MIDI Clock ist der modernere MIDI Timecode ("MTC"), die MIDI-Spielart des SMPTE-Timecodes. MTC codiert absolute Zeitpositionen, so dass ein nach einem zentralen Sequenzer mit Hilfe des MTC synchronisierter Sequenzer oder eine Bandmaschine "wissen", an welcher Stelle sie einstarten müssen, wenn der zentrale Sequenzer an einer beliebigen Stelle mit der Wiedergabe beginnt. Jeder über MTC synchronisierte Sequenzer muss dazu das richtige Tempo – beziehungsweise den richtigen Ablauf des Tempos – kennen. Das gilt auch für den Locator (das "Zählwerk") einer über MTC synchronisierten Bandmaschine. Diese Tempo-Liste wird oft "Tempo Map" genannt.
4. System Exclusive Commands (Systemexklusive Daten) sind in erster Linie hersteller- beziehungsweise gerätespezifische Daten, die den Zugriff auf spezifische Parameter der Klangerzeugung einzelner Instrumente erlauben. Events systemexklusiver Daten können beliebig lang sein, also beliebig viele Informationen enthalten, und ihr Inhalt bleibt allein dem jeweiligen Hersteller überlassen. Jeder Hersteller hat einen bestimmten Code, auf den die Instrumente des Herstellers reagieren. Systemexklusive Daten sind die Voraussetzungen für Editorprogramme, also Software, mit deren Hilfe Musikins-

trumente vom Computer aus programmiert werden können. Als systemexklusive Daten können die Sound-Daten jedes MIDI-Instruments, das diese Daten senden kann, mit guten Sequenzern aufgezeichnet und wiedergegeben werden. Wer einen solchen Sequenzer mit Diskettenlaufwerk besitzt, kann in aller Regel auf teurere Speichermedien für diese Instrumente verzichten. Auch bestimmte Befehle der General-MIDI-Spezifikation sind als systemexklusive Befehle ausgeführt, obwohl sie für General-MIDI-Instrumente beliebiger Hersteller bestimmt sind.

5. Reset. Der Reset-Befehl versetzt alle Geräte in den Zustand, den sie nach dem Einschalten einnehmen. Der Reset-Befehl ist eine Alternative zum zuverlässigeren Netzschalter bei den so genannten Systemabstürzen. Viele Sequenzer, aber auch Masterkeyboards, besitzen eine "Panic"-Funktion. Das Drücken der Panic-Taste sendet auf allen Kanälen "All-Note-Off"- und für alle MIDI-Noten einzeln nacheinander "Note-Off"-Befehle sowie Standardwerte für alle MIDI-Controller. Bei durch Übertragungsfehlern verursachten Notenhängern geben nach dieser Flut von Befehlen zum "Stillsein" auch hartnäckigere Instrumente Ruhe. Wenn das nicht hilft, ist grundsätzlich zu empfehlen, Geräte, die offensichtlich "spinnen", für einige Sekunden auszuschalten. Vorher muss die Lautstärke des Verstärkersystems auf Null gedreht werden.

7.5 Die Struktur der MIDI-Events

Jedes MIDI-Event beginnt, wenn man von den Start- und Stopp-Bits absieht, mit einem Status-Byte, dem mehrere Datenbytes folgen können. Manche Events bestehen ausschließlich aus einem Status-Byte. Aus dem Status-Byte geht der Kommandotyp hervor, also auch, welche Anzahl Bytes für das Event zu erwarten ist. Das erste Bit ("Most Significant Bit", "MSB") ist bei einem Statusbyte eine 1, bei allen Datenbytes eine 0. Die nächsten drei Bits eines Statusbytes definieren den Kommandotyp. Sie heißen "Command ID", weil sie der Kommando-Identifikation dienen. Die letzten vier Bits geben im Falle von Channel Commands den MIDI-Kanal an. Sie gestatten die Unterscheidung von sechzehn MIDI-Kanälen, denn $2^4 = 16$. Handelt es sich bei dem Statusbyte nicht um ein Channel Command, stehen alle sieben Bits zur Spezifikation des Kommandotyps zur Verfügung.

MIDI-Noten-Befehle

Die wichtigsten Channel Commands sind die Notenbefehle "Note On" und "Note Off". Jede Note, die ein MIDI-Instrument spielt, wird durch einen Note-On-Befehl ausgelöst und durch einen Note-Off-Befehl beendet. Wenn auf einen Note-On-Befehl, etwa wegen eines Wackelkontakts in einem defekten MIDI-Kabel, kein Note-Off-Befehl folgt, spielt die durch den Note-On-Befehl ausgelöste Note endlos. Diese so genannten "Notenhänger" sind ein gefürchteter Fehler in Live-Situationen (siehe auch Abschnitt *Active Sensing* ab Seite 89).

Anschlagsdynamik

Note-On-Befehle sind die eigentlichen Befehle, die Noten aulösen. Ein Note-On-Befehl besteht aus einem Statusbyte, aus dem die Information "Note On" hervorgeht, und aus zwei Bytes, deren jeweils erstes Bit eine Null ist, um anzuzeigen, dass es sich bei dem Byte um kein Statusbyte handelt, und deren letzte sieben Bits im Fall des ersten Bytes die Notennummer und im Falle des zweiten Bits die Anschlagsgeschwindigkeit repräsentieren. MIDI definiert 128 verschiedene Noten und 127 verschiedene Anschlagsgeschwindigkeiten.

Note-Off-Befehle und MIDI Running Status

Zu jeder Note gehören also ein Note-On- und ein Note-Off-Befehl. Die Übertragungsrate von MIDI-Daten wird in der Praxis durch den so genannten "MIDI Running Status" fast verdoppelt. Im Running Status, den alle heutigen MIDI-Klangerzeuger unterstützen, können mehrere Daten-Bytes aufeinanderfolgen. Für sie gilt das letzte vorausgegangene Status-Byte. Es genügt also ein Status-Byte mit der Angabe des MIDI-Kanals und des Datentyps (etwa "Note-On-Befehl"), und alle weiteren Noten oder Controllerdaten bedürfen nur mehr eines Daten-Bytes.
Für Note-On-Befehle gilt: Eine Anschlagsgeschwindigkeit "0" ist gleichbedeutend mit einem Note-Off-Befehl für das Ende einer Note. Dadurch entfällt im Running Status für die Note-Off-Befehle das Status-Byte. Es gibt jedoch auch andere Note-Off-Befehle, die auch die Geschwindigkeit des Loslassens der Taste mitteilen. Dadurch lässt sich bei manchen Klangerzeugern beispielsweise die Ausschwingzeit (Release Time) modulieren. Das ist bei Streicherklängen sehr interessant: Wenn man die Tasten langsam loslässt, klingen die Noten länger aus! Die Übertragung der Release Velocity erfordert jedoch für jeden Note-Off-Befehl, der auf ein Note-On-Befehl folgt, ein eigenes Status-Byte. Dadurch wird die Übertragungsrate ungefähr halbiert.

MIDI-Controller

Keyboards sind mit verschiedenen Spielhilfen ausgestattet. Links neben der Tastatur befinden sich üblicherweise zwei Räder: Der Pitch Bender und rechts davon das Modulationsrad. Das Modulationsrad ist häufig so programmiert, dass es ein Vibrato, also eine Modulation der Frequenz der Oszillatoren, steuert. Auf MIDI-Ebene sendet das Modulationsrad den MIDI-Controller mit der Nummer 1. Wenn es ganz nach unten gezogen wird, sendet der Controller 1 den Wert "0", am äußersten oberen Anschlag den Wert "127". Beim Durchfahren der Zwischenpositionen werden nacheinander alle dazwischen liegenden Werte gesendet. Nur während das Rad bewegt wird, werden Controller-Daten gesendet. Wenn das Rad auf einer beliebigen Position verharrt, wird auch nichts gesendet. Der MIDI-Controller 1 kann zu beliebigen Modulationszwecken herangezogen werden, dabei kommt es nur auf die Flexibilität der Klangerzeugung an. Insgesamt sind in MIDI 128 verschiedene MIDI-Controller definiert, die mit sieben Bit aufgelöst sind. Sieben Bit entsprechen 128 möglichen Werten, beziehungsweise 64 Werte bei mit Vorzeichen behafteten Controllern wie etwa "Panorama". Der Pitch Bender zählt übrigens nicht zu den MIDI-Controllern. Er besitzt einen eigenen Datentyp.

Andere MIDI-Controller

Die Tabelle zeigt eine Auflistung aller MIDI-Controller. Nicht alle der 128 Nummern sind tatsächlich bereits mit bestimmten Namen und Bedeutungen belegt. Viele MIDI-Instrumente ermöglichen den Einsatz beliebiger Controller als Modulationsquelle für beliebige Ziele in der Klangerzeugung. So lassen sich mit den verschiedenen Controllern unterschiedlichste Modulationen und andere Parameter des Klangs steuern. Andere Controller nehmen trotz ihrer 128 möglichen Werte keine kontinuierlichen Regelfunktionen ein, sondern nur einfache Schaltfunktionen, wie zum Beispiel Controller 64, der in der Regel das Dämpferpedal ("Sustain-Pedal", "Hold") repräsentiert. MIDI-Controller 7 regelt den Pegel ("MIDI Volume") und Controller 10 das Panorama. Mit Hilfe dieser beiden Controller können mit einem Sequenzer Mischungen auf MIDI-Ebene automatisiert werden!

MIDI-Controller

Contr.-Nr.	Befehlstyp
0	Bank Select (MSB)
1	Modulationsrad
2	Blaswandler (Breath)
4	Pedal (Foot Control)
5	Portamento-Zeit
6	Data MSB
7	MIDI Volume (Lautstärkeregelung)
8	Balance
10	Panorama
11	Expression
16	General MIDI Bank #1
17	General MIDI Bank #2
18	General MIDI Bank #3
19	General MIDI Bank #4
32	Bank Select (LSB)
33–63	(#00 LSB bis #31 LSB)
64	Dämpferpedal ("Sustain", "Hold")
65	Portamento
66	Sostenuto
67	Soft Pedal
69	Hold 2
80	General MIDI Bank #5
81	General MIDI Bank #6
82	General MIDI Bank #7
83	General MIDI Bank #8
91	Effektintensität
92	Tremolo
93	Chorusintensität
94	Verstimmung ("Detune")
95	Phaser
96	Data Increment ("+"-Taste)
97	Data Decrement ("–"-Taste)
98	Non-Registered LSB
99	Non-Registered MSB
100	Registered Parameter LSB
101	Registered Parameter MSB
121	Reset Controllers (Controller zurücksetzen)
122	Local Control (Tastaturtrennung)
123	All Notes Off ("Alle Noten aus!")
124	Omni Mode Off
125	Omni Mode On
126	Mono Mode On
127	Poly Mode On

Die nicht erwähnten Controller-Nummern sind nicht auf bestimmte Funktionen festgelegt.

Andere MIDI-Steuerbefehle

Pitch Bender

Der Pitch Bender ist das linke der beiden – zumeist links neben der Tastatur angeordneten – Räder eines Keyboards. Der Pitch Bender wird fast ausschließlich dazu benutzt, die Tonhöhe nach oben oder unten zu beugen. Die meisten Pitch Bender sind mittig zentriert und besitzen einen Federmechanismus, der das Rad immer wieder in die mittlere Position zurückzieht. Die Auflösung des Pitch Benders ist mit 14 Bit wesentlich höher als die der MIDI-Controller – zumindest im MIDI-Protokoll. Die erhältlichen Instrumente nutzen diese Auflösung nicht voll aus. Im MIDI-Mono-Mode, der jeder einzelnen Stimme einen separaten MIDI-Kanal zuweist, besitzt jede Stimme auf MIDI-Ebene einen eigenen Pitch Bender. Deshalb ist der MIDI-Mono Mode für Gitarrensynthesizer so interessant (siehe unter *Die MIDI-Empfangs-Betriebsarten (MIDI Modes)*.

Druckdynamik (Channel Pressure, Poly Pressure)

Auch die Druckdynamik ist immer auf einen bestimmten MIDI-Kanal bezogen – es handelt sich dabei also ebenfalls um "Channel Messages". Viele Keyboards besitzen eine Leiste unterhalb der Tastatur, die den auf sie ausgeübten Druck misst und in Steuerbefehle umwandelt. Die Messung des Drucks, den der Keyboarder auf die Tastatur ausübt, hat nichts mit der Messung der Geschwindigkeit zu tun, mit der jede Taste angeschlagen wird – das ist die Anschlagsdynamik (Velocity). Die Druckdynamik, auch "Pressure" oder "Aftertouch" genannt, wird zumeist über die Breite der gesamten Tastatur, also für alle Tasten gemeinsam, gemessen. In diesem Fall spricht man von "Channel Pressure" oder "kanalbezogener Druckdynamik". Channel Pressure kann für beliebige Beeinflussungen des Klangs herangezogen werden, also etwa für die Steuerung der Geschwindigkeit oder der Intensität eines Vibratos oder für die Modulation eines Filters. Wegen des erhöhten Bauaufwandes und der größeren Datenmenge ist die so genannte "polyphone Druckdynamik" ("Poly Pressure") weniger gebräuchlich. Hier wird der Druck, der auf jede einzelne Taste ausgeübt wird, individuell gemessen und gesendet. Diese selten ausgenutzte Funktion eignet sich für sehr subtile und ausdrucksstarke Phrasierungen mehrstimmiger Harmonien. Viele Keyboards, die keine polyphone Druckdynamik senden können, besitzen dennoch Klangerzeugungen, die diese MIDI-Daten (und wahlweise auch Channel Pressure) auswerten können.

Programmwechselbefehle ("Program Change Messages")

In MIDI sind 128 verschiedene Programmnummern definiert, die die verschiedenen Sounds einer Klangerzeugung umschalten können. 128 Klangprogramme hatte im Jahre 1983, als die MIDI-Schnittstelle eingeführt wurde, noch kein Instrument geboten. Heute gibt es Instrumente mit einem Vielfachen an Speicherplätzen. Bei vielen Instrumenten werden deshalb die Sound-Bänke mit Hilfe bestimmter MIDI-Controller angewählt. Dabei handelt es sich um Controller 0 als "Most Significant Byte" (MSB), der eine Gruppe von Bänken anwählt, und um Controller 32 als "Least Significant Byte" (LSB), der die einzelnen Bänke anwählt. Innerhalb dieser Bänke kann man mit den normalen Program-Change-Befehlen umschalten.

Active Sensing

Beim Active Sensing handelt es sich um einen MIDI-Datentyp, den ein MIDI-Instrument ca. alle 250 Millisekunden sendet. Beim Empfänger löst dieses Event zunächst gar nichts aus. Bleibt das Signal aber wesentlich länger als 250 Millisekunden aus und werden auch keine anderen MIDI-Signale empfangen, geht der Empfänger davon aus, dass mit der MIDI-Leitung etwas nicht stimmt. Er bricht dann alle empfangenen Noten ab und setzt alle Controller auf einen Null- beziehungsweise Mittelwert. Die Funktion dient dem Vermeiden von Notenhängern.

Die MIDI-Empfangs-Betriebsarten (MIDI Modes)

MIDI-Empfänger können in bis zu sechs verschiedenen Betriebsarten ("Modes") arbeiten:

1. Omni On, Poly (Omni Mode): Das Gerät verarbeitet alle Channel Commands, unabhängig von ihrer Kanalkennung. Der Omni Mode entbindet den Anwender von der Aufgabe, den MIDI-Kanal korrekt einzustellen, wenn es nur darum geht, zwei Instrumente miteinander zu verbinden. Der Omni Mode spielt in Anbetracht der Größe der meisten Anlagen und des damit verbundenen Anspruchs, verschiedene Spuren mit verschiedenen Sounds abzuspielen, heute keine Rolle mehr.
2. Omni On, Mono: Dieser Modus wurde bei der MIDI-Planung zwar definiert, ist heute aber ebenfalls vollkommen bedeutungslos. Das Gerät verarbeitet alle Daten unabhängig von ihrer Kanalnummer. Der Empfänger spielt die Noten monophon, das heißt, er kann nur einen Ton zur Zeit spielen.

Selbst monophone MIDI-Synthesizer verwenden diese Betriebsart nie.

3. Omni Off, Poly (Poly Mode). Ein Instrument mit einer polyphonen Klangerzeugung verarbeitet alle Befehle eines bestimmten, einstellbaren Empfangskanals, und zwar mit einem einzigen, beliebigen Sound.
4. Omni Off, Mono (Mono Mode): In dieser Betriebsart ist jedem MIDI-Kanal nur eine Stimme zugeordnet, damit beispielsweise der im Gegensatz zu anderen Controllern mit 14 Bit besonders hoch aufgelöste Pitch Bender jeder Stimme individuell zur Verfügung steht. Der Mono Mode ist besonders für Gitarrensynthesizer interessant, deren spezifisches Ausdruckspotential in der Fähigkeit der Gitarre liegt, einzelne Saiten unabhängig von den anderen ziehen zu können, so dass jede Saite unabhängige Tonhöhenbeugungen vollführen kann. Diese Tonhöhenbeugungen werden mit dem Pitch Bender als Controller gesteuert.
5. Multi Mode (auch: Mono Mode 3B). Im Multi Mode verhält sich ein einzelnes Instrument wie mehrere Instrumente, die jeweils im Poly Mode arbeiten. Dies ist die heute üblicherweise verwendete Betriebsart. Die Klangerzeugung eines Multi-Mode-Instruments lässt sich flexibel auf mehrere Sounds, die ihrerseits polyphon auf individuelle MIDI-Kanäle reagieren, aufteilen. Die meisten modernen MIDI-Instrumente arbeiten wahlweise im Poly Mode oder im Multi Mode mit automatischer Stimmenzuordnung zu den einzelnen Sounds. Bei den ersten Multi-Mode-Instrumenten mussten jedem MIDI-Kanal und mithin jedem Sound eine bestimmte Anzahl von Stimmen zugewiesen werden. Die Stimmenzuordnung erfolgt automatisch. Instrumente, die im MIDI-Multi Mode arbeiten können, werden auch "multitimbral" genannt. Die Anzahl der verschiedenen Kanäle und Sounds, die individuell angesprochen werden können, kann von Instrument zu Instrument abweichen. Daher spricht man auch von "achtfach multitimbralen" Instrumenten oder von einem "sechzehnfachen Multi Mode".
6. General MIDI. Dieser besonderen Spielart des Multi Modes ist der folgende Abschnitt gewidmet.

7.6 General MIDI, GS-Standard und Standard MIDI Files

"General MIDI" nennt sich eine Spezifikation für MIDI-Instrumente mit einer bestimmten Mindestausstattung. General MIDI vereinheitlicht darüberhinaus die Belegung der Sound-Speicherplätze mit bestimmten Sounds. Dadurch soll erreicht werden, dass Sequenzer-Songs, die auf dem General-MIDI-Instrument eines Herstellers arrangiert wurden, auch auf einem General-MIDI-Instrument eines anderen Herstellers ungefähr mit den gleichen Sounds wiedergegeben werden. Der Sequenzer-Song enthält dann die Programmwechselbefehle, die den einzelnen Spuren die richtigen Sounds zuweisen. Solche Sequenzerdateien mit populären Titeln der Hitparaden kann man kaufen – eine Option, derer sich vor allem viele Tanzmusiker bedienen. Das für Sequenzer und so genannte MIDI-File-Player (MIDI-File-Wiedergabegeräte) verschiedener Hersteller übergreifende Datenformat heißt "Standard MIDI File" (SMF, "Standardisierte MIDI-Datei").

Anforderungen an Instrumente mit dem General-MIDI-Emblem

Verschiedene Hersteller haben sich auf eine Spezifikation geeignet, der alle Instrumente mit dem General-MIDI-Logo genügen sollen. Der nur von Roland benutzte "GS-Standard" genügt der General-MIDI-Spezifikation in jeder Hinsicht, geht in manchen Punkten aber noch darüber hinaus. Dies sind die Voraussetzungen, unter denen ein Instrument das General-MIDI-Emblem tragen darf:

Ein General-MIDI-Instrument ist wenigstens 24-stimmig polyphon und kann simultan auf alle sechzehn MIDI-Kanäle reagieren. Die Stimmenzuordnung zu den MIDI-Kanälen erfolgt dynamisch. Es ist anschlagsdynamisch spielbar, und es erkennt die MIDI-Daten vom Pitch Bender, vom Modulationsrad, vom Halte- und "Expression"-Pedal sowie Lautstärke-, Panorama-, alle Controller- und die "All Notes Off"- und "Reset"-Befehle. Dank dieser Standardisierung klingt eine Komposition, die als Standard MIDI File vorliegt, auf allen General-MIDI-Instrumenten korrekt.

128 verschiedene Klänge sind dabei bestimmten Speicherplätzen zugeordnet. Beispielsweise ruft der MIDI-Programmwechselbefehl # 1 bei einem General-MIDI-Instrument immer einen Flügelklang auf. Der Programmwechselbefehl # 63 ruft immer einen Bläser-Sound auf – und so weiter. Obwohl die einzelnen Klänge von Produkt zu Produkt anders klingen, schon weil die Klangqualität nicht bei allen Instrumenten gleich ist, wird doch immer der gleiche Klangtyp aufgerufen. General-MIDI-Sequenzen werden also immer mit der richtigen Instrumentation wiedergegeben.

General MIDI definiert auch die Zuordnung der Tasten zu bestimmten Perkussions- und Schlagzeugklängen. In General MIDI befindet sich das Schlagzeug immer auf Kanal 10. In der Vergangenheit war immer wieder das Problem aufgetreten, dass jeder Anwender und jeder Hersteller sich seine eigenen Zuordnungen von Schlagzeug- und Perkussionsklängen auf der MIDI-Tastatur zurechtgelegt hat. Wenn man dann einen Song mit einem anderen Drumcomputer oder dergleichen wiedergeben wollte, war eine sehr aufwendige Neuorganisation der Sounds zu den einzelnen Tasten fällig. Dieses Problem entfällt bei General-MIDI-Instrumenten zunächst. Im Einzelfall ist aber durchaus das Austauschen und Optimieren der einzelnen Instrumentalklänge geboten.

General MIDI scheint dem Ideal eines hinsichtlich seiner Klangästhetik völlig unvorbelasteten Synthesizers zu widersprechen. Viele hochwertige Synthesizer bieten so spezielle Klänge, dass die General-MIDI-typische Auswahl an Standard-Sounds am Sinn des Instruments vorbeigehen würde. General MIDI schreibt vor allem Klänge vor, die konventionelle Instrumente imitieren sollen: Klavier, E-Piano, diverse Orgeln, alle möglichen Bläser und Streicher sowie Bässe und Gitarren. Der Gebrauch elektronischer Musikinstrumente als Ersatz für akustische oder elektrische Instrumente, die im Original noch nicht einmal Tasteninstrumente sind, führt immer wieder zu künstlerisch unbefriedigenden Resultaten. Ganz anders der Einsatz von Synthesizern und Samplern in Bereichen, in denen sie glänzen können, also bei Sounds, die ihre elektronische Herkunft nicht verleugnen wollen. Hier ergibt eine Festlegung der Sound-Programme keinen Sinn. Vorteilhaft ist nichtsdestotrotz eine gewisse Ordnung bei den Tastaturbelegungen der Schlagzeugklänge. Die 24 Stimmen und der sechzehnfache MIDI Multi Mode erweisen sich als nützlich, die integrierten Effektprozessoren der meisten General-MIDI-Instrumente sowieso. Die Qualität eines Musikinstruments bemisst sich ohnehin nur zu einem kleinen Teil nach dem Umfang seiner MIDI-Implementation.

Viele Instrumente lassen sich zwischen einer General-MIDI- und einer anderen Multi-Mode- oder auch Poly-Mode-Betriebsart umschalten. In der General-MIDI-Betriebsart bleibt dem Anwender oft der Zugriff auf verschiedene Funktionen und Klangprogramme verwehrt. Beispielsweise lassen sich Sounds nicht programmieren, nur die 128 General MIDI Sounds benutzen, oder die Begleitautomatik kann nicht eingeschaltet, und Effekte können nicht verändert werden. Besonders zu bedauern ist es, wenn die General-MIDI-Sounds in den anderen Betriebsarten nicht verfügbar sind. General MIDI ist in diesen Fällen nur noch eine künstlerisch wenig interessante Betriebsart zum Abspielen von General MIDI Files.

Bedienungskomfort im Multi Mode und bei General-MIDI-Instrumenten

Fast alle modernen Keyboards und anderen Klangerzeuger in Form so genannter Expander besitzen integrierte Multieffekt-Prozessoren. Ausnahmen findet man allenfalls bei ganz speziellen, insbesondere analogen Profi-Synthesizern, deren Hersteller davon ausgehen, dass der Kunde bereits ein ganzes Arsenal hochwertiger Effektprozessoren besitzt. Typisch für MIDI-Instrumente sind zwei Effektprozessoren, die unterschiedliche Algorithmen etwa für Hall, Raumsimulation, Echo, Chorus und Flanger bereitstellen.
Werden die Instrumente im Poly Mode betrieben, kommen beide Effektprozessoren in aller Regel dem einen erklingenden Sound gemeinsam zugute. Die Werkssounds der meisten Instrumente machen von diesen Effektprozessoren reichlichen Gebrauch. Im Multi Mode müssen sich meistens alle Sounds, die auf den verschiedenen MIDI-Kanälen empfangen, die beiden Effektprozessoren teilen. Angenommen, ein Effektprozessor soll einen Choruseffekt bereitstellen, und der andere einen Halleffekt, weil die Kombination von Chorus und Hall für mehrere der verwendeten Sounds typisch ist. Wenn man jetzt einen Sound verwenden möchte, der als Werksprogramm vom Phaser-Effekt lebt, fehlt bei diesem Sound das Wesentliche.
Schwerer als die Notwendigkeit, bei den Effekten im Multi Mode (beziehungsweise in General MIDI) Kompromisse eingehen zu müssen, wiegt oft, dass die Bedienung der Geräte in dieser Situation nicht übersichtlich und schon gar nicht einheitlich ist. Zwar bieten viele Instrumente die Möglichkeit, den einzelnen Sounds oder sogar den einzelnen an einem Sound beteiligten Stimmen individuell für jeden Effektprozessor einen beliebigen Effektanteil zuzuweisen.
Wenn man statt eines Multi-Mode-Instruments mit mehreren Poly-Mode-Instrumenten und einem Mischpult arbeitet, ist der Bedienungskomfort wesentlich größer – aber selbstverständlich ist so ein Instrumentarium auch teurer. Dieses Verfahren ist in der professionellen Produktion noch aus anderen Gründen vorzuziehen.
Jedes Instrument wird mit seinem Stereoausgang an das Mischpult angeschlossen, wo der linke und der rechte Kanal eines jeden Instruments unabhängig von den anderen im Klang geregelt und mit externen Effekten versehen werden kann. Multi-Mode-Klangerzeuger (also auch General-MIDI-Instrumente) besitzen oft nur einen Stereoausgang, den sich alle Sounds teilen müssen. Die Möglichkeit, einzelne Klänge individuell im Klang regeln oder mit externen Effektprozessoren bearbeiten zu können, besteht nicht. Wer mit einem Mehrspur-Tonbandgerät

arbeitet, kann allerdings ein Instrument im Poly Mode auf verschiedenen Spuren auf dem Band aufnehmen.
General MIDI und der MIDI Multi Mode sind also sehr leistungsfähige Merkmale von MIDI-Instrumenten, da man mit wenigen, preiswerten Instrumenten komplette Arrangements produzieren und abspielen kann. Eine größere Anzahl von MIDI-Instrumenten, die nur im Poly Mode operieren, ist aber einzelnen Multi-Mode-Instrumenten in der Regel überlegen.

General-MIDI-Klangerzeuger mit mehreren Effektprozessoren

Jüngere General-MIDI-Klangerzeuger sind über die oben genannten Beschränkungen hinausgewachsen, sind voll programmierbar, verfügen über bis zu 128-stimmige Klangerzeugungen und mehrere Effektprozessoren. Ihre Ausstattung mit zwei MIDI-Eingängen (32 "Parts") verlangt ein integriertes Mischpult, das mehrere Effektprozessoren über separate Ausspielwege steuert. Oft lassen sich auch mehrere "Insert-Effekte" einschleifen, die dann nur auf einen Part angewendet werden. Auch werden die Parts mit teils aufwendigen vollparametrischen Equalizern im Klang geregelt. Solche Instrumente eignen sich vorzüglich, um wesentliche Teile des Arrangements zu übernehmen (einschließlich Drums und Bass). Gelegentlich sind sogar Analog/Digitalwandler integriert, die es erlauben, externe Audiosignale (u. a. Mikrofone) ins integrierte Mischpult einzubinden und mit Effekten zu bearbeiten.

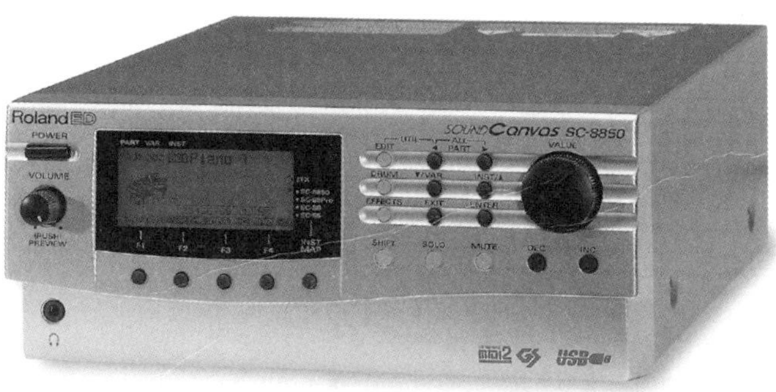

Hinter kompakten Klangerzeugern wie dem Roland SoundCanvas SC 8850 verbergen sich außerordentlich leistungsfähige Synthesizer mit mehreren Effektprozessoren. Diese können wesentliche Teile des MIDI-Arrangements allein abdecken.

8 MIDI-Sequenzer

8.1 Hard- und Software-Sequenzer

MIDI-Sequenzer sind Geräte oder Programme, mit denen man MIDI-Daten aufzeichnen, bearbeiten und wiedergeben kann. Es gibt sie in der Form von separaten Geräten oder als Baugruppe eines Musikinstruments (beispielsweise eines Keyboards) auf der einen Seite (Hardware-Sequenzer) oder als Software für einen Computer auf der anderen Seite (Software-Sequenzer).

Software-Sequenzer sind Hardware-Sequenzern in der Mehrheit weit überlegen, was den Funktionsumfang und den Bedienungskomfort anbelangt. Nur wenige Ausnahmen bestätigen diese Regel. Die meisten Software-Sequenzer sind heute mit Harddiskrecording-Funktionen kombiniert und lassen sich treffend als "Audiosequenzer" bezeichnen. Zu den führenden Produkten in diesem Segment zählen Emagic Logic Audio und Steinberg Cubase.

Eine besondere Form der Hardware-Sequenzer sind die so genannten MIDI-File-Player, die in erster Linie als Live-Wiedergabegerät fungieren. Sie eignen sich besonders für die Wiedergabe von Sequenzerdateien (MIDI Files), die mit Hilfe aufwendiger Sequenzer im Studio hergestellt wurden (siehe Abschnitt *MIDI-File-Player* ab Seite 107).

8.2 Funktionsumfang

Nicht alle Sequenzer verfügen über sämtliche in diesem Kapitel vorgestellten Funktionen. Auch Computer-Muffeln sei nachdrücklich empfohlen: Die Bedienung eines guten Software-Sequenzers mit sehr großem Funktionsumfang, grafischer Bedienungsoberfläche (Maus-Bedienung) und der unübertroffen übersichtlichen Noten-Darstellung ist fast immer wesentlich einfacher als die Bedienung eines kleinen Hardware-Sequenzers mit kleinem Display und geringem Funktionsumfang.

Ein guter Sequenzer kann alle denkbaren MIDI-Befehle aufzeichnen und selbst erzeugen. Der Funktionsumfang eines Software-Sequenzers kann den gesamten Funktionsumfang aller anderen Geräte eines Studios übertreffen. Ein gutes Bedienungskonzept und eine umfassende Anwender-Dokumentation sind deshalb besonders wichtig. Dieses Kapitel will die grundlegenden Arbeitsverfahren mit dem Sequenzer darstellen.

8.3 MIDI Recording: Sequenzer versus Tonbandgerät

MIDI-Sequenzer haben gegenüber Tonbandgeräten prinzipielle Vorteile, aber auch einige Nachteile. MIDI-Sequenzer kommen naturgemäß nur für MIDI-Instrumente in Betracht. Dabei handelt es sich unter anderem um alle modernen Synthesizer, Drumcomputer, Sampler und die meisten Effektprozessoren. Der Sequenzer "spielt" diese Instrumente per MIDI gewissermaßen live. Der Sequenzer zeichnet im Gegensatz zu Harddiskrecordern oder Tonbandgeräten keine Audiosignale auf.
Daraus resultieren ein einziger Nachteil und eine ganze Reihe von unschätzbaren Vorteilen gegenüber der Aufzeichnung von Audiosignalen mit Tonbandgeräten.

8.4 Was ein MIDI-Sequenzer nicht leisten kann

Ein Mehrspur-Tonbandgerät kann auf mehreren Spuren immer wieder das gleiche Instrument aufzeichnen. Eine einzige Gesangs-Stimme und ein einziger Synthesizer können theoretisch einen vielstimmigen Chor und einen großen Orchester-Apparat bilden. Jede Spur kann unterschiedliche Effekte eines einzigen Multieffektprozessors aufzeichnen.
Beim MIDI-Recording spielen alle Instrumente live und können nur eine Aufgabe zur Zeit übernehmen. Darum benötigt man für das MIDI-Recording eine größere Anzahl an Instrumentalstimmen und Signalprozessoren, denn alle Instrumente werden gleichzeitig benötigt.
Deshalb hat die Entwicklung der letzten Jahre insbesondere MIDI-Multi-Mode-Instrumente mit vielen Stimmen hervorgebracht. Diese "multitimbralen" Instrumente können verschiedene Sounds simultan mehrstimmig spielen. Zu diesen Instrumenten zählen auch die General-MIDI-Soundmodule.
Multi-Mode-Instrumente verhalten sich wie mehrere Poly-Mode-Instrumente. Sie besitzen zumeist ein oder zwei integrierte Effektprozessoren. Jeder kann aber nur einen Effekttyp zur Zeit liefern, so dass die Flexibilität eines Soundmoduls mit sechzehnfachem Multi Mode nicht mit der von sechzehn verschiedenen Poly-Mode-Instrumenten mit integrierten Effektprozessoren zu vergleichen ist.

8.5 Die Vorzüge des MIDI-Recording

Flexibilität des Tempos

Das Tempo der Wiedergabe und das Tempo bei der Aufnahme kann beim Sequenzer jederzeit verändert werden. Das Tempo hat keinen Einfluss auf die Tonhöhe – eine Totaltransposition findet nicht statt. Bei der Aufnahme kann das Tempo also verringert werden, damit schwierige Passagen leichter und präziser von der Hand gehen. In jedem Stadium der Produktion kann der Produzent das Tempo dem entstehenden Arrangement anpassen – beim Tonbandgerät steht es nach der ersten Aufnahme fest. Jedenfalls lässt es sich nicht ohne Inkaufnahme der Totaltransposition verändern.
Das Wiedergabe-Tempo kann beliebig langsam oder schnell sein. Es kann so schnell sein, dass das Tempo von Hand unspielbar wäre. Das Tempo kann so genau dosiert werden, dass eine Musik auf die Millisekunde genau eine bestimmte Länge erhält – ein unschätzbarer Vorteil bei der Produktion von Film- und Werbemusik.

Flexibilität der Sounds

Auch nach der Aufnahme der MIDI-Noten können die Sounds, mit denen diese Noten abgespielt werden, jederzeit umgeschaltet werden. Wenn bei der Aufnahme ein Bläser-Sound verwendet worden war, kann bei der Wiedergabe jederzeit auf einen Streicher-Sound umgeschaltet werden. Das Umschalten der Sound-Programme kann über MIDI, also vom Sequenzer aus, jederzeit erfolgen. Dazu werden Program-Change-Befehle verwendet, die man einfach mit den Noten aufzeichnen oder zwischen den Noten einfügen kann.
Veränderungen der Parameter der Klangprogramme erfolgen über MIDI-Controller (oder über systemexklusive Daten) automatisch vom Sequenzer aus. Diese Befehle lassen sich völlig unabhängig von den Notenbefehlen verwalten. Das Löschen dieser Befehle muss die Noten also nicht ebenfalls löschen.

Korrektur- und Eingabe-Möglichkeiten

Bei der Produktion mit dem Sequenzer hat man immer die Ruhe, sich für die musikalischste Einspielung zu entscheiden, auch wenn sie falsche Noten enthält. Falsche Noten können nämlich leicht einzeln oder in Gruppen gelöscht oder korrigiert werden, auch wenn sie gleichzeitig mit Noten erklingen, die nicht gelöscht werden sollen. Der Anfang und das Ende jeder Note kann frei bestimmt werden, ebenso die Tonhöhe und die

Stärke des Anschlags. Auch das Hinzufügen neuer Noten ist in beliebigem Umfange möglich. Schnitte erfolgen naturgemäß knackfrei und ohne jeglichen Verlust an Klangqualität.

Flexibilität der Form

Die Reihenfolge der einzelnen Bestandteile einer Komposition kann jederzeit beliebig verändert werden, indem identische Passagen wiederholt, Passagen gelöscht oder umgestellt werden. Auch die Transposition beispielsweise eines Refrains geht mit Hilfe eines einfachen Befehls vonstatten. Eine Neuaufnahme ist nicht erforderlich.

Gute Sequenzer besitzen 64 und mehr Spuren. Bei einigen Programmen ist die Anzahl der Spuren nur theoretisch durch die Größe des Speichers begrenzt. Deshalb kann man es sich jederzeit leisten, Spuren probehalber aufzunehmen und stumm im Speicher zu bewahren. Es bereitet keinerlei Schwierigkeiten, Dutzende Versionen eines Solos aufzuzeichnen und sich hernach für das gelungenste Exemplar zu entscheiden. Verschiedene Spuren können auf ein und demselben MIDI-Kanal senden und den gleichen Sound ansprechen.

Andere prinzipbedingte Vorzüge

Da der MIDI-Sequenzer kein Band bewegt, sondern nur elektronischen RAM-Speicher verwendet, gibt es kein Spulen. Der Zugriff auf jede beliebige Zeitposition erfolgt sofort. Sequenzer arbeiten verschleißfrei. Die Klangqualität der Wiedergabe bleibt von ständigen Aufnahmen und beliebig häufigen Wiedergaben unberührt. Gute Sequenzer verfügen über Locators, also Zählwerke mit programmierbaren Locator-Punkten (Zeitpositionen), die die professioneller Tonbandgeräte übertreffen. Die Anzeige der Zeitposition erfolgt in relativer oder absoluter Echtzeit, als SMPTE-Zeit (Synchronisationsstandard) und/oder als Taktangabe.

MIDI-Sequenzer erzeugen und verwalten (im Vergleich zu Audiorecordern) im Allgemeinen nur sehr geringe Datenmengen. Allenfalls der ausgiebige Gebrauch von MIDI-Controllern erzeugt größere Datenmengen. Die Dateien von Sequenzern passen deshalb bequem auf Disketten und füllen die Festplatte des Rechners nur nach und nach. Die Ablage von Dateien (Sicherheitskopien) ist deshalb besonders preiswert.

Gute Sequenzer können auch systemexklusive MIDI-Daten mit Soundprogrammen der MIDI-Instrumente aufzeichnen. Sie fungieren deshalb immer auch als einfache Datenbank für Synthesizer-Programme. Ihr Speichermedium ist viel preiswerter als Speicherkarten speziell für diese Instrumente.

Zusammenfassend ist festzustellen, dass MIDI-Recording der Aufzeichnung von Audiosignalen weit überlegen ist, bloß dass die Anwendung auf MIDI-Instrumente beschränkt ist. Allerdings müssen eine genügende Anzahl verschiedener MIDI-Instrumente und ein entsprechendes Mischpult zur Verfügung stehen, damit das gesamte Arrangement realisiert werden kann. Auch die Automation des Mischpults kann durch den MIDI-Sequenzer erfolgen. Der Pegel moderner MIDI-Instrumente lässt sich darüberhinaus separat für jeden Kanal durch MIDI-Volume (Controller 7) steuern. Die Mischung der MIDI-Instrumente kann also auch ohne ein MIDI-Mischpult automatisiert werden. Audiosequenzer (mit integriertem Harddiskrecording) kombinieren die Vorteile beider Welten.

Sofern die Musik es erlaubt, empfiehlt es sich, die Produktion auf MIDI-Ebene mit dem Sequenzer möglichst weit zu führen, damit noch möglichst spät Entscheidungen über Ablauf und Tempo des Songs gefällt werden können. Erst dann sollte man mit der Aufnahme der ersten Audiospuren beginnen. Wo eine Synchronisation zur Bandmaschine nicht möglich erscheint, muss man das Playback der MIDI-Instrumente auf der Bandmaschine aufzeichnen. Dabei gehen im Falle eines Stereo-Playbacks zwei Spuren und die gesamte Flexibilität des Sequenzerkonzepts verloren. Deshalb sollte man nach Möglichkeit das Tonbandgerät mit dem Sequenzer synchronisieren.

8.6 Notendarstellung

Der Bildschirm kann die Sequenzer-Daten sehr übersichtlich als Noten, aber auch als Balkengraphik anzeigen. Gute Sequenzer verfügen über eine interaktive Noten-Darstellung, die auch für den Ausdruck druckreifer Vorlagen taugt. Der Notendruck ist für alle Komponisten wichtig, die ihre Werke urheberrechlich mit der Gema verwerten lassen wollen.
Die Noten auf dem Bildschirm können mit der Computer-Maus einzeln oder in Gruppen "angefasst" und verschoben, transponiert oder gelöscht werden. Auf die gleiche Art und Weise kann man auch Noten einfügen, die man nicht mit der Tastatur eingespielt hat. Prinzipiell kann jeder Nicht-Keyboarder mit dem Sequenzer Noten setzen und abspielen, die den Schwierigkeitsgrad der virtuosesten Pianisten bei weitem übertreffen. Darstellung, Edition und Druck der Noten und der damit direkt zusammenhängenden MIDI-Daten sollten von einem einzigen Programm aus erfolgen. Die Flüssigkeit und Geschwindigkeit der Darstellung hängt nicht nur vom Computer, sondern auch von der Sequenzer-Software ab.

8.7 Die Werkzeuge des Sequenzers

Mit dem Sequenzer kann man jede beliebige Abfolge von Noten herstellen. Damit dieser Vorgang auch übersichtlich zu handhaben ist, bieten Sequenzer eine logische Struktur und diverse "Werkzeuge". Grundsätzlich sollten Sequenzer alle Werkzeuge besitzen, die man etwa auch von Textverarbeitungsprogrammen kennt:
Damit kann man Passagen markieren, ausschneiden, löschen, verschieben, einfügen und kopieren. Die Bedienung erfolgt sowohl über die Maus als auch über die Tastatur des Computers. Ein MIDI-Keyboard kann zusätzliche Steuerbefehle erzeugen.

Spuren

Die Bedienungskonzepte der meisten Sequenzer sind an Tonbandgeräte angelehnt. Deshalb besitzen Sequenzer verschiedene Spuren, die parallel laufen. Die Spuren sind beliebig lang. Auf jeder Spur können verschiedene Aufnahmefragmente ("Regions") abgelegt werden, die sich auch gegenseitig überlappen können. In Logic Audio lassen sich auch ganze "Ordner" ("Folder") hier ablegen, das sind zu einer Organisationseinheit zusammengefasste Aufnahmen beliebigen Umfangs, die ihrerseits Ordner enthalten können.
Jede Spur spielt ein so genanntes "Instrument". Das Instrument besitzt einen bestimmten MIDI-Kanal. Es kann aber auch mehrere MIDI-Kanäle schichten, so dass verschiedene MIDI-Instrumente auf diese Spur reagieren.

Abspielparameter

Jede Spur besitzt einen Satz so genannter "Abspielparameter", mit dem man bei der Wiedergabe bestimmte Eigenschaften der Spur bestimmen kann, die von den in der in der Spur befindlichen Daten abweichen. So lässt sich zum Beispiel ein beliebiger Algorithmus für die Timing-Korrektur (Quantisierung) wählen (siehe unten). "Loop" definiert ein Zeitintervall, in dem die Wiedergabe der Spur wiederholt wird. Damit lässt sich beispielsweise aus wenigen Schlägen einer Hihat eine Metronomspur gestalten, die durch den ganzen Song geht.

Transposition und Anschlagsdynamik

"Transpose" transponiert die Spur bei der Wiedergabe um ein beliebiges Intervall in Halbtonschritten. Oft wird die Transposition um eine Oktave (zwölf Halbtonschritte) aufwärts oder abwärts benötigt. "Velocity" erhöht den Anschlagsdynamikwert jeder Note bei der Wiedergabe. Dadurch lässt sich ein durchgehend härterer Anschlag sämtlicher Noten realisieren. "Dynamics" erhöht die eigentliche Dynamik der Anschlagsdynamik, also den Kontrast zwischen sanfteren und härteren Anschlägen. Oft empfiehlt sich eine Reduktion der von Hand eingespielten Dynamik in Kombination mit der Erhöhung der "Velocity", so dass eine kontinuierliche Intonation gewährleistet ist. Einzelne zu sanfte oder zu harte Anschläge können auf der Ebene der einzelnen Events in der Spur korrigiert werden.

Notenlängen global verändern

"Gate Time" verkürzt oder verlängert alle Noten um einen beliebigen Betrag. Wenn man den Sound wechselt und der neue Sound eine andere andere Release Time (Ausklingzeit) oder einen längeren Nachhall hat, bietet sich diese Funktion für die Anpassung an die neue Akustik an. Aber auch harte Staccato-Impulse lassen sich damit realisieren – so wird auch ein Piano-Sound zum xylophonähnlichen Instrument.

Spuren verzögern und vorziehen

"Delay" verzögert die Wiedergabe der Spur – oder zieht sie auch vor. Die Kopie einzelner Spuren und die Verzögerung der einzelnen Kopien kann man für Echoeffekte benutzen. Diese Echos können auch mit anderen Sounds und transponiert erklingen, so dass sich beispielsweise ausgefallene Arpeggio-Effekte realisieren lassen. Das Vorziehen einzelner Spuren um wenige Millisekunden bietet sich oft bei Spuren an, die von Sounds mit einer längeren Attack Time (Einschwingzeit) wiedergegeben werden.

Quantisierung und zeitliche Auflösung

Die Quantisierung ist eine Korrektur der zeitlichen Position von Noten auf ein vorgegebenes zeitliches Raster. In der Regel bezieht sich die Korrektur auf den Anfang der Note, und ihre Länge bleibt unverändert – das bedeutet, dass das Note-Off-Event um das gleiche Maß verschoben wird wie der Anfang der Note. Es gibt aber auch andere Algorithmen.
Als zeitliches Raster wählt man zumeist musikalische Zählzeiten, etwa Sechzehntelnoten. Jede Note, die in unmittelbarer zeitlicher Nähe zu einer "geraden" Sechzehntel-Zeitposition beginnt, wird exakt auf diese Position verschoben. Dadurch werden Unregelmäßigkeiten des Timings des Keyboarders ausgeglichen – in diesem Fall muss der Keyboarder nur auf eine Sechzehntelnote genau spielen. Möglich ist auch die Quantisierung

auf Viertel, Achtel, Zweiundreißigstel und so weiter, aber auch auf Triolen und andere beliebige "N-Tolen".
Die maximale zeitliche Auflösung der Sequenzer differiert und liegt bei guten Programmen im Millisekunden-Bereich. Das ist bei weitem exakt genug, um feinste musikalische Details rhythmisch getreu abzubilden. Es genügt aber nicht, um die nur selten klanglich relevanten Phasenverhältnisse der einzelnen Noten zueinander genau kontrollieren zu können. Dazu ist MIDI im Gegensatz zu Harddiskrecordern prinzipiell nicht in der Lage.

"Groove"

Die Quantisierung führt eine andere rhythmische Atmosphäre, einen anderen "Groove" herbei. Die musikalische Phrasierung, der Ausdruck und der Personalstil eines Musikers hängen in hohem Maße von dessen Abweichen vom exakten, quarzgenauen Timing ab, das mit der einfachen Quantisierung erzwungen wird. Quantisierte Rhythmen besitzen ebenfalls einen bestimmten Groove, nämlich den typischen "Maschinen-Groove". Diese Rhythmik überwiegt in den aktuellen Dancefloor-Stilen.
Die Quantisierungsfunktionen der MIDI-Sequenzer haben das musikalische Empfinden und die Ästhetik der Popularmusik des ausklingenden zwanzigsten Jahrhunderts nachhaltig geprägt. Schlagzeuger müssen sich hinsichtlich ihrer Präzision heute am Quarz-Timing der Maschine messen lassen.
Viele Musikstile vertragen allerdings keine Quantisierung auf bestimmte zeitliche Raster, etwa Swing, die meisten anderen Jazz-Spielarten, Blues, Reggae und praktisch die gesamte europäische Kunstmusik (Wiener Klassik, Romantik und so weiter). Diese Musiken leben von der Abweichung der Intonation von dem, was in den Noten steht. Gute Sequenzer gestatten die Definition beliebiger rhythmischer Raster, nach denen andere Spuren quantisiert werden können.
Dabei kann es sich um bestimmte zeitliche Verhältnisse zwischen benachbarten Achtelnoten handeln, die einen Swing bewirken. Denkbar sind aber auch komplizierte Spuren mit vielen Noten, etwa eine mit Hilfe von MIDI-Schlagflächen (Pads) von einem Schlagzeuger in Echtzeit eingespielte Drum-Spur, die etwa der Bass-Spur eine bestimmte Rhythmik aufzwingt. Gute Sequenzer gestatten begrenzte Toleranzbereiche, innerhalb derer Noten noch von der Quantisierung erfasst werden. Fernab der Quantisierungszählzeiten liegende Noten bleiben dann da, wo sie sind. Außerdem sollte sich eine Quantisierung auf einen bestimmten Prozentsatz reduzieren lassen, so dass Noten nur ein wenig in die "richtige" Richtung verschoben werden. So

lässt sich ein menschliches "Feeling" erhalten, das dennoch eine gewisse Timing-Präzision aufweist.
Bei Soli verzichtet man zumeist ganz auf eine Quantisierung. Die Quantisierung eines guten Sequenzers ist jederzeit reversibel (umkehrbar) und muss nicht bereits vor der Aufnahme festgelegt werden. In diesem Punkt trennt sich die Spreu vom Weizen – etwa im Falle von in Keyboards integrierten Hardware-Sequenzern (Workstations).

Arbeiten ohne Metronom – der Sequenzer als Bandmaschine

In besonderen Fällen kann man auch auf die Beachtung des vom Sequenzer-Metronom vorgegebenen Taktmaßes ganz verzichten und das Gerät wie ein Tonbandgerät verwenden. Dann entfällt allerding jegliche vernünftige Notendarstellung und Quantisierung. Wenn man sich durch die Einhaltung einer Taktvorgabe behindert fühlt, etwa bei der Interpretation europäischer Kunstmusik oder Jazz, kann man es schließlich einfach lassen! Gute Sequenzer gestatten beliebige Takt- und Tempowechsel, aber die korrekte Eingabe bedeutet freilich einen erhöhten Arbeitsaufwand. Gute Sequenzer bieten zudem eine "Reclock"-Funktion, die ein neues Einklopfen des Tempos erlaubt. Die vorhandene Aufnahme wird dann, ohne dass sich das tatsächliche Tempo ändert, auf neue Zählzeiten umgerechnet. Eine solche Maßnahme kann allerdings einige Mühe bereiten und mit Fehlversuchen einhergehen. In der Regel ist man gut beraten, die Aufnahmen von vornherein mit dem Metronom zu beginnen.

Notendarstellung (Score)

Mit Programmen wie Logic Audio kann man druckreife Partituren mit allen satztechnischen Finessen herstellen. Die Silben von Songtexten lassen sich mit bestimmten Noten verknüpfen, und die Darstellung von diversen nichtklingenden grafischen Elementen, Zeichen oder sogar Gitarrengriffen ist möglich. Dennoch ist die Notendarstellung mit der MIDI-Ebene stets interaktiv: Was man sieht, kann man auch hören – und umgekehrt.
Die Verknüpfung von Noteneditor zur Korrektur und Eingabe von Noten auf der einen Seite und Notendruckprogramm auf der anderen Seite ist besonders vorteilhaft. Wenn es um reinen Notensatz für den Druck von Notenheften und -büchern geht, kann sich ein separates Notenprogramm als flexibler erweisen. Jedenfalls sollte beim MIDI-Recording eine gute Notendarstellung stets mit dem Sequenzer in einem einzigen Programm zusammenhängen. Ein wesentliches Qualitätsmerkmal für einen Software-Sequenzer ist die Geschwindigkeit des Bildschirmauf-

baus bei komplexen Notendarstellungen. Die Noten sollten bei der Aufnahme und bei der Wiedergabe in Echtzeit und einigermaßen flüssig auf dem Bildschirm erscheinen. Vergleiche verschiedener Programme sind in diesem Punkt sehr aufschlussreich.
Noch deutlicher sind Anfang und Ende jeder Note in einer Balkengraphik zu erkennen. Wie auf der Walze eines Pianolas werden die Noten als nebeneinander liegende Streifen dargestellt. Jede Zeile entspricht einer bestimmten Tonhöhe. Die Darstellung nimmt recht viel Platz in Anspruch. Die Balkengrafik ist am besten für die Bearbeitung geeignet, wenn es beispielsweise darum geht, die zeitliche Position eines Note-Off-Events ("Note loslassen") so zu positionieren, dass alle Töne eines Akkords gleichzeitig enden. Beim Logic heißt diese Funktion "Matrix Edit", in Cubase des Herstellers Steinberg nennt sich diese Funktion "Grid Edit".

Darstellung als Text-Tabelle "Event List"

Die einfachste Variante der Darstellung ist die Darstellung der einzelnen MIDI-Events als Text. Dabei werden die einzelnen Events untereinander dargestellt. Die Event List ist am übersichtlichsten, wenn es darum geht, andere als Notenbefehle aufzuspüren und zu edieren.

Grafische Dateneingabe

Mit Logic lässt sich eine Folge von MIDI-Daten auch grafisch eingeben, indem man sie mit der Maus auf den Bildschirm zeichnet ("Hyper Edit"). Handelt es sich bei der Folge der eingegebenen MIDI-Befehle um den Controller 7, also MIDI-Volume, kann man den Verlauf der Lautstärke dieses MIDI-Kanals grafisch modellieren. Alternativ stehen dazu auch Schieberegler zur Verfügung, die auf dem Bildschirm dargestellt werden und die ebenfalls mit der Maus angefasst und bewegt werden können.

Daten transformieren und skalieren

Manche Sequenzer verfügen über Funktionen, mit denen die Werte beispielsweise von Controller-Daten, aber auch andere MIDI-Befehle skaliert werden können. Dadurch lassen sich beispielsweise die Wirkung des Modulationsrades umkehren, eine besondere Kurve für die Anschlagsdynamik eingeben oder eingehende Notennummern in andere Noten verwandeln.

8.8 Synchronisationstechnik

Synchronizer für MIDI-Sequenzer

Es gibt die unterschiedlichsten Geräte für die Synchronisation von Tonbandgeräten, Sequenzern, Video-Schnittplätzen, Film-Kameras und so weiter. Immer geht es darum, dass verschiedene Geräte mit eigenen Laufwerken im Gleichtakt mit den anderen Geräten laufen, so dass beispielsweise der Ton vom Tonbandgerät synchron mit dem Bild des Videorecorders läuft. Gleichzeitiges Starten der einzelnen Maschinen genügt in keinem Fall, denn kein Gerät läuft so präzise, dass die beiden Maschinen nicht nach kurzer Zeit auseinanderlaufen würden. Die Geräte müssen also mechanisch oder elektronisch miteinander verzahnt werden.
An dieser Stelle soll es nur um die Synchronisation von MIDI-Sequenzer und Tonbandgerät gehen. Die verschiedenen genormten Protokolle für die Synchronisation sind aber aus der Film- und Fernsehtechnik übernommen oder daraus abgeleitet worden.

Der SMPTE-Timecode

"SMPTE" ist eine Abkürzung für den Berufsverband "Society of Motion Picture and Television Engineers", nach dem das wichtigste Synchronisationsprotokoll der Tonstudiotechnik benannt wurde. Der SMPTE-Timecode lässt sich als Audiosignal auf einer Spur eines analogen Tonbandgeräts aufzeichnen. Es ist zweckmäßig, den SMPTE-Timecode auf einer Randspur, also beispielsweise Spur 1 (oder Spur 16 beim 16-Spur-Gerät) aufzuzeichnen, denn im Falle eines Übersprechens auf die benachbarten Spuren kann man sonst das Signal hören. Eine etwaige Rauschunterdrückung sollte auf dieser Spur ausgeschaltet sein, da sie den Timecode stören kann. Nicht bei allen Tonbandgeräten lässt sich die Rauschunterdrückung für jede Spur separat schalten. Dieses Kriterium kann von entscheidender Bedeutung sein!
Im SMPTE-Timecode sind absolute Zeitinformationen enthalten, die vom musikalischen Tempo unabhängig sind. Sie teilen einen Zeitraum von 24 Stunden in Stunden, Minuten, Sekunden und "Frames" ein. Ein "Frame" entspricht einem Bild in Film und Fernsehen. Verschiedene Bildfrequenzen sind üblich. Deshalb kann man den SMPTE-Timecode oft auf 30, 29.97, 25 oder 24 Frames pro Sekunde einstellen.

"Master" und "Slave"

Die absolute Zeitinformation, die auf das Band geschrieben wird, hat gegenüber einem einfachen Taktsignal den großen Vorteil, dass die Maschine, die als "Slave" läuft, von sich aus die Zeitposition erkennen kann, zu der sie spulen muss, um aufzuschließen. "Slave" heißt das Gerät, das dem "Master" (dem Taktgeber) folgt. Als "Master" können auch einfache Geräte fungieren, wohingegen ein höherer Bauaufwand erforderlich ist, damit ein Gerät auch als "Slave" arbeiten kann.
Üblicherweise läuft ein Software-Sequenzer als Slave des Tonbandgeräts. Obwohl der Sequenzer die Synchronisationsimpulse des Tonbandgeräts empfängt, ist es denkbar, dass das Laufwerk die Laufwerksbefehle für "Play", "Stop", "Pause" sowie schnellen Vor- und Rücklauf vom Sequenzer empfängt. Bei der Arbeit hat man dann das Gefühl, der Sequenzer sei der Master.

Lock-Zeiten

Bedauerlicherweise kann jedes Slave-Gerät nur mit endlicher Geschwindigkeit an den Takt des Masters aufschließen. Die Wiedergabe des Sequenzers kann deshalb, nachdem das Tonbandgerät gestartet ist, nur mit einer gewissen Verzögerung einstarten. Diese Zeit muss bei jeder Aufnahme bei der Wahl der Startposition einkalkuliert werden. Bei der Synchronisation zweier Tonbandgeräte (auch: digitale Cassettengeräte) können die Lock-Zeiten mehrere Sekunden betragen. Bei einzelnen Tonbandmaschinen mit vielen Spuren entfällt diese Problematik – ein wesentlicher Komfort- und Geschwindigkeitsvorteil in der professionellen Musikproduktion. Die Synchronisation zweier Geräte kann auch unversehens fehlschlagen – eine Maschine startet dann überhaupt nicht.

Timecode-Generator und -Reader

Im einfachsten Fall kann der SMPTE-Timecode von einer speziellen CD stammen, die einfach einen solchen Code als Audiosignal abspielt. Zumeist verwendet man jedoch ein MIDI-Interface für den Computer, das mehrere MIDI-Ein- und Ausgänge sowie einen SMPTE-Ausgang und einen SMPTE-Eingang besitzt. Mehrere unabhängige MIDI-Ausgänge bedeuten, dass pro Leitung sechzehn unabhängige MIDI-Kanäle zur Verfügung stehen! Probleme mit einer zu geringen Anzahl von MIDI-Kanälen gehören damit der Vergangenheit an, ebenso Timing-Probleme in Folge zu langer MIDI-Thru-Ketten.
Ein solches MIDI-Interface kann also den SMPTE-Timecode erzeugen, der vom Tonbandgerät vor Beginn der ersten Auf-

nahme aufgezeichnet wird. Der Wiedergabeausgang dieser Spur wird direkt an den SMPTE-Eingang des Synchronizers (des MIDI-Interfaces) angeschlossen. So wird der Sequenzer nach der Bandmaschine synchronisiert.

Synchronisation per MIDI

Manche Tonbandgeräte, insbesondere digitale Cassetten-Systeme, können eine integrierte MIDI-Schnittstelle besitzen. Die große Fernbedienung "BRC" des Alesis-Adat-Systems ist beispielsweise ein aufwendiger Autolocator mit zahlreichen Zusatzfunktionen und MIDI-Schnittstelle. Damit können die Adats wahlweise als Master oder als Slave per MIDI synchronisiert werden. Dazu bedient man sich des "MIDI Timecode" (MTC), den ein moderner Sequenzer senden und empfangen können sollte. Der MIDI Timecode ist die MIDI-Variante des SMPTE-Timecodes und enthält dieselben Informationen wie der SMPTE-Timecode in der Form eines analogen Audiosignals. Die Synchronisation per SMPTE in der Form eines Audiosignals, das eine Spur belegt, entfällt dann.
Die Synchronisation zweier Sequenzer, beispielsweise die Synchronisation eines Rhythmusgeräts mit einem MIDI-Sequenzer, ist unnötig kompliziert und nicht mehr üblich. Deshalb ist der "MIDI Song Position Pointer", der statt absoluter Zeitinformationen codierte Taktpositionen überträgt, nicht mehr zeitgemäß. MIDI Clock vermag überhaupt keine absoluten Zeitinformationen zu übertragen. Die Synchronisation funktioniert deshalb nur dann, wenn die Wiedergabe (und Aufnahme) immer von Anfang an erfolgt.

8.9 MIDI-File-Player

Wenn es darum geht, live auf der Bühne Sequenzen abzuspielen, bieten sich so genannte MIDI-File-Player an. Sie geben Standard MIDI Files wieder, also MIDI-Sequenzen eines herstellerübergreifenden Datenformats. Solche Geräte sind nur selten mit nennenswerten Bearbeitungsfunktionen ausgestattet und besitzen zumeist nur einen einzigen MIDI-Ausgang. Manche Geräte dieser Art besitzen außer einem Diskettenlaufwerk auch ein Festplattenlaufwerk oder ein so genanntes "Flash Memory" als Speicherbaustein, so dass ein ganzer Konzertabend mit Hilfe käuflich erhältlicher MIDI Files und eigener Werke gestaltet werden kann. Manche MIDI-File-Player besitzen überdies eine integrierte Klangerzeugung oder sind Bestandteil eines Keyboards. MIDI-File-Player sind insbesondere bei Tanzmusikern populär. Im Studio sind MIDI-File-Player ebensowenig wie die in so genannten Workstation-Keyboards integrierten Hardware-Sequenzer erforderlich.

9 Mikrofone

9.1 Funktionsprinzip und Bauformen

Bei der Musikproduktion und bei Live-Musik werden fast ausschließlich dynamische Mikrofone und Kondensatormikrofone verwendet.
Im Studio verwendet man hochwertige Kondensatormikrofone für die meisten Instrumental- und Gesangsaufnahmen. Bei Schlagzeugaufnahmen, bei der Abnahme von Lautsprecherboxen (E-Gitarre) und insbesondere in Live-Situationen werden auch viele dynamische Mikrofone eingesetzt. Dynamische Mikrofone erweisen sich als mechanisch weniger empfindlich – man kann sie eher einmal fallenlassen, und sie vertragen einen Schlag mit dem Drumstick. Gegenüber Störgeräuschen sind sie weniger "hellhörig", erreichen aber dennoch eine uneingeschränkt studiotaugliche Qualität, wenn ihre gegenüber Kondensatormikrofonen zumeist schwächere Höhenwiedergabe erwünscht ist, was oft genug der Fall ist.
Solange man keine Orchester und keine Schlagzeuge aufzeichnen will, kann man mit sehr wenigen Mikrofonen auskommen, da die Spuren nacheinander aufgezeichnet werden. Bei überwiegend elektronischen Produktionen genügt oft ein einziges. Allerdings ist man schlecht beraten, an der Qualität des Mikrofons zu sparen.
Die Studio-Szene bleibt bemerkenswert alten Mikrofontypen treu, die zum Teil schon seit Jahrzehnten auf dem Markt sind. Zu den beliebtesten Kondensatormikrofonen im Studio zählt das Neumann U 87. Das erfolgreichste dynamische Mikrofon, noch heute Standard bei Live-Gesang, ist das Shure SM 58.

9.2 Dynamische Mikrofone

Wie das der Lautsprecher basiert das Funktionsprinzip der dynamischen Mikrofone auf der elektromagnetischen Induktion. Wenn eine Leiterschleife (Spule) in einem Magnetfeld bewegt wird, wird in der Spule eine Spannung induziert. Wenn andererseits durch die Spule, die sich in einem Magnetfeld befindet, ein Strom fließt, bewegt sich die Spule – so bewegt die Spule eines Lautsprechers die an ihr befestigte Membran.
An der Membran eines dynamischen Mikrofons ist also eine Spule befestigt, die sich in dem Magnetfeld eines Permanent-Magneten bewegt. Die Spannung zwischen den beiden Enden der Spule verhält sich analog zum Luftdruck.

Dynamische Mikrofone vertragen sehr hohe Schalldrücke und können diese verzerrungsarm übertragen. Die Masse der Membran ist jedoch größer als die der Kondensatormikrofon-Membranen, wegen der Masseträgheit ist die Impulswiedergabe nicht ganz so gut. Der Frequenzgang der Amplitude ist zumeist nicht ganz so gerade wie der von Kondensatormikrofonen.
Die gelegentlich geäußerte Empfehlung, die Wahl des Mikrofons besonders auf die individuelle Stimme einer Sängerin oder eines Sängers abzustimmen, erscheint zweifelhaft, denn grundsätzlich ist die lineare Übertragung des gesamten Frequenzbereichs erwünscht – es sei denn, man will Spezialeffekte erzielen.

Wirksamer als die Wahl eines speziellen Mikrofons oder der grobe Einsatz von Equalizern ist die Arbeit an einer guten Gesangstechnik, wenn Intonation und Klang des Gesangs nicht zufrieden stellen. Vor jeder Gesangsaufnahme sollte die Sängerin/der Sänger Atemübungen durchführen und sich gut einsingen. Das gilt für Rock- und Popsänger nicht weniger als für die "klassischer" intonierenden Musical- und Belcanto-Sänger.

9.3 Kondensatormikrofone

Die Membran eines Kondensatormikrofons bildet gemeinsam mit einer unbeweglichen Gegenelektrode die beiden Platten eines elektrischen Kondensators, dessen Kapazität vom Abstand beider Platten abhängt. Da die Membran im Takt des Schalls schwingt, ändert sich die Kapazität des Kondensators analog – und Strom fließt analog zum Schall.

Das abgebildete Neumann M 147 Tube ist ein Großmembran-Kondensatormikrofon mit einem Impedanzwandler in Röhrentechnik. Unter dem Korb ist das Symbol der Richtcharakteristik Niere eingraviert. Die eleastische Aufhängung ("Spinne") hält Körperschall von der Kapsel fern. Mit seinem warmen Röhrenklang ist es als anspruchsvolles Haupt-Gesangsmikrofon prädestiniert.

Die Masse der mit Metall beschichteten Membran ist besonders gering. Wegen ihrer geringen Trägheit ist die Impulswiedergabe von Kondensatormikrofonen besonders gut.
Der Kondensator muss elektrisch geladen sein – deshalb benötigen Kondensatormikrofone eine Versorgungsspannung. Kondensatormikrofone enthalten kleine Verstärkerstufen für die Anpassung der Kapselimpedanz und des Pegels, die so genannten Impedanzwandler. Auch für diese wird die Spannungsversorgung benötigt.

Transformatoren in Kondensatormikrofonen

Bei der Konstruktion von Kondensatormikrofonen setzen sich zunehmend Konzepte ohne Transformator im Impedanzwandler durch, denn diese können höhere Schalldrücke verzerrungsfrei übertragen. Es ist konstruktiv anspruchsvoller, bei elektronisch symmetrierten Mikrofonen eine ebenso gute Symmetrie des Signals zu erzielen wie bei der Verwendung von Übertragern (Trafos). Die Trafos wirken als Bandpässe, bieten jedoch ebenfalls sehr gute Frequenzgänge. Ob mit oder ohne Trafo – das Mikrofon kann so oder so von exzellenter Qualität sein.

Phantomspeisung

Kondensatormikrofone werden im Studio mit Hilfe von XLR-Kabeln angeschlossen, die eine symmetrische Signalführung gestatten. Lange Kabelstrecken sind dann unproblematisch. Die Spannungsversorgung erfolgt heute durch die so genannte "Phantomspeisung" von 48 Volt, die am Mischpult zentral, in Gruppen oder für jeden einzelnen Mikrofoneingang getrennt geschaltet werden kann. Der Anschluss dynamischer Mikrofone an Kanäle mit Phantomspeisung führt nicht zu Beschädigungen. Das gilt allerdings nicht für die veraltete Tonaderspeisung, und auch nicht, wenn man falsch gepolte Kabel verwendet. Im Zweifelsfall schaltet man auch die Phantomspeisung lieber aus.

Der Anschluss unsymmetrischer und Line-Signale an die XLR-Buchsen kann bei eingeschalteter Phantomspeisung Defekte verursachen. Vorsicht ist bei der Verwendung von Adapterkabeln von Klinke oder Cinch auf XLR-männlich geboten!

Elektret-Kondensatormikrofone

Bei manchen Kondensatormikrofonen wird die elektrische Vorspannung der Membran beziehungsweise ihrer Gegenplatte nicht durch die Phantomspeisung, sondern durch eine Permanentladung erzielt. Dazu dient ein so genanntes Elektret; Dabei handelt es sich um einen Kunststoff, der permanent elektrische Ladungen halten kann – zumindest über viele Jahre. Eine Spannungsversorgung für den Impedanzwandler wird nach wie vor benötigt. Daher werden Elektret-Kondensatormikrofone entweder ebenfalls mit Phantomspeisung – oft genügen 12 Volt, aber auch 48 Volt werden akzeptiert – oder mit einer Batterie gespeist. Batteriegespeiste Mikrofone sind in der Musikproduktion nicht gebräuchlich, wohl aber phantomgespeiste Elektret-Kondensatormikrofone wie das Shure SM 87 oder Beta 87. Elektret-Kondensatormikrofone lassen sich wesentlich billiger produzieren als konventionelle Kondensatormikrofone, sind wegen der größeren Dicke der Elektretmembran aber oft qualitativ leicht unterlegen. Die qualitativen Unterschiede fallen so gering aus, dass manches Elektret-Mikrofon manches konventionelle Kondensatormikrofon übertrifft. Die Elektret-Bauweise ist insbesondere bei Kleinmembranmikrofonen und in der Hand gehaltenen Mikrofonen verbreitet.

9.4 Richtwirkung und Frequenzgang

Bei den Bauformen der Mikrofonkapsel unterscheidet man Druckempfänger und Druckgradientenempfänger. Der Druckempfänger misst den Schalldruck, der Druckgradientenempfänger die Druck-Differenz des aus verschiedenen Öffnungen eintretenden Schalls. Der Druckgradientenempfänger kann verschiedene Richtwirkungen besitzen, die die Form einer Niere (Cardioid), der sogenannten Hyperniere, einer Acht oder einer Keule einnehmen. Das heißt, dass diese Mikrofone bevorzugt Schall aus bestimmten Richtungen "hören". Druckempfänger besitzen eine Kugelcharakteristik, das heißt, dass das Mikrofon auf Schall aus allen Richtungen gleichermaßen reagiert. Bei der Aufnahme ist fast immer eine gewisse Richtwirkung erwünscht.

Die hinteren Öffnungen des Korbs eines Mikrofons dürfen nicht verdeckt werden, etwa durch die Handhaltung eines Sängers, der live sein Mikrofon in der Hand hält. Dadurch verliert das Mikrofon seine Richtcharakteristik und wird besonders empfindlich gegen akustische Rückkopplungen. Außerdem verändert sich der Klang.

Hochwertige Studiomikrofone übertragen in etwa den Frequenzbereich von 40 Hz bis 20 kHz mit einer Toleranz von etwa ±2 dB. Manche Mikrofone reichen freilich auch tiefer hinab. Kondensatormikrofone sind dynamischen Mikrofonen tendenziell überlegen.

Nieren-, Hyper- und Supernierencharakteristika

Die Richtwirkung von Mikrofonen wird in Diagrammen angegeben, in denen so genannte Isobaren die Linien gleicher Empfindlichkeit darstellen. Isobaren kennt man auch von der Wetterkarte. Bei den Richtdiagrammen für Mikrofone sind allerdings nicht Linien gleichen Luftdrucks, sondern Linien gleichen Schallwechseldrucks dargestellt, die nötig sind, um aus den verschiedenen dargestellten Einfallsrichtungen zu einem konstanten Pegel am Mikrofonausgang zu führen. Aus den nierenförmigen Isobaren eines Mikrofons mit Nierencharaktersitik ist ersichtlich, dass man von hinten sehr viel näher ansprechen müsste als von vorn, um den gleichen Ausgangspegel zu erzielen – das Mikrofon hat eine Richtwirkung. Bei der Hyperniere und der engeren Superniere ist die Empfindlichkeit nicht genau von hinten am geringsten, sondern von schräg hinten. Dadurch wird mehr rückwärtig eintreffender Schall bedämpft. Bei der Aufstellung von Live-Mikrofonen ist zu beachten, dass die Monitorbox aus der Richtung der geringsten Empfindlichkeit des Mikrofons schallen soll, um die Mitkopplung weitgehend zu unterdrücken. Je einfacher die Richtcharakteristik, desto linearer fällt oft der Frequenzgang aus. Die Nierencharakteristik heißt auf englisch "cardioid". Die Richtwirkung soll möglichst frequenzunabhängig ausfallen.

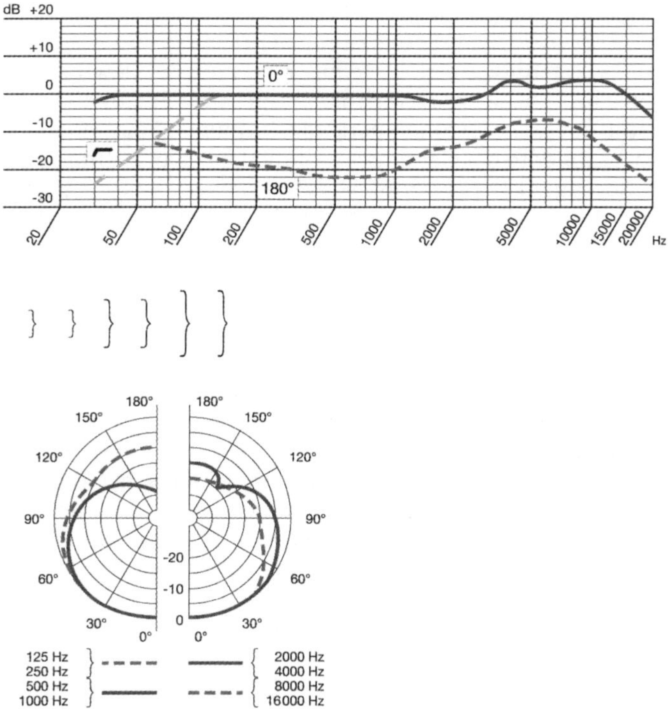

Frequenzgänge und Richtdiagramm (Polar Pattern) des AKG C 4000 B bei gewählter Richtwirkung Niere. Die gestrichelte untere Linie des Frequenzgangdiagramms stellt den Frequenzgang bei Ansprache von hinten, also von der falschen Seite, dar. Auch die Auswirkung des integrierten Hochpassfilters gegen Trittschall ist dargestellt. Das Richtdiagramm stellt die Richtcharakteristik für verschiedene Frequenzen dar. Bei 2 kHz tendiert die Richtwirkung zur Hyperniere (rechte Hälfte der Darstellung).

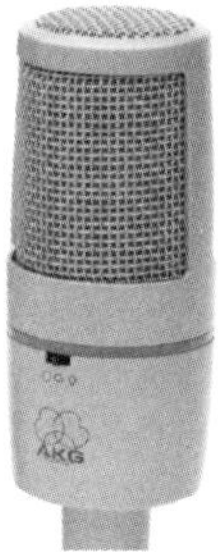

Das AKG C 4000 B, dessen Datenblätter hier abgebildet sind, ist ein Großmembran-Kondensatormikrofon mit umschaltbarer Richtcharakteristik (Kugel, Niere, Hyperniere). Es ist für Gesangs- und Instrumentalaufnahmen gleichermaßen geeignet.

Sparsam entzerren

Tonmeister sind zumal bei Gesang bestrebt, an möglichst weniger Stellen der Signalkette einen Equalizer einzusetzen. Man versucht, ohne Klangregelung aufzunehmen, und auch bei der Wiedergabe beziehungsweise der Abmischung nach Möglichkeit nichts mehr korrigieren zu müssen. Eine größere Auswahl an guten Mikrofonen erlaubt eine Anpassung der gewünschten Eigenklanglichkeit des Mikrofons an die aufzunehmende Stimme oder das aufzunehmende Instrument. Diese Pedanterie ist insbesondere bei Gesangsaufnahmen nachvollziehbar, denn der Gesang bleibt bis zum Endverbraucher stets im Vordergrund der Mischung, und selbst der ungeübte Hörer kann die Natürlichkeit des Stimmklangs gut beurteilen. Die Mikrofone gelten deshalb als die Kronjuwelen eines jeden Tonstudios. Alle Mikrofone enthalten ihrerseits Filterschaltungen, etwa zur Kompensation des so genannten Nahbesprechungseffekts. Wenn das Budget begrenzt ist, erzielt man aber auch sehr gute Resultate, wenn man mit nur einem Großmembran-Kondensatormikrofon aufnimmt, dessen Frequenzgang sehr linear und dessen Höhenwiedergabe bis nach 20 kHz gut sein sollte. Bei der Abmischung lässt sich insbesondere mit vollparametrischen digitalen Entzerrern des Harddiskrecorders sehr gut nachträglich korrigieren. Die Tiefenwiedergabe ist weniger bedeutend, da man unter 100 Hz sehr unauffällig mit Filtern korrigieren kann.
Der Frequenzgang ist bei allen Mikrofonen mit einer anderen als Kugelcharakteristik immer auch abhängig von der Einfallrichtung. Hier unterscheiden sich Mikrofone mit ähnlichen technischen Daten ganz eklatant, denn die Frequenzgangangaben beziehen sich immer auf die Beschallung von vorne. Angaben zum so genannten "Diffusfeld-Frequenzgang", also zum Frequenzgang bei der Beschallung aus anderen Richtungen, sind seltener. Nicht zuletzt deshalb ist die Mikrofonie eine Art Geheimwissenschaft.

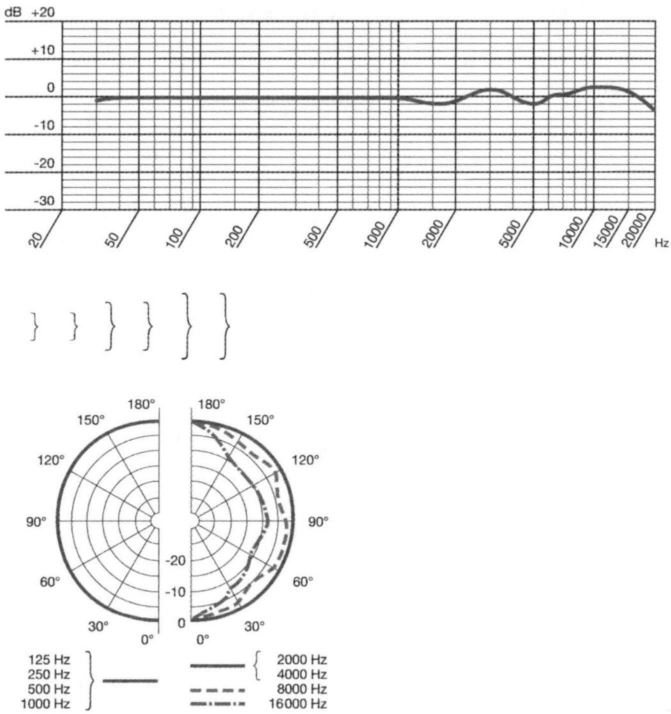

Bei Kugelcharakteristik ist der Frequenzgang vieler Mikrofone linearer, so auch der des AKG C 4000 B.

Eine Stärke von Kleinmembranmikrofonen ist relative Richtungsunabhängigkeit des Frequenzgangs. Da die kleine Membran weniger Spannung liefert und deshalb stärker vorverstärkt werden muss, ist es zwar schwieriger, Kleinmembran-Kondensatormikrofone mit ebenso guten Werten wie denen von Großmembran-Kondensatormikrofonen zu bauen; Der Vorteil der kleinen Membran besteht jedoch oft darin, dass der Klang seitlich eintreffenden Schalls weniger stark eingefärbt wird. Wenn der Anteil von Schall aus dem so genannten Diffusfeld hoch ist, wenn also nicht nah mikrofoniert wird, setzt man bevorzugt Kleinmembranmikrofone ein. Das gilt immer dann, wenn der Raumanteil hoch sein soll, bei Instrumenten mit sehr großen schallabstrahlenden Flächen (Flügel) sowie bei Stereo-Mikrofonverfahren wie der X/Y-Mikrofonie.

Auf die Anschaffung eines Großmembran-Kondensatormikrofons für Gesang und einzelne, nah abgenommene Instrumente folgt deshalb oft die Anschaffung zweier Kleinmembran-Kondensatormikrofone (umschaltbar oder mit Nierencharakteristik), für Stereomikrofonierungen (etwa Drum-Overhead) oder andere Aufnahmen mit mehr Raumanteil (akustische Gitarre).

9.5 Der Abstand zur Schallquelle

Musikinstrumente und Gesang haben eine frequenzabhängige Richtwirkung: Unterschiedliche Frequenzbereiche werden in unterschiedliche Richtungen abgestrahlt. So fungieren die Nasenlöcher der Sängerin oder des Sängers als kleine Bassreflexrohre und strahlt die tieferen Frequenzen nach unten ab. Aus dem Mund strahlen die hohen Mitten und die Höhen, wie man leicht nachvollziehen kann, wenn man mit zugehaltener Nase spricht. Dementsprechend kann man durch Positionierung und Ausrichtung des Mikrofons den Klang regeln.
Jürgen Meyer diskutiert ausführlich das Abstrahlverhalten von Musikinstrumenten (siehe Literaturhinweise, Seite 229). Ein Experimentieren mit der Mikrofonposition führt ebenso zum Ziel. Es lohnt sich, hier genau zu sein, Zeit und Mühe zu investieren. Bedenken Sie, dass die Wellenlänge bei 2 kHz 17 cm beträgt (bei 20 kHz 17 Millimeter) und dass ein Viertel Wellenlänge den Klang entscheidend ändern kann. Hören Sie das Mikrofon mit dem Kopfhörer ab, und rücken Sie es hin und her. Der Klang ändert sich.

Besondere Brisanz erhält die Frage der Mikrofonposition bei der Verwendung mehrerer Mikrofone. Bei mehreren Mikrofonen an unterschiedlichen Positionen treten Kammfiltereffekte auf, die den Klang stark färben. Meistens meidet man deshalb zu viele Mikrofone. Oft lassen sich jedoch gerade diese Effekte ergiebig ausnutzen, etwa wenn bei Gitarrensounds weniger die Natürlichkeit im Vordergrund steht als vielmehr eine interessante Klangfarbe.

Bei der Frage, in welchem Abstand zur Schallquelle das Mikrofon zu platzieren ist, spielen Hallradius und Richtentfernung, bei Gesang das Problem des Poppens, der Nahbesprechungs- sowie der Druckstaueffekt eine Rolle.

Hallradius und Richtentfernung

Schall wird an allen Flächen des Raumes, an Wänden, Decken, Fußboden und allen Gegenständen im Raum teils reflektiert, teils absorbiert. Die Reflektion und Absorption ist frequenzabhängig und hängt von Gestalt und Material ab. Innerhalb des Hallradius, im so genannten Nahfeld, überwiegt der Pegel des Direktschalls einer Schallquelle den gesamten reflektierten Schall. Der Bereich außerhalb des Hallradius heißt Diffusfeld. Hier überwiegt der Reflektionsschall. Unser Gehirn vermag aufgrund der Stereophonie unseres Hörens und aufgrund von Laufzeitunterschieden Schallquellen gut zu lokalisieren und Sprache gut zu verstehen, obwohl viel Reflektions- und Störschall die Deutlichkeit des Signals vermindert. Man täuscht sich leicht, wie klein der Hallradius in Wohn- und Studioräumen ist. Er kann sehr variieren, je nach Größe des Raumes und nach Beschaffenheit der Flächen. Typisch für einen Studioraum wäre ein Hallradius, den ein Sänger mit ausgestrecktem Arm beschreibt. Steht das Mikrofon weiter entfernt, dominiert der Reflektionsschall. Der Pegel des Reflektionsschalls ist überall im Raum in etwa gleich. Der Klang ist, wenn das Mikro im Diffusfeld platziert wird, hallig und diffus. Bei Stereomikrofonierungen wirkt das womöglich angenehm räumlich, aber tendenziell unklar. Die Richtwirkung des Mikrofons arbeitet der Richtwirkung der Schallquelle zu. Dieser Effekt ist allerdings nicht zu überschätzen. Die so genannte Richtentfernung eines gerichteten Mikrofons ist zwar etwas größer als der Hallradius, hält sich aber ebenfalls in engen Grenzen.

Man kann den Hallradius durch Aufhängen von Textilien und Auslegen von Teppichen vergrößern. Raumanteile mit aufzunehmen ist klanglich reizvoll und oft geboten. Im Regelfall sind jedoch eher "trockene" Spuren erwünscht. Diese kann man leicht nachträglich verhallen, wohingegen das Entfernen von Hall aus einer Aufnahme praktisch unmöglich ist. Bei Solo-Gesangsaufnahmen wird das Mikrofon klar innerhalb des Hallradius platziert. Sein Abstand wird jedoch so gewählt, dass Poppgeräusche, Nahbesprechungs- oder Druckstaueffekte nicht störend in Erscheinung treten. Die natürliche Kopfbewegung Bewegung der Sängerin bzw. des Sängers soll sich nicht in Pegelschwankungen äußern.

Poppgeräusche

Wenn Sie ein Blatt Papier lose vor Ihren Mund halten und einige Konsonanten aussprechen, werden Sie sofort feststellen, dass der Laut "p" mit einer Druckwelle einhergeht, die die Papiermembran weit stärker ausschlagen lässt als alle anderen Konsonanten, geschweige denn Vokale. Dieser Druckimpuls ist überwiegend nach vorne gerichtet. Spricht man direkt in ein Mikrofon, wird die Mikrofonmembran wie das Papier schlagartig maximal ausgelenkt und kann der Bewegung nicht mehr richtig folgen. Das Mikrofon "poppt". In der Hand gehaltene Vokalmikrofone werden daher auf der Höhe des Kinns oder darunter schräg nach oben gerichtet. So nehmen sie auch die Bassanteile der Nase gut ab. Der Druckimpuls des Explosivlauts "p" verfängt sich im Schaum-Poppschutz eines in der Hand gehaltenen Gesangsmikrofons. Bei Studio-Gesangsaufnahmen verwendet man einen Rahmen mit gespannter Gaze als Poppschutz. Dieser dämpft die Höhen weitaus weniger als ein Schaumstoff.

Routinierte Sängerinnen und Sänger sind bemüht, die Explosivlaute vorsichtig zu intonieren.

Nahbesprechungseffekt

Mikrofone mit Richtwirkung heben die Bässe an, wenn man sie nah anspricht. Um die Physik zu verstehen, muss man ein paar Mal um die Ecke denken:
Für Druckgradientenempfänger, also für alle Mikrofone mit einer anderen Richtcharakteristik als der Kugel, gilt: Wenn 1. die Wellenlänge der Schallwellen sehr lang gegenüber der Größe der Mikrofonkapsel wird, und 2. die Schallwellen nicht in einer parallelen Wellenfront (wie bei weiter entfernten Schallquellen), sondern gekrümmt (wie bei einer nahen Schallquelle) an der Kapsel eintreffen, funktioniert der Druckausgleich zwischen den rückwärtigen und den vorderen Öffnungen des Korbes nicht mehr so, wie für kürzere Wellenlängen (höhere Frequenzen) und weiter entfernte Schallquellen (parallel eintreffende Wellenfronten) vorgesehen. Bei allen Mikrofonkapseln mit Richtwirkung ist die Basswiedergabe schwach, es sei denn, die Schallquelle ist nah. Um die schwache Basswiedergabe zu kompensieren, verfügen Mikrofone über eine integrierte elektrische Bassanhebung. Bei manchen Mikrofonen lässt sich diese Bassanhebung durch schaltbare Hochpassfilter vermindern. Diese Bassanhebung bedingt wiederum, dass die Bässe stark abgehoben werden, wenn die Schallquelle nah ist.
Dieses Phänomen heißt "Nahbesprechungseffekt", oder auf englisch "Proximity Effect".
Sänger nutzen den Nahbesprechungseffekt bei leisen Passagen. Auch bei der Mikrofonierung von Instrumenten ist dieser Effekt zu berücksichtigen – am besten geht man experimentell vor. Bei Druckempfängern (Kugelcharakteristik, auch Grenzflächenmikrofone mit Halbkugelcharakteristik) tritt der Nahbesprechungseffekt nicht auf.

Der Nahbesprechungseffekt ist bei verschiedenen Mikrofontypen unterschiedlich stark ausgeprägt. Beim Kauf eines Bühnen-Gesangsmikrofons sollte man ausprobieren, ob der grundsätzlich erwünschte Effekt so ausfällt wie gewünscht oder ob er womöglich zu aufdringlich erscheint.

Druckstaueffekt

Bei nicht gerichteten Mikrofonen, also Druckempfängern mit Kugelcharakteristik, bildet sich durch die Reflektion des Schalls an der Membran ein Druckstaueffekt. Dieser kommt, da die Fläche der Membran klein ist, nur bei hohen Frequenzen zum Tragen und bewirkt eine Anhebung der hohen Frequenzen, wenn das Mikrofon nah besprochen wird (bei nahen Schallquellen). Mikrofone mit Kugelcharakteristik sind entweder freifeldentzerrt oder diffusfeldentzerrt – oft kann man zwischen beiden Modi auch umschalten. In beiden Fällen kompensieren Filter den Effekt der Nahbesprechung. Diffusfeldentzerrte Kugelmikrofone sind in den Höhen bedämpft, damit sie bei Nahbesprechung so klingen, als würden sie von weitem besprochen werden. Bei nahfeldentzerrten Mikrofonen verhält es sich umgekehrt.

Bei den überwiegend verwendeten Mikrofonen mit Richtwirkung, den Druckgradientenempfängern, tritt der Druckstauffekt nicht auf.

9.6 Handgehaltene Mikrofone

Die Mikrofonhersteller sind stets bestrebt, dem Kunden plausibel darzustellen, dass es für unterschiedliche Anwendungen grundsätzlich unterschiedlicher Mikrofone bedarf. So sinnvoll eine große Auswahl an Mikrofonen ist, so ähnlich und vom Einsatzzweck unabhängig sind jedoch die tatsächlichen technischen Anforderungen an Mikrofone – gleich, ob es um die Abnahme von Bläsern, Streichern, Schlagzeug, Gitarrenlautsprechern oder Gesang geht. In der Hand gehaltene Gesangsmikrofone werden bei Live-Konzerten benötigt. Sie sind in Nieren- oder Hypernierencharakteristik sowie als dynamische, Kondensator- oder Elektret-Kondensatormikrofone erhältlich.

Das abgebildete Neumann KMS 105 ist eines der besten kabelgebundenen in der Hand gehaltenen Mikrofone. Es verfügt über eine konventionelle Kleinmembran-Kondensatorkapsel mit der Richtcharakteristik Niere. Sein Poppschutz besteht aus mehreren Gazen und feinen Gittern und kommt ohne Schaumstoff aus. Obwohl als Live-Mikrofon konzipiert, ist es auch für Gesangsaufnahmen im Studio geeignet.

In der Hand gehaltene Mikrofone verfügen über stabile, größere Körbe mit integriertem Poppschutz. Ein mit Gaze bespannter Rahmen, wie er im Studio zwischen Großmembranmikrofon und Sänger/in aufgebaut wird, bietet sich live naturgemäß nicht an. Als Poppschutz dient bei in der Hand gehaltenen Gesangsmikrofonen zumeist ein Schaumstoff und/oder mehrere Lagen von Gazen und Gittern mit unterschiedlichen Maschenweiten. Insbesondere der Schaumstoff geht leicht zu Lasten der Höhenwiedergabe und Deutlichkeit. Ansonsten kann man solche Mikrofone ohneweiteres auch im Studio einsetzen. Die Aussteuerbarkeit dieser Mikrofone erlaubt einen Einsatz auch vor der Gitarrenbox oder am Schlagzeug. Nur in der Öffnung der Bass Drum sind die Schalldrücke so hoch, dass man vom Einsatz eines solchen Mikrofons absehen sollte.

Grenzflächenmikrofon Beyerdynamic Opus 51 (links, ganz links im Vordergrund der XLR-Stecker), Elektret-Kleinmembran-Kondensatormikrofon Opus 83 (Mitte) und handgehaltenes dynamisches Gesangsmikrofon Opus 63 (rechts).

9.7 Grenzflächenmikrofone

Grenzflächenmikrofone sind Kondensatormikrofone, die zumeist nach dem Druckempfängerprinzip aufgebaut sind. Sie besitzen ein sehr flaches Gehäuse und werden direkt an einer Wand angebracht. Dadurch, dass das Mikrofon bündig mit der reflektierenden Wand abschließt, treffen keine verzögerten Reflektionen der Wand beim Mikrofon ein. Dadurch bleiben Probleme mit Phasenverschiebungen und Raumresonanzen (stehenden Wellen) weitgehend aus. Die Wand muss eine ausreichend große Fläche besitzen, damit tiefe Frequenzen verzerrungsfrei übertragen werden können. Unter günstigen Voraussetzungen besitzen Grenzflächenmikrofone einen ausgesprochen geradlinigen Frequenzgang der Amplitude. Die Richtcharakteristik hat zumeist die Form einer Halbkugel. Mit zwei an einer Wand angebrachten Grenzflächenmikrofonen lassen sich sehr gute Stereoaufnahmen herstellen.

Obwohl eine naturgetreue Wiedergabe bei dieser Form der Mikrofonierung gar nicht zu erwarten ist, bewährt es sich bei der Live-Abnahme eines Flügels, ein Grenzflächenmikrofon auf der Innenseite des geöffneten Deckels anzubringen. Grenzflächenmikrofone bewähren sich bei verschiedenen Beschallungseinsätzen.

9.8 Schlagzeugmikrofone

Bei der Mikrofonierung eines Schlagzeugs stellt sich die Frage, ob der natürliche Eigenklang des Schlagzeugs gefragt ist oder ob man den Klang jedes Schlagzeuginstruments einer individuellen Bearbeitung mit Hilfe der Klangregelung und diversen Effekten zuführen will. Ist ersteres erwünscht, genügt grundsätzlich eine Overhead-Mikrofonierung mit zwei Kleinmembran-Kondensatormikrofonen, unterstützt duch die Abnahme der Kick Drum (Bass Drum) und womöglich der Snare Drum. Je weniger Mikrofone beteiligt sind, desto weniger laufzeitbedingte Phasenverschiebungen treten zwischen den Signalen der einzelnen Mikrofone auf, es gibt keine Kammfilterverzerrungen, und der Klang profitiert. Live, wenn der umgebende Geräuschpegel zu hoch ist, und im Studio, wenn jede Trommel individuell klanglich bearbeitet werden soll, ist man auf nahes Mikrofonieren ("Close Miking") praktisch jeder Trommel angewiesen. Dieses Verfahren wurde bei den aufwendigen, aber unnatürlichen Schlagzeugsounds von Rockproduktionen der achtziger Jahre auf die Spitze getrieben. Diese Mikrofonierungen erfordern den großzügigen Einsatz von Gates in jedem Kanal, damit das Mikrofon nur dann zu hören ist, wenn die mikrofonierte Trommel angeschlagen wird. Die anderen Schlagzeuginstrumente sind naturgemäß ebenfalls sehr präsent, führen aber bei einer Wiedergabe durch viele Mikrofone gleichzeitig zu einem sehr verwaschenen Klangbild. Das Gate vermeidet diesen Effekt; Allerdings ist der Threshold des Gates sehr schwer zu justieren, da die Dynamik des Schlagzeugs so hoch ist. Das Gate muss daher frequenzselektiv reagieren. Dazu dienen Bandpassfilter im Seitenweg (Side Chain) des Gates.

Bass Drum

Bei der Abnahme der Bass Drum (auch: "Kick Drum") im Inneren der Trommel oder an der engen Öffnung des rückseitigen Fells entstehen hohe Schalldrücke. Deshalb sollte hier ein hoch aussteuerbares Mikrofon zum Einsatz kommen, das auch Schalldrücke von über 140 dB(SPL) gut verkraftet. Dies gilt für die meisten dynamischen Mikrofone, aber auch für manches Kondensatormikrofon. Es gibt spezielle Bass-Drum-Mikrofone mit überaus krummen Frequenzgängen, der zwar keinen natürlichen, aber doch einen oft erwünschten Bass-Drum-Sound liefern, der mit dem EQ intensiv nachbearbeitet wird.

Snare Drum

Die Snare wird oft von oben und unten gleichzeitig abgenommen. Unten schnarrt der Teppich, und dessen Anteile werden gut mit einem Kondensatormikrofon abgenommen. Sehr kleine Kondensator-Lavaliermikrofone, die an den Reifen (Rim) geklemmt werden, leisten bei Snare und Toms gute Dienste. Die klassische Variante der Snare-Abnahme: Ein schräg von oben auf das obere Trommelfell gerichtetes dynamisches Mikrofon wie das Shure SM 57. Der Vorteil bei der Verwendung eines solchen Mikrofons ist die Schlagfestigkeit des Mikrofons selbst. Gute Dienste leisten wegen ihrer guten Kanaltrennung bei der Abnahme der Snare und der Toms auch Interferenz-Richtrohrmikrofone, die sowohl von oben wie von unten auf die Trommel gerichtet werden können.

9.9 Richtmikrofone

Mikrofone mit keulenförmiger Richtcharakteristik sind als Reportage- und Beschallungsmikrofone gebräuchlich, insbesondere auch bei Außenaufnahmen für Film und Fernsehen, wo sie an so genannten Angeln montiert werden und oft mit großen, flauschigen Windschutzeinrichtungen gegen Windgeräusche abgeschirmt werden. Die starke Dämpfung seitlich eintreffenden Schalls beruht auf einem Interferenzeffekt. Vor dem Wandler befindet sich ein längeres Rohr, das seitlich geschlitzt ist. Die durch die Schlitze eindringenden Schallwellen löschen sich gegenseitig durch Interferenz aus. Das gilt nicht für die direkt von vorne eintreffenden Schallwellen. Die Richtwirkung der Interferenz-Richtrohrmikrofone ist nicht ausreichend frequenzunabhängig, um ihren Einsatz bei Musikproduktionen attraktiv erscheinen zu lassen. Nützlich sind Richtrohrmikrofone dennoch bei der Schlagzeugabnahme (einzelne Trommeln), da eine ausreichende Kanaltrennung hier besonders schwer zu erzielen ist. Die tiefste noch keulenförmig gerichtete Frequenz hängt von der Länge des Interferenzrohrs ab. Damit auch tiefe Frequenzen gerichtet übertragen werden, muss das Rohr sehr lang sein.

9.10 Mikrofonverfahren

Die Aufstellung der Mikrofone unter Berücksichtigung ihrer Richtwirkung wirkt sich im Allgemeinen stärker auf den Klang aus als die Wahl der Mikrofontypen. Das gilt insbesondere für die Mikrofonierung von Schlagzeugen, Flügeln und Lautsprechern.

Instrumental- und Gesangsaufnahmen werden in der Regel mit nur einem Mikrofon pro Spur aufgenommen. Mit dem Zusammenmischen mehrerer Mikrofone kann man sich sehr leicht störende Phaseneffekte einhandeln. Die Phaseneffekte kann man sich aber auch zu Nutze machen, etwa um den Klang einer elektrischen Gitarre zu färben, wenn man diese sowohl direkt elektrisch als auch mit dem Mikrofon abnimmt.

Stereo-Mikrofonverfahren

Stereoaufnahmen werden mit zwei Mikrofonen oder mit Stereomikrofonen durchgeführt, deren zwei Kapseln in einem Mikrofongehäuse stattfinden. Man unterscheidet Laufzeit- und Intensitätsstereophonie – sowie Kombinationen beider Verfahren.

Laufzeitstereophonie

Bei der so genannten A/B-Stereophonie werden zwei Mikrofone mit Kugelcharakteristik, also ohne Richtwirkung, in einem Abstand von 17 cm oder mehr aufgestellt. 17 cm gelten als durchschnittlicher Ohrabstand. Bei diesem Abstand erreicht man eine große räumliche Tiefe. Die Stereophonie beruht allein auf den Laufzeitunterschieden der Signalanteile, die umso größer ausfallen, je weiter seitlich die Einfallsrichtung des Schalls ist. Mischt man beide Signale mono zusammen, erfolgen frequenzabhängige Phasenauslöschungen (Kammfiltereffekte). Daher ist die Laufzeitstereophonie nur bedingt monokompatibel. Aus diesem Grunde vermeidet man Laufzeitstereophonie bei Aufnahmen, die im Fernsehen oder im Radio wiedergegeben werden sollen, wo der Endverbraucher oft mono oder annähernd mono hört.

Bei Stereomikrofonverfahren ist der Abstand beider Mikrofone nicht zu groß zu wählen – nicht bei Laufzeitstereophonie und schon gar nicht bei Intensitätsstereophonie.

Intensitätsstereophonie

Bei der X/Y-Stereophoniewerden zwei Nieren- oder Hypernierenmikrofonkapseln in unmittelbarer Nähe zu einander aufgebaut – so, dass sich die Körbe fast berühren. In Winkeln von 45° bis 60° werden beide Mikrofone voneinander abgerichtet. Jeglicher Schall trifft bei beiden Mikrofonen in Phase ein; es gibt keine Laufzeitdifferenzen. Deshalb heißt die Intensitätsstereophonie auch "Koinzidenzstereophonie", und Stereomikrofone heißen auch "Koinzidenzmikrofone". Die Stereophonie beruht allein auf der unterschiedlichen Richtwirkung der Mikrofone. Seitliche Schallquellen werden bevorzugt von dem ihnen zugerichteten Mikrofon übertragen. Ihr Pegel (ihre Intensität) ist in dem betreffenden Kanal höher. Der besondere Vorzug der Intensitätsstereophonie liegt in der hohen Mono-Kompatibilität, da bei Monomischungen keine Interferenzeffekte auftreten.
Eine besonders monokompatible Variante der Intensitätsstereophonie ist die M/S-Stereophonie. Beim "Mitte/Seite"-Verfahren wird ein Nierenmikrofon direkt nach vorne gerichtet. (Auch die Verwendung eines Mikrofons mit Kugelcharakteristik ist möglich.) Diese Mikrofon wird zu gleichen Teilen auf beide Kanäle gemischt (mittlere Panoramaposition). Das Signal eines quer dazu platzierten Mikrofons mit der Richtcharakteristik in der Form einer 8 wird auf den linken Kanal gemischt und in der Phase gedreht zugleich mit demselben Pegel auf den rechten Kanal gegeben. Gibt man die Stereomischung mono wieder, löschen sich die linken und rechten Seiten des Achtermikrofons gegenseitig aus, und nur das Signal des nach vorne gerichteten Mikrofons bleibt übrig; die Mono-Kompatibilität ist perfekt. Bei Stereowiedergabe entsprechen die Klangeigenschaften einer X/Y-Stereophonie. Die M/S-Stereophonie ist bei Film-, Fernseh- und Rundfunkaufnahmen verbreitet.

Kombinierte Mikrofonverfahren

Andere Mikrofonverfahren kombinieren Laufzeit- und Intensitätsstereophonie (ORTF-Verfahren und andere), setzen drei statt zwei Mikrofone ein (Decca-Tree) oder setzen schallabschirmende Scheiben zwischen den Mikrofonen ein (Jecklin-Scheibe, OSS-Mikrofon, Trennkörpermikrofonie u. a.). Das Blumlein-Verfahren bedient sich zweier um 90° verdrehter Mikrofone mit Achtercharakteristik. Kugelflächenmikrofone mit Mikrofonkapseln, die in die Oberfläche einer Kugel von der Größe eines Kopfes eingelassen sind, vermeiden Druckstaueffekte in den Höhen. Kunstkopfmikrofone simulieren die Form des Kopfes und die Gehörgänge genau. Ihre Stereowirkung kann aber nur über Kopfhörer optimal genossen werden. Die Räumlichkeit der Stereo-Mikrofonverfahren kann oft zu stark ausfallen. Bei der Wiedergabe über Lautsprecherboxen in natürlichen Räumen überlagert sich die Akustik des Wiedergaberaumes, und der Klang wird undeutlich.

9.11 Technische Daten von Mikrofonen

Neben den Diagrammen für Richtwirkung und dem stets entfernungsabhängigen Frequenzgang gibt es eine Reihe weiterer technischer Daten, die bei der Wahl eines Mikrofons zu beachten sind.

Ersatzgeräuschpegel

Der Ersatzgeräuschpegel, auch Äquivalenter Schalldruckpegel, Äquivalentrauschen oder auf englisch "Equivalent Noise Level" genannt, gibt an, wie sehr ein Mikrofon rauscht. Es wird angegeben, welchen Schalldruck ein Rauschen haben müsste, das genauso laut wie das Eigenrauschen des Mikrofons vom Mikrofon übertragen wird. Üblicherweise wird der Ersatzgeräuschpegel als A-bewerteter Effektivwert angegeben – je nachdem, wie man misst und das Messergebnis formuliert, ergeben sich unterschiedlich "attraktive" Werte. Ein Studio-Kondensatormikrofon sollte weniger als 20 dB(A) rauschen, bei dynamischen Mikrofonen sind Werte bis 30 dB noch akzeptabel.

Übertragungsfaktor und Grenzschalldruckpegel

Der Übertragungsfaktor gibt an, wie stark der Schalldruck sein muss, um eine bestimmte Ausgangsspannung zu erzugen. Der Übertragungsfaktor beschreibt also den Wirkungsgrad des Schallwandlers. Hochwertige Mikrofonvorverstärker kommen mit allen gängigen professionellen Mikrofonen zurecht. Die Werte rangieren von 1 mV/Pa (Millivolt pro Pascal) bei dynamischen Mikrofonen bis 25 mV/Pa bei Kondensatormikrofonen.

Kritischer ist der Grenzschalldruckpegel, der den maximal verträglichen Schalldruck angibt, dem das Mikrofon ausgesetzt werden darf, wenn ein noch vertretbares Klirren einzuhalten ist. Zur vollständigen Angabe des maximal zulässigen Schalldrucks gehört der Klirrfaktor. Dynamische Mikrofone verkraften zwischen 120 und 150 dB(SPL), trafosymmetrisierte Kondensatormikrofone 120 und 130 dB, transformatorlose Schaltungen bis zu 140 dB(SPL). Ein Mikrofon, das 130 dB(SPL) verkraftet, kann für Bläser, E-Gitarrenboxen und alle Trommeln außer der Bass Drum eingesetzt werden. Bei Kondensatormikrofonen übersteuert eher der Transformator oder der Impedanzwandler, also der integrierte Vorverstärker, als dass die Membran an die Grenzen ihrer Belastbarkeit gelangt. Röhrenmikrofone klingen bei Übersteuerung angenehmer als solche mit transitorisiertem Wandler.

Impedanz

Die Impedanz, also der elektrische Scheinwiderstand des Mikrofons, ist frequenzabhängig. Sie liegt bei den im Studio üblichen Mikrofonen in der Größenordnung von 200 Ohm. Die Impedanz des Mikrofonverstärkereingangs liegt deutlich darüber. Gängige professionelle Mikrofonvorverstärker können harmonieren mit allen Impedanzwerten heute üblicher Mikrofone. Insofern ist die Impedanz kein Qualitätskriterium mehr.

10 Effektgeräte und Signalprozessoren

10.1 Effekt-Plug-Ins

Hardware-Signalprozessoren werden zunehmend von Plug-Ins verdrängt, die in Audio-Software eingebunden werden, die auf Computern läuft. Moderne Computer oder ihre Soundkarten verfügen über leistungsfähige DSP (Digitale Signal Processors), aber auch über CPUs (Central Processing Units), die umfangreiche Bearbeitungen in Echtzeit übernehmen können – zusätzlich zu all den anderen Prozessen, die in Echtzeit erfolgen müssen.

"DSP" ist der Oberbegriff für alle Prozessoren, die in Echtzeit digitale Signale bearbeiten. Charakteristisch für den DSP ist seine Fähigkeit, im Gegensatz etwa zum zentralen Prozessor eines Personal Computers, einen kontinuierlichen Datenstrom bearbeiten zu können.

Die Effekt-Plug-Ins gehören oft genug zum serienmäßigen Lieferumfang von Software. In Emagic Logic Audio oder Steinberg Cubase und anderen Programmen sind Plug-Ins für Hall, Echo, Dynamikprozessoren und viele Modulationseffekte direkt und in guter Qualität eingebunden, so dass der Erwerb separater Prozessoren – oder separater Plug-Ins von Drittanbietern – nicht selten überflüssig erscheint.

Ausnahmen: Bei 16-Bit-Aufnahmen empfiehlt sich die Verwendung eines analogen Kompressors bei der Aufnahme. Außerdem muss beim Aufnahmen gewährleistet sein, dass das Aufzunehmende mit Effekten abgehört werden kann, was nicht jede Hard- und Software leisten kann. Insofern wird hier auch ein Hallgerät benötigt.

10.2 Integrierte Effektprozessoren in Soundmodulen

Effektprozessoren gehören auch zur serienmäßigen Ausstattung von vielen Keyboards, Soundmodulen und anderen Klangerzeugern, so dass deren Signal in zumeist ausreichendem Maße bearbeitet ist. Verfügen diese zusätzlich über Analogeingänge mit A/D-Wandlern, ist auch die Bearbeitung externer Signale möglich, so dass das Soundmodul auch als Effekt- oder Hallgerät dienen kann.
Die in diesem Kapitel beschriebenen Prozessoren liegen also auch als Effekt-Plug-Ins vor, deren Parametrisierung derjenigen der Hardware-Geräte gleicht.

10.3 Algorithmen

Hardware-Multieffektgeräte sind im Stande, verschiedenartige Effekte zu erzeugen, für die früher separate Geräte gebräuchlich waren. Heute findet man auf einzelne Effekte spezialisierte analoge Phaser-, Flanger- und Chorus-Geräte vorwiegend in Form von Bodeneffekt-Geräten für Gitarristen. Der moderne Produktionsalltag ist jedoch von digitalen Prozessoren bestimmt, die viele dieser Effekte wahlweise oder auch gleichzeitig liefern. Die Hardware eines Multieffektprozessors und eines Hallgeräts ist im Wesentlichen dieselbe. Deshalb müssen Multieffektgeräte reinen Hallgeräten auch bei der Hallerzeugung nicht unterlegen sein. Es kommt auf die Software an.
"Algorithmus" heißt soviel wie "Rechenvorschrift". Ein (Computer-) Programm ist die in einer maschinenlesbarer Programmiersprache geschriebene Beschreibung eines Algorithmus. Der Begriff "Algorithmus" wird im Zusammenhang mit Signalprozessoren für Rechenvorschriften benutzt, anhand derer bestimmte Effekttypen oder auch bestimmte Kombinationen mehrerer Effekttypen hergestellt werden können. Die Algorithmen sind fast immer ab Werk fest vorgegeben. Ein Multieffektprozessor besitzt verschiedene Algorithmen für verschiedene Effekttypen. Auch ein reines Hallgerät kann verschiedene Algorithmen für verschiedene Formen der Hallberechnung und der Raumsimulation bereitstellen. Auch im Zusammenhang mit den unterschiedlichen Raumtypen und ihren spezifischen Nachhalleigenschaften wird von unterschiedlichen "Algorithmen" gesprochen.
Innerhalb jedes Algorithmus kann der Anwender bei programmierbaren Signalprozessoren Parameter selbst einstellen und auf freien Speicherplätzen sichern. Die in diesem Kapitel dargestellten Effekttypen begegnen einem heute vor allem in Form von Software von Multieffekt-Prozessoren, also in Algorithmen.

Kombinierte Algorithmen in Multieffektprozessoren

Multieffektprozessoren können sehr unterschiedliche Leistungsmerkmale aufweisen. Grundsätzlich kann man vier verschiedene Arten unterscheiden:

1. Multieffektprozessoren, die einen Effekttyp zur Zeit erzeugen können. Es besteht die Auswahl unter verschiedenen Algorithmen für verschiedene Effekttypen wie etwa Chorus und Hall, mit denen ein Signal wahlweise versehen werden kann.
2. Multieffektprozessoren, die verschiedene, fest vorgegebene Algorithmen mit Kombinationen verschiedener Effekttypen

bereitstellen, so dass ein Signal beispielsweise mit Chorus und Hall versehen werden kann. Die Kombination der einzelnen Effekttypen ist nicht beliebig. Algorithmen, die lediglich einen Hall berechnen, sind in solchen Prozessoren den mit anderen Effekten kombinierten Hallalgorithmen überlegen, da der Prozessor seine gesamte Rechenleistung allein der komplexen Hallberechnung widmet.

3. Multieffektprozessoren, die mehrere in Reihe geschaltete, vollkommene unabhängige Signalprozessoren besitzen. Diese können auf bestimmte Algorithmen spezialisiert sein (nicht zwangsläufig). Beispielsweise ist der erste Prozessor besonders auf Dynamikbearbeitungen spezialisiert, der zweite auf Hallberechnungen und der dritte auf Klangregelungen (Equalizer). Jeder der Prozessoren kann aber auch andere Aufgaben wahrnehmen. Es handelt sich also um drei unabhängige Multieffektprozessoren, die aber nur einen gemeinsamen Eingang und einen Ausgang besitzen und deshalb nur ein Signal zur Zeit mit mehreren verschiedenen Effekten bearbeiten können. Solche Prozessoren können also etwa ein Signal simultan mit Hall-, Chorus- und Echoeffekten versehen. Die Kombination dieser Effekte ist beliebig.
4. Multieffektprozessoren, die aus mehreren, vollkommen unabhängigen (zumeist gleichartigen) Signalprozessoren bestehen, deren jeder einen separaten Eingang und Ausgang besitzt. Diese Geräte verhalten sich wie mehrere unabhängige Multieffektprozessoren des ersten oder zweiten Typs, können überdies aber auch innerhalb der digitalen Domäne Konstellationen bilden, die ansonsten dem dritten Typ vorbehalten bleiben. Solche Prozessoren können simultan ein Signal mit Hall, ein anderes mit Chorus und wieder ein anderes mit einem Echoeffekt versehen und so weiter.

True-Stereo-Technik

Praktisch alle digitalen Signalprozessoren besitzen einen Stereoausgang. Normalerweise wird das Signal jedoch aus einem Monosignal gewonnen, und zwar auch dann, wenn das Gerät einen Stereoeingang besitzt. Dieser dient in der Regel nur dazu, stereophone Signale "trocken" durch das Gerät hindurchschleifen zu können. Der Mixparameter mischt das originale Stereosignal mit dem aus einem Monosignal gewonnenen Stereo-Effektsignal. Das Monosignal, aus dem der Effekt gewonnen wird, ist üblicherweise eine einfache Mischung des linken und rechten Eingangskanals. Man spricht in diesem Zusammenhang auch von "Pseudostereophonie". Der pseudostereophone Hall kann sehr gut klingen, er kann auch bei professionellen Produktionen und bei allen Beschallungs-Aufgaben durchaus genügen.

Das TC electronic M One ist ein Multieffektprozessor in True-Stereo-Technik.

True Stereo-Prozessoren können aus dem linken Eingangssignal ein Stereosignal und aus dem rechten Eingangssignal ein anderes Stereosignal berechnen. Beide Stereo-Effektsignale werden dann auf den gemeinsamen Stereoausgang zusammengelegt. True-Stereo-Hallgeräte ermöglichen eine bessere räumliche Abbildung des Hallsignals. True-Stereo-Hallgeräte verlangen zwei Ausspielwege (beziehungsweise einen Stereo-Ausspielweg) im Mischpult. Alle True Stereo-Prozessoren können jedoch auch ganz konventionell, also pseudostereophon, arbeiten.

Digitale Signalprozessoren und MIDI

Digitale Signalprozessoren sind in der Regel programmierbar. Oft können die Programme mit Hilfe von MIDI-Programmwechselbefehlen (Program Change) umgeschaltet werden. Viele Signalprozessoren gestatten jedoch auch die Steuerung bestimmter Parameter über MIDI. So können oft beliebige MIDI-Controller ausgewählten Parametern zugeordnet werden. Dann kann die Druckdynamik (Channel Pressure) eines Keyboards den Grad der Verstimmung des Choruseffekts regeln oder das Modulationsrad die Hallzeit. Beliebige Verknüpfungen sind denkbar. Viele Prozessoren gestatten vier und mehr simultan definierte Modulationen durch MIDI-Controller. Viele Signalprozessoren senden und empfangen auch systemexklusive Daten. Dadurch lassen sich ganze Programme mit MIDI-Sequenzern aufzeichnen.

Es ist aber auch mit Hilfe systemexklusiver MIDI-Daten möglich, beliebige Parameter des Prozessors in Echtzeit über MIDI zu kontrollieren. Der Signalprozessor kann durch die Möglichkeit der Echtzeitsteuerung zum spielerisch bedienten Live-Musikinstrument werden, zumal, wenn es sich bei dem steuernden MIDI-Instrument um ein Keyboard oder eine MIDI-Gitarre handelt.

Unter Umständen können manche Signalprozessoren bestimmte MIDI-Steuersignale nur mit einer technisch bedingten Verzögerung umsetzen – oft geht das auch nicht ganz ohne Nebengeräusche ab. Die MIDI-Steuerung der Parameter von Signalprozessoren eröffnet unvorstellbar viele kreative Möglichkeiten. Trotzdem werden diese Möglichkeiten vergleichsweise selten eingesetzt. Fast immer bleibt ein Hall- oder ein Choruseffekt einen ganzen Titel hindurch unverändert.

Automation von Plug-Ins

Einfacher als die Steuerung von Hardware-Geräte per MIDI ist die Automation von Effekt-Plug-Ins. Bei den meisten integrierten Audiosequenzern muss man nur während der Aufnahme die Effektparameter verändern – und die Bearbeitung wird bei jeder Wiedergabe nachvollzogen. Wenn die Steuerung intern über MIDI-Controller erfolgt, stehen für die nachträgliche Bearbeitung sämtliche Editoren des Sequenzerprogramms zur Verfügung.

10.4 Hall- und Multieffektgeräte

An praktisch allen Musikproduktionen sind Hall- und Multieffektgeräte beteiligt. Hall (englisch: Reverberation, kurz: "Reverb") ist bei Gesang und vielen Instrumenten vollkommen unverzichtbar. Im Allgemeinen ist bei der Aufnahme eine möglichst "trockene", also hallarme Akustik erwünscht. Dadurch bleibt der Spielraum für die Dosierung des Halls bei der Abmischung groß. Seltener, etwa bei Schlagzeugaufnahmen mit einer bestimmten Klangcharakteristik, wird eine angenehme, nicht zu trockene Raumakustik des Aufnahmeraums gefordert. Vorteilhaft kann eine etwas halligere Akustik bei Klavieraufnahmen und Kunstmusikproduktionen sein. Ansonsten gilt: Der Aufnahmeraum soll reflektionsarm sein. Von den Extrembedingungen schalltoter (also reflektionsfreier) Räume ist man beim Studio-Design heute wieder abgerückt. Der Raum soll den Klang aber nicht übermäßig verfärben. Die Klangqualität moderner digitaler Hallgeräte ist außerordentlich gut, so dass man sich um die Natürlichkeit des Klangbilds keine Sorgen machen muss.
Die Bezeichnung "Effektgerät" suggeriert vordergründige Klangeffekte. Die wichtigste Anwendung für digitale Signalprozessoren besteht aber in sehr dezenten Klangbereicherungen, die zu einem großen Teil für die Klangfülle moderner Musikproduktionen verantwortlich zeichnen.
Alle gängigen digitalen Hall- und Multieffektgeräte besitzen einen analogen Eingang und einen analogen Ausgang mit Analog/Digital- und Digital/Analog-Wandlern. Die Effekte Echo und Hall sowie zahlreiche andere Effekte basieren auf der verzöger-

ten, überwiegend mehrfachen Wiedergabe des Originalsignals. "Verzögerung" heißt im Englischen "Delay", deshalb spricht man im Zusammenhang mit Prozessoren, die Signale verzögern, auch von "Digital Delays".

Echo

Der einfachste Verzögerungseffekt ist der Echoeffekt. Unter einem Echo versteht man eine einzelne, diskret unterscheidbare Wiederholung des Originalsignals. In der Natur kommt dieser Effekt durch Reflektionen an weit entfernten, im Vergleich zur Entfernung glatten Flächen zustande, also etwa an einer entfernten Bergwand, wenn man auf einer Almwiese steht. Die Verzögerung ist durch die Laufzeit des Schalls bedingt. Mehrere Echos entstehen durch die abermalige Reflektion des zuvor schon reflektierten Schalls oder durch noch weiter entfernte Wände, die ihrerseits den Original-Schall später reflektieren. Früher erzeugte man Echoeffekte elektroakustisch mit Hilfe von Tonbandgeräten mit Hinterbandkontrolle oder speziellen Echogeräten mit Tonbandschleifen, die auf demselben Prinzip beruhten.

Bei digitalen Echogeräten ("Delays") wird das gespeicherte Originalsignal verzögert wiedergegeben. Die maximale Verzögerungszeit ist von der Größe des Speichers abhängig. Durch die Mischung des verzögerten mit dem originalen Signal entsteht die charakteristische Wiederholung. Mehrfache Wiederholungen entstehen durch Rückkopplung des verzögerten Ausgangssignals auf den Eingang. Je nachdem, wie stark diese Rückkopplung ausfällt, variiert die Anzahl der hörbaren Echos. Bei starker Rückkopplung des Signals auf den Eingang wird das Echo immer lauter, bis das System überlastet ist und ein bewegter, dauernder Klang zu hören ist. Die endliche Übertragungsqualität des Systems resultiert in Klangverfärbungen, die mit zunehmenden Wiederholungen immer stärker ausfallen. Der Parameter der Rückkopplung ist zumeist mit "Feedback" oder "Regeneration" bezeichnet. Der Parameter des Mischungsverhältnisses zwischen originalem und Effektsignal heißt zumeist "Mix".

Wird ein digitaler Signalprozessor an einen Ausspielweg (Effektweg, Auxweg) eines Mischpults angeschlossen, sollte der Mixparameter immer so eingestellt sein, dass an dem Ausgang des Effektgerätes ausschließlich der Effektanteil anliegt. Das Mischpult ermöglicht grundsätzlich das beliebige Hinzumischen des Originalsignals.

Echoeffekte erzeugen eine besondere Tiefe und eine große Räumlichkeit. Lange Echos mit vielen Wiederholungen kommen in der Natur nicht vor. Sie werden wegen ihrer Raumwirkung schnell mit Atmosphären wie "Weltraum" oder "unter Wasser" assoziert, obwohl Echos für diese Umgebungen vollkommen untypisch sind. Echoeffekte können schnell aufdringlich wirken. Kurze Echos bewirken eine gewisse Hektik. Sehr kurze Echos unterhalb von 100 Millisekunden erinnern klanglich an die Akustik gekachelter Räume. Sie sind typisch für den Gesangs-Sound von Rock'n'Roll- und Rockabilly-Produktionen.

Getaktete Echos

Eine besonders angenehme Wirkung erzielen Echos, deren Verzögerungszeit die Länge musikalischer Zählzeiten, etwa halber Noten, besitzen. Die Verzögerungszeit ist dann vom Tempo abhängig. Das Tempo wird in Schlägen pro Minuten angegeben. Die Maßeinheit für das Tempo heißt im Deutschen "MM" für "Mälzels Metronom" (nach dem Uhrmacher, Orchestrion-Bauer und Metronom-Erfinder Johann Nepomuk Mälzel, 1772–1838) und im Englischen "bpm" für "Beats per Minute". Die Länge einer Viertelnote in Sekunden ergibt sich durch die Formel "60/Tempo in MM". Bei Tempo 120 MM dauert eine Viertelnoten-Zählzeit also 0,5 s beziehungsweise 500 ms. Manche Echogeräte lassen sich über die MIDI Clock takten. Gibt man eine Zählzeit als Echodauer ein, wird die Verzögerungszeit bei wechselndem MIDI-Tempo automatisch korrigiert.
Andere Delays besitzen eine "Tap"-Funktion. Durch rhythmisches Betätigen der Tap-Taste wird dann die Echozeit eingegeben. Diese Funktion ist besonders praktisch, wenn das Tempo in MM nicht genau bekannt ist.

Multitap Delay, Ping-Pong-Echo

Die meisten Multieffekt-Prozessoren bieten Delay-Algorithmen mit unterschiedlichen Verzögerungs-Leitungen ("Delay Lines") für den rechten und linken Kanal. Teilweise gibt es auch vier und mehr Verzögerungsleitungen mit unabhängigen Parametern für Verzögerung (Delay), Rückkopplung (Feedback) und Position im Stereopanorama (Pan). Geräte beziehungsweise Algorithmen dieser Art heißen "Multitap Delays". Mitunter lassen sich Rückkopplungen von einer Delay Line zur nächsten bilden. Dadurch entsteht eine sehr komplexe Folge von Echos. Damit lassen sich sogar Raumsimulationen programmieren. Eine besondere Echo-Variante ist das Ping-Pong-Echo. Dabei erklingen die Echos abwechselnd links und rechts.

Hall und Raumsimulation

Unsere akustische Umwelt ist wesentlich durch Schallreflektionen an allen Flächen gekennzeichnet. Fast alle Materialien reflektieren Schall – manche mehr, manche weniger. Da die uns umgebenden Flächen meistens sehr nah sind, nehmen wir we-

gen der geringen Laufzeit die Reflektionen nicht als Echos wahr. Zumeist ist die Summe der Pegel der Reflektionen, die unser Gehör erreichen, größer als der Pegel des Direktschalls. Wie stark die Reflektionen sind, kann man sich verdeutlichen, wenn man sich eine fast reflektionsfreie Umgebung vorstellt. Dabei muss es sich nicht um einen mit Schaumstoffkegeln ausgekleideten schalltoten Raum handeln – eine Wiese genügt. Dort sind außer dem mit schallabsorbierenden Pflanzen bedecktem Boden keine schallreflektierenden Flächen. Will man dort über eine Entfernung von wenigen Metern ein Gespräch führen, muss man seine Stimme stark anheben, auch wenn ansonsten alles still ist. In einem Wohnraum ist das wegen der zahlreichen reflektierenden Flächen nicht notwendig.
Digitaler Hall und Algorithmen für die Raumsimulation erzeugen eine komplexe Abfolge von Echos, wie sie in Räumen auftreten. Diese Echos sind sehr zahlreich, und jede Reflektion besitzt unterschiedliche Verzögerungszeiten und Pegel. Auch die Richtung, aus der der Schall eintrifft, ist bei jeder Reflektion unterschiedlich – das wird bei den grundsätzlich stereophonen Hallgeräten durch unterschiedliche Panoramapositionen für die verschiedenen Reflektionen erreicht.
Die Reflektionseigenschaften sind nicht in allen Frequenzbereichen gleich. Gute Hallgeräte bieten deshalb unterschiedliche Hallzeiten für unterschiedliche Frequenzbereiche sowie mehrere Filterfunktionen. Die Reflektions-Cluster natürlicher Räume und gut klingender Konzertsäle sind eine Wissenschaft für sich, und die Geschmäcker sind verschieden. Die verschiedenen Hersteller bieten unterschiedlich gute Algorithmen mit unterschiedlichen Reflektions-Clustern. Bestimmte Marken sind wegen ihrer besonders guten Algorithmen beliebt, obwohl die Hardware sich nicht von der anderer Anbieter abhebt.

Frühreflektionen ("Early Reflections") und Hallphase, RT-60-Wert

Ein Nachhall gliedert sich in zwei Phasen, nämlich in die so genannten Frühreflektionen ("Early Reflections") und in die Hallphase. Die frühen Reflektionen sind die ersten Echos des Direktschalls, die vereinzelt und mit großem Pegel als erstes beim Hörer eintreffen. Der Frühreflektions-Phase folgt die eigentliche Hallphase mit einer sehr dichten Abfolge von Reflektionen der Reflektionen. Der Pegel der einzelnen Reflektionen ist recht gering, dafür folgen die wieder und wieder reflektierten Schallwellen in sehr dichter, aber unregelmäßiger Folge beim Hörer ein.

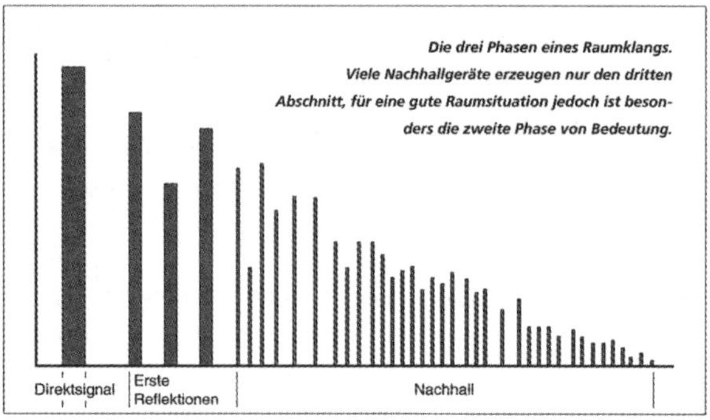

Reflektogramm eines Raumes (schematische Darstellung). Das Reflektogramm ergibt sich aus dem Oszillogramm eines Platzpatronen-Pistolenschusses im dargestellten Raum. Dem Schuss liegt ein nadelförmiger Impuls zugrunde. Der charakteristische Klang ergibt sich aus den Reflektionen.

Bei vielen Hallgeräten kann man den Grad der zeitlichen Dichte, mit denen die einzelnen Reflektionen eintreffen einstellen. Dieser Parameter heißt zumeist "Density". Ein bei manchen Hallgeräten vorhandener Parameter, der den Grad der Unregelmäßigkeit der Reflektionen regelt, heißt "Diffusion".

Beide Begriffe werden von manchen Hallgerät-Dokumentationen allerdings auch synonym gebraucht.

Die Hallzeit eines Konzertsaals liegt in der Größenordnung von zwei bis drei Sekunden, in Kathedralen ist der Hall nochmals wesentlich länger. In Wohnräumen beträgt die Hallzeit zumeist weit weniger als eine Sekunde. Die Hallzeit ("Reverberation Time") ist definiert als die Zeit, in der der Pegel des Halls um 60 Dezibel abnimmt. Man spricht im Zusammenhang mit der Hallzeit deshalb auch vom RT-60-Wert. Bei der Abmischung sind die wichtigsten Parameter die Hallzeit und der Pegel des Halls. Oft bietet es sich an, beispielsweise den Hallpegel zu verringern, aber dafür die Hallzeit zu verlängern.

Gemessen wird die RT 60 in einem eingeschwungenen Raum mit einem 1-kHz-Sinuston (gelegentlich auch 800 Hz) als Testsignal ab dem Moment des Abschaltens der Sinus-Schallquelle.

Andere Parameter von Hallalgorithmen

Gute Hallgeräte bieten zahlreiche Parameter, mit denen die Frühreflektions- und die eigentliche Hallphase unabhängig voneinander bearbeitet werden können. So lässt sich zumeist der relative Pegel der Frühreflektionsphase einstellen ("Early Reflection Level"). Ein hoher Frühreflektionsanteil resultiert in einem "räumlichen", ein höherer Hallanteil in einem "halligeren" Effekt.

Das Lexicon MPX 500 ist ein True-Stereo-Multieffektprozessor mit dem Schwerpunkt Nachhall und Raumsimulation.

Oft kann man zwischen verschiedenen, ab Werk vorgegebenen Reflektions-Clustern auswählen. Diese tragen die Namen der Räume, denen sie nachempfunden sind: "Small Room", "Medium Hall", "Cathedral" und so weiter. Auch die Kombination der Frühreflektionen eines kleinen Raumes und der Hallphase eines großen Konzertsaales kann zu natürlich klingenden Resultaten führen. Manche Algorithmen sind elektromechanischen Hallgeräten nachempfunden. Früher waren so genannte Hallplatten und Hallfolien gebräuchlich, die, ähnlich wie Lautsprecher, vom zu verhallenden Signal auf elektromagnetischem Wege in mechanische Schwingungen versetzt werden. An einem anderen Ende des Körpers sind Tonabnehmer angebracht. Durch das Nachschwingverhalten der Platte oder der Folie entsteht der Halleffekt. Ähnlich funktionieren auch die Hallspiralen, die noch heute bei Gitarrenverstärkern üblich sind. Hier wird eine Spiralfeder auf der einen Seite in Schwingung versetzt und auf der anderen Seite abgenommen.
Die Qualität fast aller Hallspiralen ist für heutige Verhältnisse indiskutabel. Lediglich bei bestimmten Gitarrensounds wird der Klang einer Hallspirale gefordert. "Spiralfeder" heißt im Englischen "Spring", und dementsprechend sind Algorithmen für die Simulation eines Federhallgeräts benannt. Eine wesentlich bessere, insbesondere für Gesang geeignete Qualität bieten Hallplatten, englisch "Plate". "Plate"-Algorithmen sind bei Musikproduktionen insbesondere bei Gesang sehr gebräuchlich. Ein Spezialeffekt ist der Rückwärts-Hall ("Reverse Reverb"), der in der Natur nicht vorkommt.

Für Begriffsverwirrung sorgt das englische Wort "Hall" (Saal), das nicht mit "Nachhall" zu übersetzen ist.

Hallzeit und Vorverzögerung

Die Hallzeit wird im Display des Hallgeräts zumeist als RT-60-Wert eingegeben. Die Vorverzögerung ("Pre Delay") ist die Zeit, die zwischen Originalsignal und den ersten Reflektionen der Hallphase verstreicht. Je größer der Raum ist, desto größer ist die Vorverzögerung, innerhalb derer die Frühreflektionen erfolgen. Sie dauert zumeist zwischen 20 und 100 ms. Bei manchen Hallgeräten kann man auch eine Verzögerungszeit für die Frühreflektionen eingeben.

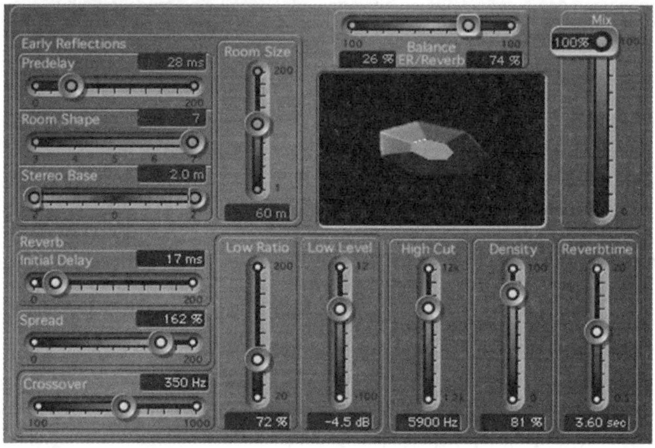

Parametrisierung des Nachhall-Plug-Ins "Platinumverb". Statt für die hohen wird die relative Hallzeit für die tiefen Frequenzen mit "Low Ratio" geregelt. "High Cut" ist ein Tiefpassfilter für den Nachhall (Emagic Logic Audio Platinum).

In vielen natürlichen Räumen verklingen die hohen Frequenzbereiche schneller als die tiefen. "HF Damp" (Hochfrequenzdämpfung) heißt ein Parameter, der einen Faktor bestimmt, mit dem die Hallzeit für den hohen Frequenzbereich multipliziert wird. Ist für die Hallzeit ein RT-60-Wert von zwei Sekunden angegeben, und der Wert für "HF Damp" beträgt 0,5, dann liegt die Hallzeit bei hohen Frequenzen bei einer Sekunde. Häufig kann dementsprechend auch eine Tieffrequenzdämpfung ("LF Damp") eingegeben werden. Nur wenige Hallgeräte gestatten das Einstellen der Übergangsfrequenz ("Crossover Frequency") zwischen hohem und tiefen Frequenzbereich. Klangregelungen für den Effektanteil haben auf die Halldauer keinen Einfluss. Manche Hallgeräte besitzen nur einen "Tone"-Parameter, also eine einfache Höhenregelung, andere verfügen über parametrische Equalizer zur Regelung des Hallklangs.
Wenn man die hohen Frequenzanteile zu stark verhallt, ergibt sich ein zischender Klang. Insbesondere gilt dies für Gesang. Die Konsonanten, die viele hohe Frequenzanteile enthalten, büßen an Verständlichkeit ein, wenn sie durch Hall in die Länge gezogen werden. Nach Möglichkeit wird ein Hallgerät an die normalen, gut ausgestatteten Kanalzüge eines Mischpults an-

geschlossen, nicht aber an die Behelfseingänge. Dadurch bleiben die aufwendige Klangregelung und die Möglichkeit, Hall über die Ausspielwege auch auf den Monitor routen zu können, für den Hall erhalten.

Gated Reverb

Ein anderer Halleffekt ist das so genannte "Gated Reverb", das oft als separater Algorithmus in Erscheinung tritt. Hier wird die Situation simuliert, dass das Hallsignal mit einem Gate "gegated" wird (Siehe Abschnitt *Gates und Expander* ab Seite 150). Sobald der Pegel einen bestimmten, einstellbaren Schwellwert ("Threshold") unterschreitet, wird die Wiedergabe des Signals abgeschaltet. Erst wenn der Pegel den Schwellwert wieder überschreitet, wird die Wiedergabe des Signals plötzlich wieder eingeschaltet. Das Resultat ist beim Gated Reverb eine Hallfahne, die plötzlich abbricht. Der Effekt ist bei Snare-Drum- und Tom-Sounds populär. Der Klang der Trommeln erhält einen großen Druck und eine enorme Tiefe, ohne dass das nachhalltypische Durcheinander der Klänge eintritt.

10.5 Modulationseffekte

Wenn eine Schallaufzeichnung langsamer oder schneller wiedergegeben wird, ändert sich nicht nur die Dauer der Wiedergabe, sondern auch das gesamte Frequenzspektrum wird nach unten beziehungsweise oben verschoben. Dieses "Totaltransposition" genannte Phänomen ist jedem geläufig, der bei Tonbandgerät oder Plattenspieler schon einmal die falsche Abspielgeschwindigkeit gewählt hat.
Während bei einem Digitaldelay die Verzögerungszeit verringert wird, erhöht sich die Wiedergabegeschwindigkeit der Aufzeichnung. Und während die Verzögerungszeit erhöht wird, verringert sich die Wiedergabegeschwindigkeit der Aufzeichnung. Dieser Prozess geht mit einer solchen Totaltransposition einher.

Vibrato

Erfolgt das Verändern der Verzögerungszeit periodisch und mit ausreichendem Hub (Intensität), so äußern sich die Schwankungen des Frequenzspektrums als Vibrato.
Ein LFO ("Low Frequency Oscillator", niederfrequenter Oszillator) steuert die periodische Veränderung der Verzögerungszeit beziehungsweise der Wiedergabegeschwindigkeit. Der Parameter für das Ausmaß der Modulation wird im Allgemeinen "Intensity" oder "Depth" (auch "Tiefe", "Hub") genannt. Die Ge-

schwindigkeit des LFOs wird zumeist als "Speed", "Rate" oder "Frequency" (Frequenz) bezeichnet. Die Frequenzen der LFOs bewegen sich bei Modulationseffekten zumeist in einem Rahmen von 0,1 Hz bis 7 Hz, also weit unterhalb des Hörfeldes. Vibrato-Effekte mit Digitaldelays sind nicht sehr gebräuchlich. Bei elektronischen Musikinstrumenten, bei akustischen und elektrischen Instrumenten und beim Gesang hat der Musiker fast immer die Möglichkeit, ein ausdrucksstärkeres Vibrato schon beim Spielen oder Singen zu erzeugen.

Chorus- und Ensembleeffekte

Durch Mischen des verzögerten und mit einer Frequenzmodulation versehenen Signals mit dem Originalsignal ergeben sich eine Fülle spezieller Klangeffekte. Da das Frequenzspektrum des verzögerten Signals ständig einmal nach oben und dann wieder nach unten verschoben wird, entstehen bei der Mischung mit dem originalen Signal Schwebungen, die denjenigen ähneln, die auftreten, wenn zwei Instrumente gleichzeitig spielen. Auch dann ist niemals gewährleistet, dass die Frequenzen und das Timing der einzelnen Töne exakt übereinstimmen. Von dieser chor- oder ensembleähnlichen Klangwirkung sind die Bezeichnungen "Chorus" und "Ensemble" abgeleitet.
Der Effekt wird noch tiefer und intensiver, wenn mehrere modulierte Verzögerungsleitungen beteiligt sind und wenn die Ausgangssignale – gegebenenfalls über Kreuz – wieder auf den Eingang zurückgekoppelt werden. Je schneller die Modulation durch den LFO und je größer der Hub ist, desto intensiver ist der Effekt. Ein zumeist unerwünschter Nebeneffekt bei hohen Geschwindigkeiten und Modulationsintensitäten ist die starke Verstimmung des Signals. Eine große Zahl von Verzögerungsleitungen (Delay Lines) intensiviert den Effekt, ohne eine stärkere Verstimmung zu verursachen.
Typische mittlere Verzögerungszeiten von Chorus- und Ensembleeffekten liegen zwischen fünf und 50 Millisekunden. Der Hub liegt zwischen einer und 30 Millisekunden und die Modulationsgeschwindigkeiten in etwa zwischen 0,1 und 4 Hertz. Bessere Chorusalgorithmen verfügen über vier, acht oder mehr separate Delay Lines und die Möglichkeit der Rückkopplung (Feedback). Das Ausmaß der Rückkopplung wird in der Regel in Prozent angegeben, wobei negative Werte für eine Phasendrehung um 180° stehen. Dadurch ändert sich der Klang.
Der Choruseffekt und der zumeist intensiver ausfallende Ensembleeffekt gehören zu den gebräuchlichsten Sound-Effekten. Beide reichern den Klang sehr stark an und nutzen sich dank ihrer Unauffälligkeit und Wärme nicht zu schnell ab. Besonders populär sind sie bei unverzerrten elektrischen Gitarren, E-Pianos

und synthetischen Streicherklängen. Ein zu großzügiger Einsatz des Chorus führt zu einem unklaren, matschigen Sound und wirkt abgegriffen. Bei Gesang klingt der Choruseffekt unnatürlich. Chorwirkungen erzielt man dort am besten, indem man tatsächlich mehrere unabhängig aufgenommene Gesangsspuren mischt. Sehr angenehm wirkt eine Anwendung des Chorus nur auf den Hallanteil, und zwar am besten vor der Verhallung. Manche Hallalgorithmen verfügen deshalb über chorusähnliche Modulationsmöglichkeiten.

10.6 Phaser, Kammfiltereffekt

Der Phaser bedient sich eines Allpassfilters, das zwar alle Frequenzen passieren lässt, das aber eine von der Frequenz abhängige Verzögerung der Signalanteile bewirkt. Je höher die Frequenz, desto kürzer ist ein Wellendurchgang, und desto kürzer ist die Verzögerungszeit, die sich daher als Phasenwinkel angeben lässt. Diese Verzögerung wird durch einen LFO moduliert. Das verzögerte (gefilterte) Signal wird mit dem Originalsignal gemischt. Eine Rückkopplung des Ausgangs auf den Eingang (Feedback, Regeneration) verstärkt den Effekt. Wegen des Aussehens des Frequenzgangs eines Phaser-Signals spricht man auch vom "Kammfiltereffekt". Akustisches Resultat ist der Phaser-Effekt, der den Klang stark färbt.

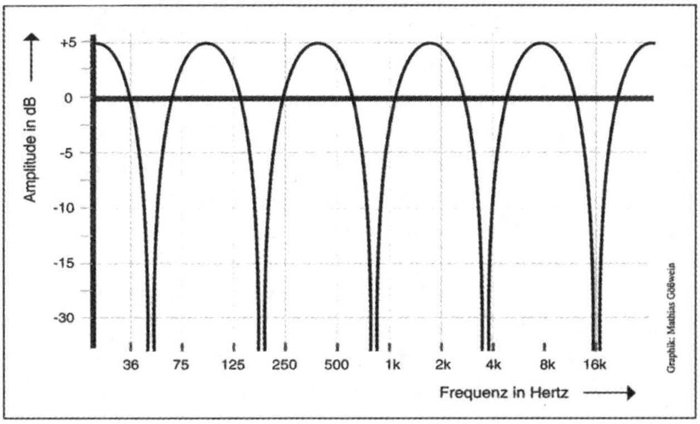

Schematische Darstellung der Einbrüche im Frequenzgang beim Kammfiltereffekt. Das gesamte Bild wird beim Phasing-Effekt im Takt des LFO horizontal gespreizt und gestaucht.

Phaser-Effekte sind recht aufdringlich, deshalb ist eine gewisse Zurückhaltung beim Einsatz dieses Effekts geboten. Der Phaser-Effekt verlangt vom Digitaldelay eine hohe zeitliche Auflösung der möglichen Verzögerungszeiten.

10.7 Flanger

Angenommen, die Verzögerungszeit eines Delays beträgt eine Millisekunde, also eine tausendstel Sekunde. Wenn jetzt ein Impuls, beispielsweise ein Knacken, dem Delay zugeführt wird, wird dieser Impuls nach einer Tausendstel Sekunde wiederholt. Wird das Ausgangssignal auf den Eingang zu 100 % zurückgekoppelt, entsteht eine andauernde Folge identischer Impulse im Abstand zu je einer Millisekunde. Das Resultat ist eine Schwingung mit einer Frequenz von 1.000 Hertz (1 kHz) – ein hörbarer Ton. Beträgt die Rückkopplung etwas weniger als 100 %, klingt der Ton nach kurzer Zeit aus. Auf diese Art und Weise lassen sich übrigens Klänge synthetisieren, zumal, wenn sich in der Rückkopplungsschleife ein Filter befindet, so dass die Wellenform mit jeder Wiederholung (jedem Echo) verzerrt wird. Dieses Verfahren zur Synthetisierung von Klängen heißt nach ihren Entdeckern "Karplus-Strong-Synthese". Sie eignet sich für die Erzeugung von Klängen, die an gezupfte Saiten erinnern. Die Karplus-Strong-Synthese ist keine gängige Form der Synthese, die man in Musikinstrumenten von heute vorfindet – sie kann aber als die primitivste Form einer Physical-Modelling-Klangerzeugung angesehen werden (siehe Abschnitt *Physical Modelling* ab Seite 53).
Beim Flanger sind niedrigere Rückkopplungen üblich, so dass bestimmte Frequenzen zwar stark betont werden und durchaus etwas nachklingen, aber dass trotzdem keine Dauertöne produziert werden. Auch hier wird die Verzögerungszeit durch einen LFO moduliert, so dass die Resonanzen wie beim Phaser durch das gesamte Frequenzspektrum wandern. Die Verzögerungszeiten sind jedoch länger, etwa so lang wie beim Choruseffekt. Die Resonanzen entstehen also nicht wie beim Phaser durch nichtharmonische Phasenauslöschungen, sondern durch verzögerungsbedingte Resonanzen, die zueinander in harmonischen Frequenzverhältnissen stehen.
Der klangliche Effekt wirkt sehr metallisch. Ursprünglich wurden Flanger-Effekte mit zwei Tonbandgeräten erzeugt, die zugleich identische Tonbandkopien abgespielt haben. Bedingt durch den mangelnden Gleichlauf und durch manuelles Bremsen oder Beschleunigen der einzelnen Spulen (englisch: "Flange") entsteht die Verzögerung von der einen Maschine zur nächsten. Beim Zusammenmischen beider Signale entsteht der Flanger-Effekt.
Auch vom Flanger gibt es Varianten mit zwei Delay Lines, außerdem gibt es Stereo-Flanger (ebenso wie Stereo-Phaser), die den linken und den rechten Kanal unabhängig voneinander bearbeiten. Chorus, Ensemble und Flanger tragen ihre unterschiedlichen Namen wegen der deutlich unterschiedlichen klangli-

chen Resultate. Das Funktionsprinzip ist grundsätzlich aber überall gleich. Im Wesentlichen unterscheiden sie sich nur in ihren Parametern Verzögerungszeit, Modulationshub und -intensität, Rückkopplung und in der Anzahl der Delay Lines.

10.8 Pitch Shifter

Die so genannte Totaltransposition geht grundsätzlich mit einer Veränderung der Spieldauer einher – je schneller das "Band" läuft, desto höher wird transponiert, je langsamer das Band läuft, desto weitere wird das gesamte Frequenzspektrum nach unten totaltransponiert. Dieser Zusammenhang hat in der analogen und digitalen Welt uneingeschränkte Gültigkeit: Beim Sampling ebenso wie bei der Schallplatte und allen Tonbandgeräten.
Will man das Frequenzspektrum eines Signals in Echtzeit totaltransponieren, ohne dessen Dauer zu verändern, wird es kompliziert. Prozessoren (beziehungsweise Algorithmen), die das können, heißen "Pitch Shifter". Die Bezeichnung "Harmonizer" ist ein geschützter Handelsname des Pitch-Shifter-Pioniers Eventide.
Ein Digitaldelay kann, wenn die Verzögerungszeit moduliert wird, ein Signal abwechselnd nach oben und nach unten transponieren. So entstehen der Vibrato- und der Choruseffekt (siehe Abschnitt *Vibrato* ab Seite 137). Vereinfacht ausgedrückt, funktioniert ein Pitch-Shifter, der das Frequenzspektrum ständig nach oben oder unten transponieren kann, folgendermaßen:
Zwei Delay Lines arbeiten im Gegentakt: Wenn die eine Delay Line das Signal nach oben transponiert, transponiert die andere nach unten und umgekehrt. Wenn der Pitch Shifter nach oben transponieren soll, wird im selben Takt immer auf die jeweilige Delay Line umgeschaltet, die gerade nach oben transponiert. So bleibt ständig nur diejenige Delay Line hörbar, die nach oben transponiert. Das Signal wird also in kleine Zeitfragmente unterteilt. Bei Aufwärtstranspositionen führt das dazu, dass bestimmte Passagen mehrfach, aber dafür schneller wiedergegeben werden. Bei Abwärtstranspositionen werden Fragmente langsamer wiedergegeben, aber dafür werden andere Abschnitte bei der Wiedergabe einfach ausgelassen. An den Nahtstellen, da, wo die willkürlichen, durch den LFO getakteten Schnitte ansetzen, sind ruckartige Sprünge in der zuvor regelmäßigen Wellenform unausweichlich. Ein plötzlicher Spannungssprung macht sich durch einen Knacks bemerkbar. Eine Folge solcher Knacks führt zu einer gewissen Rauigkeit des Klangs. Die Rauigkeit nimmt bei weiten Transpositionsintervallen zu. Dazu kommt noch das Problem der Klangveränderung,

die mit jeder Totaltransposition einhergeht. Dieses Phänomen ist als "Mickey-Mouse"-Effekt bei Aufwärtstranspositionen und als "Darth-Vader"-Effekt bei Abwärtstranspositionen bekannt.

10.9 Time Compression, Time Expansion

Erfolgt die Berechnung einer zeitkonstanten Totaltransposition nicht in Echtzeit, etwa durch einen Sampler oder einen Harddiskrecorder, hat der Rechner genügend Zeit, besonders geschickte Schnittpunkte zu wählen, die ohne große Spannungssprünge, das heißt ohne Knacks, auskommen. Einer spektral konstanten zeitlichen Stauchung ("Time Compression") liegt die gleiche Berechnung zu Grunde wie einer zeitlich konstanten Totaltransposition abwärts. Nur die Wiedergabegeschwindigkeit ist eine andere. Auf der anderen Seite ist eine spektral konstante zeitliche Dehnung ("Time Expansion") dasselbe wie eine zeitlich konstante Totaltransposition aufwärts. Berechnungen dieser Art gehen grundsätzlich zu Lasten der Klangqualität. Solange die Transpositionsintervalle sich allerdings in Grenzen halten, sind die Resultate, insbesondere, wenn sie mit anderen Signalen zusammengemischt werden, auch bei der Musikproduktion noch vertretbar. Unproblematisch ist die Verarbeitung gesprochener Sprache, wenn es darum geht, in erster Linie die Pausen zwischen den einzelnen Worten herauszuschneiden.

Harmonisch korrekte Transpositionen

Gute Pitch Shifter lassen auch in Echtzeit eine gewisse Intelligenz bei der Auswahl der Schnittpunkte walten. Statt durch einen einfachen LFO vorgegeben zu werden, werden die Schnittpunkte in Echzeit einer Analyse unterzogen. Solche Prozessoren können zu einer gegebenen Melodie und Tonart zum Teil auch harmonisch korrekte Zweite und Dritte Stimmen berechnen. Wenn es darum geht, eine Zweite Stimme zu spielen oder zu singen, muss man die Tonart kennen und "leitereigene" Töne, also solche Töne, die in der Tonleiter der Tonart enthalten sind, spielen.

Der Intelligent Pitch Shifter Digitech Vocalist II berechnet in Echtzeit harmonisch korrekte Transpositionen von Gesangsstimmen. Geräte dieser Art sind bei Alleinunterhaltern besonders beliebt, da sie ganze Chöre "singen".

Ein Beispiel: Wenn man in der Tonart A-Dur eine Zweite Stimme spielen will, die immer eine Terz höher liegt als die Erste Stimme, muss man manchmal eine große und manchmal eine kleine Terz wählen. Erklingt in der Ersten Stimme ein "a", liegt das "cis" eine große Terz höher, über das "cis" der Ersten Stimme läge das "e", das eine kleine Terz höher ist. Dazu muss der Pitch Shifter die Tonart kennen, und er muss gewissermaßen über das absolute Gehör verfügen. Das Gerät erkennt die Grundfrequenz des Eingangssignals, indem es die Schwingungen zählt. Das funktioniert nur bei einstimmigen Signalen mit definierter Frequenz. Wenn ein Algorithmus für parallele Terzen in A-Dur gewählt ist, erkennt der Prozessor jede Note an ihrer Frequenz und entscheidet sich für eine leitereigene Zweite Stimme. Da prinzipiell das Auszählen der Frequenz einige Schwingungen in Anspruch nimmt, ist die Zweite Stimme etwas träge.
Manche Prozessoren lassen sich die Tonart sogar über MIDI mitteilen. Dabei funktioniert die Logik der Harmonie-Erkennung wie die Begleitautomatik einer Orgel.

Tonhöhenquantisierung

Ähnlich wie Pitch Shifter funktionieren Algorithmen für die Tonhöhenquantisierung. Der Prozess erfolgt jedoch so schell, dass selbst das Vibrato eines gesungenen Tons in Echtzeit planiert werden kann. Über MIDI lassen sich Zielnoten vorgeben, auf die die Note zu korrigieren ist. Der Haupteinsatzzweck ist die Korrektur von Gesangsspuren, bei denen die Noten nicht richtig getroffen wurden. Geräte dieser Art eröffneten auch unbegabten Sängern den Weg in die Charts.

Seit dem kreativen Einsatz des Antares Auto-Tune in Chers Hit "I Believe" ist der aufdringliche Gebrauch von Tonhöhenquantisierung im Lead-Gesang bei Pop- und Dancefloor-Produktionen in Mode. Die auch als Plug-In erhältlichen Effekte von Antares waren die ersten ihrer Art. Abgebildet ist das Modell ATR-1.

10.10 Dynamikprozessoren

Dynamikprozessoren sind Geräte, die den Pegel (die Amplitude) eines Signals in Abhängigkeit vom Pegel desselben oder aber eines anderen Signals regeln. Das bekannteste Beispiel für einen Dynamikprozessor ist wohl der Kompressor. Überschreitet der Pegel des Eingangssignals einen bestimmten Schwellwert ("Threshold"), regelt der Kompressor den Pegel zurück. Alle "lauten" Passagen werden dadurch zurückgenommen, und der Pegel wird gleichmäßiger.

Das zentrale Bauteil eines jeden analogen Dynamikprozessors ist der VCA (Voltage Controlled Amplifier), also der spannungsgesteuerte Regelverstärker. Der Verstärkungsfaktor eines VCA wird durch eine Spannung gesteuert. Ein VCA ist, anders formuliert, also ein Amplitudenregler. VCAs findet man auch als Dynamikstufe in analogen Synthesizern oder als Regelverstärker in automatischen Mischpulten. Je höher die Kontrollspannung, desto größer der Verstärkungsfaktor. Eine Logik, die das steuernde Signal analysiert, erzeugt die Spannung, die den Verstärkungsfaktor des VCA bestimmt.

Das steuernde Signal ist meistens das Eingangssignal selbst. Es kann sich aber auch um dessen gefilterte Variante oder um ein ganz anderes Signal handeln, das den so genannten Seitenweg ("Side Chain"), also nur den Analysebereich des Dynamikprozessors durchläuft, ohne dass es selbst hörbar würde. Beispiele für Dynamikprozessoren beziehungsweise für Effekte, die man mit Dynamikprozessoren erzielen kann, sind: Kompressoren, Limiter, Leveler, Expander, Gates, Ducker und De-Esser. Ihnen ist dieses Kapitel gewidmet.

Zweikanalige und stereophone Signalverarbeitung, Link-Funktion

Viele Dynamikprozessoren sind zweikanalig ausgelegt. Das bedeutet, dass man zwei Monosignale unabhängig voneinander verarbeiten kann. Sie sind dann auch für die Verarbeitung von Stereosignalen geeignet. Allerdings ist es bei Stereosignalen wünschenswert, dass Veränderungen des Pegels, die gegebenenfalls nur durch die Eigenschaften des Signals eines einzigen Kanals verursacht werden, sich auf beide Kanäle gleichermaßen auswirken. Bei Stereosignalen würden Unregelmäßigkeiten der Pegel auf beiden Seiten sonst zu Verschiebungen der Stereobalance führen. Deshalb besitzen zweikanalige Dynamikprozessoren oft einen "Channel-Link"-Schalter (Kanalkoppelung), bei dessen Betätigung der zweite Kanal die Regelung des ersten Kanals übernimmt. Durch das symmetrische Regelverhalten bleibt die Balance stereophoner Signale erhalten.

Kompressoren

Bei Gesangsaufnahmen, aber auch bei der Beschallung entstehen durch Schwankungen der Mikrofonposition und durch die Artikulation der Sängerin oder des Sängers Pegelschwankungen, die zu Lasten des Klangs und der Sprachverständlichkeit gehen können. Eine dezente Dynamikkompression mit Hilfe eines Kompressors ist bei Gesang fast immer von Nöten. Der Kompressor bremst oberhalb eines bestimmten, einstellbaren Schwellwerts ("Threshold") die Zunahme des Pegels. Grob vereinfacht ausgedrückt: Der Kompressor macht alles Leise lauter und alles Laute leiser – er sorgt für einen stabileren Pegel bei Gesang und allen Instrumenten.

Der zweikanalige Mindprint T/Comp kombiniert einen konventionellen, transistorisierten, analogen Kompressor mit einer warm klingenden Röhrenvorverstärkerschaltung. In Kombination mit einem guten Mikrofonvorverstärker kann man vom Ausgang dieses Geräts in die digitale Domäne des Computers übergehen und die Produktion digital abschließen. Analog vorzukomprimieren empfiehlt sich insbesondere bei Gesangsaufnahmen mit 16 Bit Wortbreite.

Wir nehmen die Lautstärke eines Sängers im Wesentlichen durch seine Artikulation, also durch den Stimmklang wahr – der dynamische künstlerische Ausdruck wird durch die Kompres-

sion der Amplitude (des Pegels) also praktisch überhaupt nicht vermindert. Dieser Umstand wird von vielen Musikern und insbesondere von Sängern oft übersehen. Viele fürchten um ihren künstlerischen Ausdruck, der auf der musikalischen Dynamik basiert – der Kompressor kann dem jedoch nicht viel anhaben, denn die Dynamik unserer Lautstärkewahrnehmung hat mit der physikalischen Dynamik der Amplitude (des Pegels) nur indirekt etwas zu tun.
Bei ungeschickter Bedienung (falsche Aussteuerung, falsches Kompressionsverhältnis) neigen insbesondere billige Kompressoren jedoch zu hektischem Hin- und Her-Regeln, dem so genannten Pumpen. Trotzdem arbeiten Kompressoren wesentlich musikalischer und zuverlässiger als Sängerinnen und Sänger, die glauben, mit ihrer "Mikrofontechnik", also durch wechselnde Mikrofonabstände, die Dynamik zuverlässig steuern zu können. Wenn das Mikrofon auf dem Stativ steht – und das sollte bei jeder Gesangsaufnahme der Fall sein – kann man auf den Kompressor ohnehin nicht verzichten.

Die Parameter eines Kompressors

Die meisten Kompressoren sind zweikanalig ausgelegt, so dass sie sich auch für die Bearbeitung von stereophonen Signalen eignen. Deshalb tauchen die Parameter auf den Frontplatten der Geräte meistens doppelt auf. Häufig sind Kompressoren mit Limitern, Gates oder Expandern kombiniert. In diesen Fällen kommen deren Parameter noch hinzu. Die Aussteuerung des Prozessors erfolgt normalerweise mit dem Gain-Regler des Mischpults (oder des externen Mikrofonvorverstärkers), denn der Kompressor wird üblicherweise in den Einschleifpunkt (Insert) direkt nach dem Mikrofonvorverstärker des Mischpults eingeschliffen (siehe Abschnitt *Einschleifpunkte (Inserts, Send/Return)* ab Seite 192). Gelegentlich verfügen Kompressoren auch über eigene Aussteuerungsregler ("Input Gain"). Da der Kompressor den Pegel des Signals vermindert, dient ein "Output-Level"-Regler der Korrektur des Ausgangspegels.

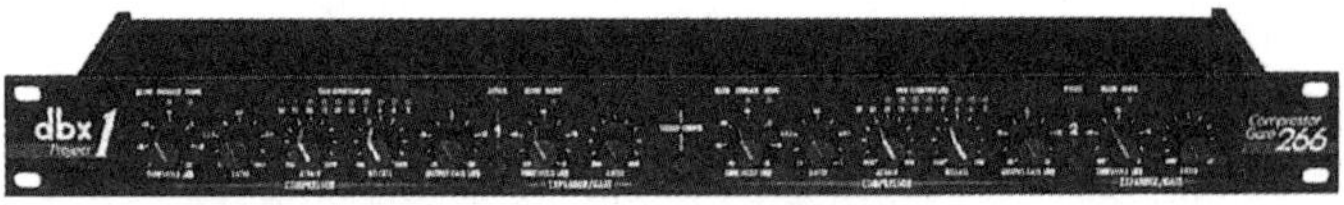

Der DBX 266 Project 1 ist ein zweikanaliger, transistorisierter Kompressor mit kompressortypischen Parametern und Pegelanzeigen.

Der Schwellwert, oberhalb dem die Kompression einsetzt, wird üblicherweise als "Threshold" bezeichnet. Unterhalb des Threshold erfolgt beim Kompressor keine Regelung. Das Kompressionsverhältnis (Ratio) lässt sich zwischen 1:1 (keine Kompression) und ∞:1 (unendliche Kompression) einstellen. Ein Kompressionsverhältnis von 4:1 heißt: Wenn (oberhalb des Threshold) der Pegel des Eingangssignals um 4 dB zunimmt, nimmt das Ausgangssignal noch um 1 dB zu. Bei Gesang und den meisten Instrumenten wirken Kompressionsverhältnisse zwischen 2:1 und 4:1 unauffällig und angenehm. Spezielle Klangeffekte, die beispielsweise bei unverzerrten E-Gitarren interessant sind, lassen auch höhere Kompressionsverhältnisse zu.

Reaktionszeiten
Die Reaktionsgeschwindigkeit eines Kompressors, also die Geschwindigkeit, mit der der VCA den Pegel bei Pegelspitzen zurückregelt, ist endlich. Sie bewegt sich in der Größenordnung weniger Millisekunden – das ist manchmal langsam genug, um knackige Impulse einer Bass Drum fast unbedämpft passieren zu lassen. Die Reaktionen von Dynamikprozessoren sind aber wesentlich schneller und vor allem zuverlässiger als die manuelle Bewegung eines Faders am Mischpult. Die musikalisch besten Resultate lassen sich erzielen, wenn komprimierte Signale bei der Abmischung gefühlvoll mit den Fadern des Mischpults nachgeregelt werden. Bei Gesangsaufnahmen darf der Sänger in Fortissimo-Passagen auch einmal etwas vom Mikrofon zurückweichen – das hilft dem Kompressor bei der Arbeit.
Zumeist sind bei der Kompression möglichst kurze Reaktionszeiten gefordert. Mitunter möchte man den charakteristischen Impuls, mit dem viele Töne von Musikinstrumenten beginnen, aber auch unbedämpft erhalten. Diese pegelstarken Impulse in der Einschwingphase von Tönen heißen "Transienten". Ein Beispiel für einen Transienten ist das vom Plektron ausgelöste Zupfgeräusch, mit der die Saite einer Gitarre angeschlagen wird. An diesem charakteristischen Transienten erkennt der Hörer, dass es sich um den Ton einer Gitarre handelt – der klingende Ton ohne den Transienten genügt für die Identifikation des Instruments nicht. Wenn die Transienten unbedämpft passieren, aber der ausklingende Ton der Gitarre lange auf einem stabilen Pegel verharrt, wird der Gitarrencharakter betont und gleichzeitig für einen klaren, stabilen Ton gesorgt, der auch dann deutlich bleibt, wenn er in der Abmischung nur ganz leise vorkommt.
Deshalb kann es dem Klangbild sehr zuträglich sein, wenn man die Reaktionszeit, mit der der Kompressor auf Pegelspitzen reagiert, verlangsamt. Der Parameter heißt "Attack Time" (wie der Parameter der Einschwingzeit bei einem Hüllkurvengenerator eines Synthesizers). Die Zeit, die der Kompressor benötigt, um nach dem Unterschreiten des Threshold das Kompressionsverhältnis wieder auf 1:1 zu reduzieren, also den Pegel wieder hochzufahren, heißt "Release Time". Wenn die Release Time sehr kurz ist, regelt der Kompressor unter Umständen sehr hek-

tisch hin und her, was sich durch das sehr unangenehme "Pumpen" bemerkbar macht. Man hört dann, dass ein Kompressor am Werke ist. Eine längere Release Time stellt sicher, dass das endgültige Ausklingen einzelner Noten nicht zu stark angehoben wird. Erst nach einer kleinen Pause zwischen zwei Noten reagiert der Kompressor wieder normal.

Soft-Knee-Charakteristik
Viele Kompressoren lassen sich so einstellen, dass die Regelung oberhalb des Threshold zunächst sanft einsetzt, um erst bei etwas höheren Pegeln zum vollen Kompressionsverhältnis überzugehen. Diese Gestaltung der Kompressionskennlinie heißt "Soft-Knee"-Charakteristik (nach der runden Form eines gebeugten Kniegelenks).

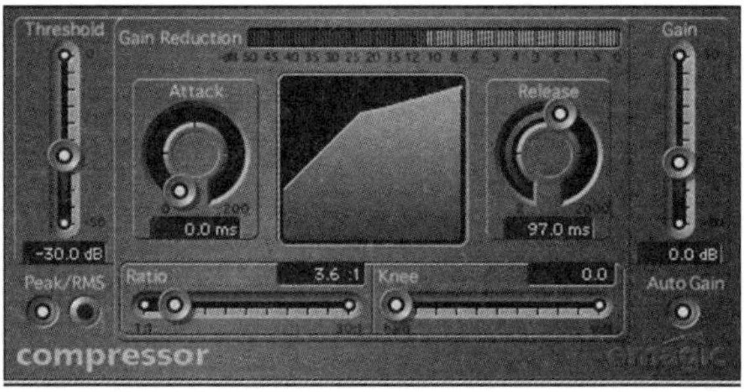

Kompressor-Plug-In mit grafischer Darstellung der Kompressionskennlinie – und "hartem Knie" (Logic Audio Platinum).

Aussteuerungsanzeigen
Die Wirkung eines guten Kompressors soll im Allgemeinen unauffällig bleiben. Das heißt, dass es gar nicht so leicht ist, den Kompressor nach Gehör richtig einzustellen, denn wenn man alles richtig gemacht hat, merkt man wenig. Erst wenn der Kompressor ausgeschaltet wird ("Bypass"), wird deutlich, wie vorteilhaft sich dieser Dynamikprozessor auswirkt. Großzügige optische Aussteuerungsinstrumente sind deshalb besonders wichtig.
Der Eingangspegel wird, wie beim VU-Meter eines Recorders, oft mit einer langen LED-Kette dargestellt. Vorteilhaft ist eine zweite LED-Kette für das Ausgangssignal, oder die Möglichkeit, die Anzeige zwischen Eingang und Ausgang umzuschalten. Das wichtigste Instrument ist jedoch die Gain-Reduction-Anzeige, eine LED-Kette, die in Echtzeit anzeigt, wie stark der Pegel reduziert, also wie stark komprimiert wird. Bei Pegeln, die den Threshold überschreiten, also wenn die Kompression einsetzt, schlägt die Gain Reduction-Anzeige von rechts nach links aus. Alle LED-Ketten sind mit einer Dezibel-Skala versehen.

Limiter

Eine spezielle Form des Kompressors ist der Limiter. Jeder gute Kompressor kann auch als Limiter fungieren. Oberhalb des Threshold eines Limiters findet beinahe überhaupt keine Pegelzunahme mehr statt. Die Amplitude des Signals wird schlagartig begrenzt, das heißt, das Kompressionsverhältnis (die "Ratio") beträgt oberhalb eines "Limits" (dem Threshold) ∞:1 (unendliche Kompression).

Die Reaktionszeiten, also die Attack- und die Release Time, sind möglichst kurz. Das Limit ist sehr hoch angesetzt. Limiter dienen weniger dem Verändern des Klangs, sondern vielmehr dem Schutz der Technik vor Übersteuerung und Überlastung. Viele Verstärkeranlagen besitzen integrierte Limiter, die die Anlage vor Überlastung, also auch vor Beschädigungen schützen sollen. Insbesondere bei digitalen Aufnahmen bietet sich der Einsatz eines Limiters an, denn digitale Recorder und Sampler reagieren auf Übersteuerungen mit heftigem Knistern und Krachen, so dass schnell die gesamte Aufnahme unbrauchbar werden kann. Der Limiter verhütet das Schlimmste, und man kann etwas mutiger aussteuern, was der Klangqualität und dem Rauschabstand wiederum zu Gute kommt.

Das Signal soll nach Möglichkeit zwar niemals in den Regelbereich des Limiters geraten, aber wenn es dennoch einmal passiert, ist der Effekt kaum wahrnehmbar. Den totalen Schutz vor Pegelspitzen können jedoch auch Limiter nicht bieten, da ihre Reaktionszeiten endlich sind. Zuverlässiger sind so genannte "Clipper", die in manchen Limitern integriert sind. Clipper können allerdings schon einmal etwas knistern. Selbst beim Einsatz eines Limiters empfiehlt es sich deshalb, einen kleinen Headroom (Sicherheitsspielraum) von etwa drei Dezibel zu bewahren.

Leveler und Aussteuerungsautomaten

Leveling ist eine Kompression auf Basis sehr langer Attack- und Release-Zeiten. In der Musikproduktion ist Leveling nicht sehr gebräuchlich. Das Signal wird gewissermaßen über eine längere Zeit "beobachtet", und wenn der Pegel zu weit absackt oder ansteigt, wird er langsam korrigiert. Leveler werden oft im Rundfunk verwendet, um einen stabilen Pegel sicherzustellen. Zusätzlich kommen im Rundfunk Multiband-Kompressoren zum Einsatz, denen ein eigener Abschnitt in diesem Kapitel gewidmet ist.

Eine typische Anwendung für Leveler ist die Automation der Aussteuerung bei Aufnahmen. Aussteuerungsautomaten, wie man sie in Videokameras und billigen Cassettenrecordern findet, sind für die Musikproduktion jedoch einfach nicht gut und zuverlässig genug. Eine ruhige Hand am Aussteuerungsregler des Recorders ist wertvoller. Wenn man sich bei der Abmischung mit der Aussteuerung einmal vertan hat, muss die Aufnahme eben wiederholt werden – die Mühe lohnt.

Gates und Expander

Wie beim Kompressor handelt es sich bei Gates und Expandern um Dynamikprozessoren für die Pegelreduktion ("Gain Reduction"). Während Kompressoren den Pegel reduzieren, sobald der Threshold überschritten wird, reduzieren Gates und Expander den Pegel, sobald der Schwellwert unterschritten wird. Expander gestatten wie Kompressoren die Definition eines beliebigen Kompressionsverhältnisses ("Ratio"). Ihre Wirkung kann also auch sanft einsetzen. Gates schalten den VCA vollkommen stumm. Manche Gates, aber auch Expander gestatten allerdings eine Begrenzung der maximalen Pegelreduktion (Gain Reduction) auf ein bestimmtes, in Dezibel angegebenes Maß.

Die Hüllkurvenparameter von Expandern und Gates

Threshold und Ratio sind die wichtigsten Parameter eines Expanders, der Ratio-Parameter entfällt beim Gate. Viele Gates und Expander bieten die Möglichkeit, den VCA für eine bestimmte Zeit nach dem Unterschreiten des Threshold geöffnet zu halten. Dieser Parameter heißt "Hold" (englisch für: "halten"). "Release" heißt ein Parameter, der eine Zeit bestimmt, innerhalb derer das Signal nach dem Unterschreiten des Threshold sanft ausgeblendet wird. Die Parameter "Hold" und "Release" sind von den Hüllkurvengeneratoren analoger Synthesizer bekannt. Der Threshold kann deshalb so hoch angesetzt werden, dass das Gate tatsächlich nur von großen Pegelspitzen ausgelöst ("getriggert") wird. Hold bestimmt dann eine bestimmte Dauer der Öffnungszeit, und "Release" stellt auf Wunsch ein dezentes Ausblenden des Signals sicher.
Manche Signale sind recht schwer handzuhaben. Oft entstehen durch einzelne Pegelspitzen unerwünschte Doppelauslösungen in Abständen weniger Millisekunden, die zu einem hektischen Öffnen und Schließen des Gates führen. Das ist vor allem bei Schlagzeugaufnahmen der Fall. Ein oft mit "Mask" bezeichneter Parameter verhindert ein doppeltes Auslösen ("triggern") des Gates beziehungsweise des Expanders innerhalb einer frei definierbaren Zeitspanne.

Strip Silence

Für Audiosequenzer und Harddiskrecorder gilt: Eine Strip-Silence-Funktion ist eine nicht in Echtzeit funktionierende, oftmals vorzuziehende Alternative zum Gate. Eine Audiodatei wird dabei pegelabhängig in verschiedene Regions aufgeteilt, zwischen denen digitale Ruhe herrscht. Das akustische Resultat und die Parametrisierung entsprechen der des Gates. Allerdings vermag der nicht in Echtzeit erfolgende Prozess innerhalb des Samples gleichsam in die Zukunft zu sehen, so dass die Reaktionsgeschwindigkeit sogar negative Werte einnehmen kann. Außerdem lassen sich einzelne Regions nachträglich bearbeiten (verlängern oder verkürzen), so dass Fehlauslösungen bei entsprechend sorgfältiger Nachbearbeitung kein Problem mehr darstellen. Das Verfahren erweist sich auch im Vergleich mit integrierten Gate-Plug-Ins als überlegen. Anders stellt sich die Situation beim Expander dar, der stufenlos regelt.

Noise Gates und "Single Ended Noise Reductions"

Wenn der Eingangspegel den Schwellwert (Threshold) unterschreitet, kappt das Gate das Signal total – es wird einfach gar kein Signal mehr ausgegeben. Alle Signale, die den Threshold überschreiten, werden unverändert durchgelassen. Da das störende Grundrauschen verrauschter Signale zumeist einen stabilen, recht niedrigen Pegel besitzt, und da es vornehmlich in Pausen, in denen es nicht vom Nutzsignal verdeckt wird, stört, bietet es sich an, den Threshold so einzustellen, dass alle verrauschten Pausen stummgeschaltet werden und alle "lauteren" Passagen mit dem Nutzsignal durchgelassen werden. Daher stammt die Bezeichnung "Noise Gate" ("Noise" = englisch für "Rauschen", "Geräusch").

"Single Ended Noise Reductions" (einseitig wirkende Rauschunterdrückungen) tragen ihren Namen deshalb, weil sie im Gegensatz zu den bei der Aufnahme und bei der Wiedergabe vorgenommenen Maßnahmen, wie sie beispielsweise für Dolby-Rauschunterdrückungen typisch sind, nur bei der Wiedergabe ansetzen. Single Ended Noise Reductions versuchen bei verrauschtem Material zu retten, was noch zu retten ist – und das ist manchmal nicht sehr viel!

Zusätzlich zur Dynamikbearbeitung besitzen Single Ended Noise Reductions oft noch ein dynamisches Tiefpassfilter, wie man es in analogen Synthesizern findet. Das Rauschen stört am meisten in den hohen Frequenzbereichen. Das Filter lässt sich so einstellen, dass bei geringen Eingangspegeln das Filter halb geschlossen wird, so dass die Höhen bedämpft werden. Bei stärkeren Pegeln wird das Filter wieder geöffnet. Wenn das Nutzsignal einen Nachhall enthält, wird außer dem Rauschen leider auch

der Hall unterdrückt. Das Verfahren ist ohnehin nur in Pausen wirklich wirksam. Stark verrauschte Aufnahmen, bei denen das Rauschen vom Nutzsignal nicht vollständig verdeckt wird, lassen sich vom Rauschen nicht befreien.
Single Ended Noise Reductions sind immer das letzte Mittel, um des Rauschens Herr zu werden. Grundsätzlich sollte man alles tun, um Rauschen bereits bei der Aufnahme zu vermeiden, das heißt: Gut aussteuern und möglichst wenig kopieren. Single Ended Noise Reductions sind sehr effektiv, wenn es darum geht, einzelne Spuren einer Mehrspur-Maschine zu bearbeiten, und zwar möglichst noch bevor diese verhallt sind. Angenommen, es gilt, eine Achtspuraufnahme abzumischen, deren acht Spuren jeweils leicht rauschen. Wenn jede Spur separat mit einem eigenen Gate- oder Expander-Kanal vom Rauschen befreit und erst das entrauschte Signal verhallt wird, kann man eine sehr hohe Qualität erzielen. Bei digitalen Produktionen ist Rauschen glücklicherweise kein ernsthaftes Problem mehr.

Schlagzeugabnahme mit Gates und frequenzselektives Gaten

Bei der Aufnahme oder der Verstärkung eines Schlagzeugs sind Gates wertvolle Werkzeuge, um die Signale der einzelnen Mikrofone zu trennen. Bei einer Schlagzeugaufnahme stehen die Mikrofone eng beieinander. Das Mikrofon der Snare Drum fängt immer auch den Schall der anderen Trommeln und der Becken ein. Das Gleiche gilt für für die anderen Mikrofone. Dadurch wird es sehr schwer, den Klang und den Effektanteil für jede Trommel individuell einzustellen.
Dadurch, dass die Signale der einzelnen Trommeln von verschiedenen Mikrofonen eingefangen werden, die unterschiedlich weit von der Schallquelle entfernt sind, überlagern sich in Folge der unterschiedlichen Schall-Laufzeiten überdies ähnliche Audiosignale verschiedener Phasenlagen. Phasenprobleme sind die Folge: Bestimmte Frequenzen werden betont, andere werden ausgelöscht, und zwar in einer völlig unberechenbaren Art und Weise. Deshalb empfiehlt es sich, die Signale der Mikrofone, die nur bestimmte Trommeln abnehmen sollen, individuell zu "gaten".
Jetzt könnte man hoffen, dass die dem Mikrofon unmittelbar nahestehende Trommel immer am "lautesten" ist. Dann könnte man den Threshold des Gates dieser Trommel so einstellen, dass es gerade eben auf diese Trommel reagiert, aber bei der entfernteren (und mithin "leiseren") Bass Drum nicht öffnet. Bedauerlicherweise spielen Schlagzeuger so dynamisch, dass es nicht ausbleibt, dass harte Anschläge der Bass Drum das Gate des Snare-Drum-Mikrofons triggern und trotzdem leise Snare-Drum-Anschläge das Gate gar nicht erst öffnen! Das gleiche

Problem tritt dementsprechend auch bei den anderen Mikrofonen auf. Abhilfe schaffen in solch misslichen Lagen Filter in der "Side Chain".

Side Chain (Seitenweg), Side-Chain-Filter

Die Side Chain (der Seitenweg) ist ein unhörbarer Kanal eines Dynamikprozessors, der nur zum Zwecke der Steuerung benutzt wird. Der Dynamikprozessor regelt mit seinem VCA das Eingangssignal, allerdings nicht in Abhängigkeit des Eingangssignals, sondern in Abhängigkeit des Signals in der Side Chain. Wenn das Signal der Side Chain eines Gates den Threshold unterschreitet, schließt das Gate – unabhängig vom Pegel des Eingangssignals.
Bei vielen Gates können in den Seitenweg beliebige andere Signalprozessoren insertiert ("eingeschleift") werden – beispielsweise Filter. Viele Gates besitzen in der Side Chain bereits integrierte Filter. Dabei handelt es sich normalerweise um einen Hochpass und um einen Tiefpass, die gemeinsam einen Bandpass bilden. Der Tiefpassfilter bestimmt die höchste Frequenz, auf die das Gate noch reagiert, und der Hochpass bestimmt die tiefste Frequenz, auf die das Gate noch reagiert. Mit dieser Filteranordnung lässt sich nun ein Frequenzband einstellen, in dem genau die zu gatende Trommel eindeutig den größten Pegel produziert. Bei der Snare Drum sind dies eher höhere Frequenzen. Die Filter sieben das vorwiegend tieffrequente Signal der Bass Drum aus. Dann reagiert das Gate tatsächlich nur noch auf Schläge der Snare Drum. Für die Bass Drum wird dementsprechend ein sehr tiefes Frequenzband eingestellt.

Dynamikprozessoren mit Lookahead-Funktion

Statt einfacher Bandpassfilter kann man auch aufwendigere, externe Equalizer in die Side Chain insertieren. Verabreicht man dem Eingang des Gates ein mit dem Digitaldelay um wenige Millisekunden verzögertes Signal und steuert das Gate über die Side Chain mit dem nicht verzögerten Signal, kann das Gate sogar gewissermaßen in die Zukunft sehen! Unmittelbar, bevor eine Pegelspitze das Gate passieren soll, öffnet das Gate bereits. Pegelspitzen fallen dann auch bei impulsreichem Material nicht der Reaktionszeit des Gates zum Opfer. Das Verfahren empfiehlt sich unter bestimmten Umständen auch bei Kompressoren mit einer Side Chain, etwa beim Mixdown (der Endabmischung). Dazu sollte allerdings ein Digitaldelay allerfeinster Güte zur Verfügung stehen, sonst richtet der Klangverlust im Delay mehr Schaden an, als die geringfügige Verbesserung des Kompressions-Verhaltens nützt. Hier erweisen sich digitale Plug-In-Effekte mit Lookahead-Funktion als überlegen. Ohne dass tatsächlich etwas verzögert wird, beobachten diese Plug-Ins den Pegel der folgenden Millisekunden des Samples.

De-Esser, frequenzselektive Kompressoren

Auch Kompressoren besitzen zum Teil Side Chains, manche verfügen überdies, wie viele Gates, über in die Side Chain integrierte Filter. Dadurch wird eine frequenzselektive Kompression ermöglicht, also eine Kompression, die nur auf einen bestimmten Frequenzbereich reagiert. Bei der Kompression eines Summensignals kann eine kräftige Bass Drum zum Beispiel dazu führen, dass, wann immer die Bass Drum erklingt, alles für kurze Zeit "leiser" wird. Wenn die Bässe mit Hilfe des Hochpassfilters aus der Side Chain ausgeblendet werden, reagiert der Kompressor auf diese Bassimpulse nicht mehr. Allerdings wird der Pegel auch nicht länger zuverlässig begrenzt.

Die häufigste Anwendung für einen frequenzselektiven Kompressor ist der so genannte "De-Esser", dessen Name treffend mit "Zischlaut-Unterdrückungsgerät" übersetzt werden könnte. Bei Gesangs- und Sprachaufnamen führen Zischlaute wie das "S" häufig zu Pegelspitzen in hohen Frequenzbereichen, die unangenehme Verzerrungen nach sich ziehen können. Deshalb ist es oft wünschenswert, den gesamten Pegel immer dann zu reduzieren, wenn es in diesem charakteristischen Frequenzbereich zischt. Dazu wird das Bandpassfilter auf diesen Frequenzbereich (etwa 6 bis 10 kHz) eingestimmt. Bei Pegelspitzen in diesem Frequenzbereich regelt der VCA des Kompressors zurück, Impulse in den Tiefen (Popp- und Rumpelgeräusche) passieren den De-Esser jedoch unbedämpft.

Eine andere Form des De-Essers sind dynamische Tiefpassfilter, die die Höhen immer dann bedämpfen, wenn viele Höhen auftreten. Sie funktionieren ähnlich wie Single Ended Noise Reductions, nur dass das Filter nicht bei geringen Amplituden des Eingangssignals, sondern eben bei hohen Amplituden im Höhen-Bereich schließt. Statt wie frequenzselektive Kompressoren den Pegel zu manipulieren, färben diese Geräte den Klang.

Der Einsatz des De-Essers ist bei Sprach- und Gesangsaufnahmen nur dann zu empfehlen, wenn tatsächlich Probleme mit Zischlauten auftauchen. Ist das nicht der Fall, empfiehlt sich eine einfache Kompression. Viele gute Sänger lassen bei ihrer Intonation von sich aus Vorsicht walten bei Lauten, die zu Zischen und Poppen führen können. Dabei kommt es auch auf den Klang der Sprache an. Amerikanisches Englisch etwa ist tontechnisch weniger kritisch als Hochdeutsch.

Ducker

Eine weitere Anwendung eines Kompressors mit Side Chain ist der Ducker. Der Ducker regelt den Pegel eines Signals immer dann automatisch zurück, wenn ein anderes Signal, das an die Side Chain des Kompressors angeschlossen ist, auftaucht. Das bekannteste Beispiel für den Einsatz des Duckers sind von Musik unterlegte Ansagen des DJs im Rundfunk. Sobald der an die Side Chain angeschlossene Moderator etwas sagt, wird die im Hintergrund laufende Musik leise. Die Geschwindigkeit, mit der sich die Musik wieder einblendet, nachdem der Moderator einmal schweigt, wird mit dem Release-Parameter des Kompressors eingestellt.

Multiband-Kompressoren und Multiband-Limiter

Das Beispiel des gewöhnlichen De-Essers zeigt, dass eine frequenzselektive Kompression ein fauler Kompromiss sein kann. Wenn es zischt, nimmt der einfache De-Esser nicht nur den zischenden Frequenzbereich zurück, sondern alles. Wenn man die Bass Drum aus der Side Chain ausfiltert, um zu vermeiden, dass die gesamte Musik im Takt der Bass Drum laut und leise wird, führt die Bass Drum zu regelmäßigen Pegelspitzen, die eben nicht komprimiert werden.

Analoger Multiband-Kompressor mit drei Bändern: Aphex Dominator II.

Die elegante Lösung dieses Problems versprechen Multiband-Dynamikprozessoren. Diese zerlegen das Signal mit Hilfe von Frequenzweichen in mehrere, beispielsweise drei oder vier verschiedene Frequenzbereiche. Diese Frequenzbänder werden von separaten Kompressoren bearbeitet. Das Gerät mischt die drei Signale dann wieder zusammen. Solche Kompressoren und Limiter vermögen den Pegel stark zu reduzieren, ohne dass der Regelvorgang hörbar wird. Diese Eigenschaft ist von eminenter Bedeutung, denn sie gestattet wesentlich härtere Aussteuerungen. Das Resultat: Lautere Musik ohne höhere Pegelspitzen. Der erste Multiband-Limiter war das Modell "Dominator" des Herstellers Aphex.

Eine Multiband-Dynamikbearbeitung, insbesondere eine Multiband-Kompression, aber auch parametrische Equalizer, und Dithering mit Noise Shaping sind die wesentlichen von Mastering-Prozessoren wie dem DBX Quantum (oben) oder dem Drawmer Masterflow (unten) gebotenen Prozesse.

Bei der Musikproduktion sind Multiband-Kompressoren und Multiband-Limiter ein wirksames Werkzeug zur Erzeugung einer höheren Lautstärke und einer besseren Aussteuerung, was sich auch auf den Rauschabstand auswirkt. Wenn man nicht gerade Spezialeffekte erzeugen will, sollte man aber immer darauf achten, dass die Wirkung des Kompressors unauffällig bleibt. Viele Produzenten verzichten auf den Einsatz von Multiband-Limitern und -Kompressoren aus prinzipiellen Erwägungen, wenn ihr Einsatz nicht erforderlich ist, andere lassen sie immer eingeschaltet. Die Klang-Einbußen durch die integrierte Frequenzweiche und die getrennte Regelung sind praktisch nicht hörbar. Die Summe der an einer Produktionen beteiligten Geräte macht sich jedoch irgendwann durch Klangverfärbungen bemerkbar. Insofern kann eine gewisse Sparsamkeit bei der Produktion nicht schaden, sofern man auf den Prozessor einmal verzichten kann. Möglichst kurze Signalwege kommen der Qualität immer zu Gute.

10.11 Entzerrer (Equalizer)

Der Frequenzgang der Amplitude

Wenn vom "Frequenzgang" eines Geräts die Rede ist, ist, genau ausgedrückt, immer der "Frequenzgang der Amplitude" gemeint. Der Frequenzgang der Amplitude ist das Verhältnis von Eingangsspannung und Ausgangsspannung eines Geräts in Abhängigkeit von der Frequenz, gemessen mit Sinusschwingungen.

Recorder, Verstärker und alle anderen Audiogeräte, die einen Eingang und einen Ausgang besitzen, können gleichermaßen tiefe, mittlere und höhere Frequenzen übertragen. Üblicher-

weise ist das gesamte Hörfeld des Menschen abgedeckt, also Frequenzen zwischen 20 und 20.000 Hertz. Kein Gerät überträgt alle Frequenzen zwischen diesen Werten exakt gleich gut. Die Kondensatoren und Widerstände verursachen bedauerlicherweise in allen Geräten mehr oder minder große Unregelmäßigkeiten in der Wiedergabe, die dazu führen, dass manche Frequenzen etwas betont und andere etwas geschwächt werden. Insbesondere bei sehr hohen und sehr tiefen Frequenzen fällt das Übertragungsverhalten eines Recorders, eines Verstärkers oder eines Signalprozessors mehr oder minder stark ab. Einen besonders stark ausgeprägten Frequenzgang besitzen auch sämtliche Mikrofone und Lautsprecher.
Der Frequenzgang der Amplitude lässt sich grafisch darstellen. Ohne die Angabe des Toleranzbereichs, auf den Frequenzbereich sich bezieht, ist die numerische Angabe nicht aussagekräftig. Digitale Systeme kommen dem Ideal eines sehr geradlinigen ("linearen") Frequenzgangs oft sehr nahe. Allerdings ist die höchste Frequenz, die ein digitales System übertragen kann, durch die Abtastrate streng limitiert (siehe Abschnitt *Sampling Rate und Nyquist/Shannon-Theorem* ab Seite 178). Das ist bei analogen Systemen zumeist nicht der Fall.

Einsatzgebiete von Entzerrern

Entzerren

Das Wort "Entzerrer" ist weitgehend gleichbedeutend mit "Filter". Allerdings meint man mit dem Wort "Entzerrer" zumeist Geräte, die aus mehreren einzelnen Filterkomponenten bestehen.
Den Namen Entzerrer (englisch: "Equalizer") tragen Geräte, die den Frequenzgang der Amplitude innerhalb gewisser Grenzen beeinflussen können, weil sie Unregelmäßigkeiten des Frequenzgangs ausgleichen, also entzerren können. Dies ist eine der Hauptanwendungen. Bei der Beschallung, aber auch bei der Aufnahme treten unerwünschte Betonungen, aber auch Auslöschungen bestimmter Frequenzbereiche auf, die mit Entzerrern ausgeglichen werden können. Raum-Resonanzen, die Eigenschaften des Mikrofons, die Position des Mikrofons, der Einfluss der Kabel und alle Verstärkerstufen verursachen diese so genannten "linearen Verzerrungen" des Frequenzgangs. Unter "linearen Verzerrungen" versteht man Betonungen und Dämpfungen vorhandener Frequenzanteile, im Gegensatz zu "nichtlinearen Verzerrungen", mit denen vom Gerät erzeugte spektrale Anteile gemeint sind, die im Eingangssignal überhaupt nicht vorhanden waren (zum Beispiel Klirren).

Der Entzerrer kann also in seiner Eigenschaft als "linearer Verzerrer" lineare Verzerrungen des Frequenzgangs ausgleichen. Das ist vor allem bei Beschallungs-Aufgaben wichtig, wenn es darum geht, akustische Rückkopplungen zu bekämpfen, die fast immer durch Betonungen bestimmter Frequenzbereiche ausgelöst werden. In guten Studios ist auch die große Abhöranlage linear entzerrt.

Den Klang regeln

Ein anderes Einsatzgebiet des Equalizers ist die Färbung des Klangs nach künstlerischen Gesichtspunkten. Das trompetenähnliche Signal eines Synthesizers beispielsweise lässt sich durch die Betonung trompetentypischer und durch die Dämpfung trompetenuntypischer Frequenzen noch viel "trompetiger" gestalten. Der Sound eines Schlagzeugs, insbesondere von Bass und Snare Drum, erhält nur durch die beherzte Betonung bestimmter Frequenzbereiche die Wucht, die man bei modernen Produktionen erwartet.

Equalizer als sind als Klangregelungen in jedem Kanalzug eines Mischpults enthalten. Man setzt sie bei Pop-, Rock- und Dancefloor-Produktionen für Instrumentalspuren mit großer Selbstverständlichkeit ein, um den Klang ganz nach Geschmack zu beeinflussen. Bei akustischen Instrumenten kann die Eigenklanglichkeit des Filters zu einem Problem werden. Bei Aufnahmen so genannter "klassischer Musik" werden Equalizer nur sehr sparsam auf die einzelnen Instrumente angewendet.

Wenn die Bedingungen optimal sind, werden Equalizer auch bei Popularmusikproduktionen für Gesangsspuren allenfalls sehr dezent eingesetzt. Dazu muss man die richtigen Mikrofone verwenden und vor allem richtig aufstellen. Hochwertige Mischpulte, Recorder und Signalprozessoren erhalten einen sehr klaren Klang. Bei minderwertigen Komponenten kann der Sound verwaschen klingen, insbesondere in den Höhen. Dadurch ist man bei billigen Komponenten eher dazu geneigt, mit dem Equalizer den Klang zu schönen.

Störungen ausfiltern

Der dritte wichtige Anwendungsbereich von Equalizern ist das Ausfiltern störender Frequenzbereiche. Angenommen, ein Mikrofon überträgt außer der gewünschten Sprache auch tieffrequente Windgeräusche oder durch Körperschall des Statives hervorgerufenes Rumpeln, bietet es sich an, die Frequenzbereiche, in denen nur Störungen, aber keine Nutzsignale enthalten sind, mit dem Equalizer herauszufiltern. Ein anderes Beispiel: Eine Bass-Spur, deren Nutzsignal fast ausschließlich in tieferen Frequenzbereichen liegt, rauscht. Die besonders störenden hochfrequenten Anteile des Rauschens kann man mit dem

Equalizer dämpfen – eine einfache Klangregelung genügt. Bei schlechten Aufnahmen ist man gezwungen, Kompromisse zwischen der Natürlichkeit der Klangfarbe und dem störenden Rauschen einzugehen.

Grafische Equalizer

Grafische Equalizer besitzen mehrere nebeneinander angeordnete Pegelsteller (Schieberegler) für unterschiedliche Frequenzbereiche. Die linken Regler sind für die Tiefen zuständig, und nach rechts hin regeln die Schieber immer höhere Frequenzbereiche. Je höher ein Regler steht, desto höher ist die Anhebung des betreffenden Frequenzbandes. In der Mitte, bei 0 dB Anhebung, sollten die Regler einrasten. Manche Equalizer bieten auch eine Betriebsart, in der keine Anhebung, sondern lediglich Absenkungen möglich sind. Diese Betriebsart bietet sich beim Beschallungseinsatz zur Bekämpfung von kritischen Resonanzen an, die zu Rückkopplungen führen können. Die meisten Equalizer ermöglichen maximale Anhebungen und Absenkungen in der Größenordnung von ±12 oder ±15 dB. Dadurch wird der Klang bei Bedarf sehr deutlich verfärbt.

Ein typischer, zweikanaliger, analoger grafischer Equalizer (Terzbandentzerrer) mit 2 × 31 Bändern: Der Yamaha Q2031A.

Die Anzahl der der regelbaren Frequenzbänder, also auch die Anzahl der Regler, variieren. Manche grafischen Equalizer unterteilen das Hörfeld, also den Bereich von 20 Hz bis 20 kHz, in Frequenzbänder mit je einer Oktave Breite, andere in Frequenzbänder von der Breite einer Quinte oder einer großen Terz. Eine Oktave aufwärts entspricht der Verdoppelung der Frequenz, eine reine Quinte der Multiplikation um den Faktor $3/2$, eine reine Große Terz um den Faktor $5/4$. Ein Terzband-Entzerrer unterteilt das Hörfeld in 31 Bänder von der Breite einer großen Terz. Oft besitzen sogar minderwertige HiFi-Anlagen kleine grafische Equalizer mit etwa sechs Bändern. Grundsätzlich empfiehlt sich im HiFi-Bereich eher die Investition in gute Boxen und Verstärker als Klang-Kosmetik mit billigen Equalizern.
Beim Umgang mit dem grafischen Equalizer hat man den Eindruck, den Frequenzgang der Amplitude mit den Schiebereglern modellieren zu können. Der Bedienungskomfort grafischer Equalizer ist deshalb unübertroffen.

Parametrische Equalizer

Parametrische Equalizer besitzen in der Regel weniger Frequenzbänder (beispielsweise vier), die dafür aber in all ihren Parametern stufenlos eingestellt werden können. Dabei handelt es sich neben der Anhebung beziehungsweise Absenkung um die mittlere Frequenz des Frequenzbandes und um den so genannten Q-Faktor. Die mittleren Frequenzbereiche der Frequenzbänder können sich gegenseitig überlappen. Der Q-Faktor (auch "Güte") beschreibt die Breite des geregelten Frequenzbandes. Gelegentlich wird die Güte auch in Oktaven beziehungsweise Bruchteilen von Oktaven angegeben.

Der Q-Faktor ergibt sich aus der Division der mittleren Frequenz durch die Bandbreite. Die höhere Frequenz mit 3 dB Verstärkung oder Dämpfung, angegeben in Hertz, abzüglich der niedrigeren Frequenz mit der gleichen Verstärkung oder Dämpfung ist die Bandbreite, angegeben als Differenz wiederum in Hertz. Diese Differenz steht im Nenner. Der Mittelpunkt der Regelung mit der maximalen Anhebung oder Absenkung steht im Zähler; auch dieser Wert ist in Hertz angegeben. Der Quotient ist eine Zahl ohne Dimension: Je größer die Zahl, desto höher die Güte, desto schmaler das geregelte Frequenzband.

Parametrischer Equalizer "Fat EQ" als Plug-In von Logic Audio Platinum. Der Frequenzgang, der sich aus den Einstellungen der fünf Frequenzbänder ergibt, wird grafisch dargestellt. Die drei Parameter eines jeden Frequenzbandes sind deutlich zu erkennen: Frequenz in Hz, Gain (mit Drehregler) in dB und Q-Faktor (ohne Dimension).

Fehlt der Parameter des Q-Faktors, spricht man von einer "halbparametrischen Klangregelung". Halbparametrische Klangregelungen sind typisch für Mischpulte. Parametrische Equalizer können sehr platzsparend gebaut werden, sind sehr flexibel, und da die Anzahl der Filterelemente nicht sehr hoch ist, fallen die durch die Filter hervorgerufenen Störeffekte meist zumeist recht gering aus. Parametrische Equalizer sind weniger übersichtlich als grafische Equalizer und können nicht alle komplizierten Kurven nachvollziehen, die man bei grafischen Equalizern einstellen kann. Parametrische Equalizer, die eine besonders schmale Absenkung eines bestimmten Frequenzbandes realisieren können, eignen sich besonders gut zur Eliminierung bestimmter Störgeräusche. Ein Filter, das extrem schmale Frequenzbänder stark absenken kann, heißt "Notch-Filter".

Andere Eigenschaften von Filtern, Frequenzgang der Phase

Im Rahmen dieses Buches kann nicht näher auf die Filtertheorie eingegangen werden. Die Filtertheorie ist eine außerordentlich umfangreiches Gebiet der Nachrichtentechnik, deren Abhandlung viele dicke Bände füllen würde. Beim Umgang mit Equalizern und anderen Filtern sollte man sich jedoch darüber im Klaren sein, dass analoge und digitale Filter nicht nur den Frequenzgang der Amplitude beeinflussen.

Abgesehen von den bei allen Audiogeräten typischen Störeffekten wie Rauschen und Klirren verursachen Filter vor allem auch Phaseneffekte. Es gibt sehr viele unterschiedliche Filterschaltungen mit völlig unterschiedlichen Eigenschaften. Im Allgemeinen gilt: Je stärker und je schmäler eine Anhebung oder Absenkung erfolgt, desto mehr wird das Signal um diesen betreffende Frequenzbereich herum zeitlich verzögert. Die Verzögerungen bewegen sich freilich in einem so geringem Rahmen, dass nicht etwa ein Nachklingen die Folge ist, sondern eher ein etwas verwaschener Klang.

Der Frequenzgang der Phase ist die Darstellung der durch ein Audiogerät verursachten Verzögerung einer Sinusschwingung in Anhängigkeit von ihrer Frequenz. Der Frequenzgang der Phase wird durch Filter also mehr oder weniger stark verzerrt. Equalizer, die aus zahlreichen Filtern bestehen, sind besonders anfällig für diese im Allgemeinen unerwünschten Phaseneffekte. Das gilt insbesondere für grafische Equalizer. Hochwertige Equalizer, die ein Vielfaches billiger Geräte kosten können, sind meistens einfachen Geräten, die äußerlich dieselben Ausstattungsmerkmale aufzuweisen scheinen, überlegen. Im Heimstudio kann, mit Ausnahme der obligatorischen Klangregelungen des Mischpults, oft ganz auf den Einsatz von Equalizern verzichtet werden. Wenn bei der Abmischung lediglich die Auffrischung der Höhen und die Anhebung der Bässe gefordert ist, bietet sich als Alternative zu Equalizern auch der Einsatz von Excitern, Enhancern und anderen Sound-Prozessoren an.

Filterbänke

Frequenzweichen

Besonders in der Beschallungstechnik ist häufig die Aufteilung eines Signals in dessen tieffrequente und hochfrequente Bestandteile gefordert. Diese werden oft unterschiedlichen Verstärker-Endstufen zugeführt, die individuell unterschiedliche Tief-, Mittel- und Hochtonlautsprecher antreiben. Im Falle zweier getrennter Frequenzbereiche spricht man auch vom "Biamping-Verfahren". Das Gerät, dass das Signal in die verschiedenen Frequenzbereiche aufteilt, heißt "Frequenzweiche" (auch: "Crossover", "Frequency Dividing Network"). Eine Frequenzweiche besteht aus mehreren Tief- und Hochpassfiltern, die den einzelnen Ausgängen vorgeschaltet sind. Auch die nach der Endstufe angeordnete Elektronik im Inneren einer Lautsprecherbox, die den verschiedenen Lautsprechern die für sie bestimmten Frequenzbereiche zuführt, heißt "Frequenzweiche". Eine mit einer eigenen Stromversorgung ausgestattete, vor den Endstufen angeordnete Frequenzweiche für NF-Signale heißt "aktive Frequenzweiche", eine nach der Endstufe angeordnete Frequenzweiche heißt "passive Frequenzweiche".

Analyzer

Ein Analyzer (auch: Frequency Spectrum Analyzer) ist kein Signalprozessor, sondern ein Analysegerät, das auf einer Filterbank basiert. Es teilt das Signal in zumeist 31 Frequenzbänder auf, die denen eines Terzbandentzerrers entsprechen. Der Pegel jedes Frequenzbandes wird von 31 nebeneinander angeordneten LED-Ketten angezeigt. An den speziellen Mikrofoneingang eines Analyzers wird üblicherweise ein spezielles Messmikrofon angeschlossen. Durch die Bewegungen der einzelnen Balken der LED-Kette lässt sich auf sehr übersichtliche Weise ablesen, wieviel Pegel in jedem Frequenzbereich vorherrscht. Insbesondere bei Beschallungsaufgaben erleichtert der Analyzer das sofortige Erkennen von Rückkopplungsfrequenzen. Wenn die grafischen Equalizer direkt darunter eingebaut sind, lassen sich Rückkopplungen extrem schnell bekämpfen.
Auch im Studio ist der Analyzer ein effektives Kontrollinstrument. Grundsätzlich ist man gut beraten, bei der Abmischung besondere Betonungen bestimmter Frequenzbereiche zu vermeiden. Mit nach langer Arbeit ermüdetem Gehör nimmt der Produzent unbeabsichtigte Betonungen unter Umständen nicht mehr wahr, sondern merkt nur, dass irgendetwas nicht stimmt. Der Analyzer klärt sofort auf.

Einrauschen

Analyzer werden auch eingesetzt, um Übertragungsanlagen "einzurauschen". Analyzer enthalten oft Rauschgeneratoren für so genanntes "Rosa Rauschen" ("Pink Noise"). Rosa Rauschen enthält in jedem Frequenzbereich die gleiche spektrale Energie (den gleichen Pegel). Wenn man dieses Rauschsignal mit der Übertragungsanlage wiedergibt, kann man am Analyzer den Frequenzgang der Amplitude des Übertragungssystems ablesen! Mit dem Terzbandequalizer wird der Frequenzgang nun linear eingestellt. Der Vorgang heißt "Einrauschen".
Das Einrauschen kann bei Beschallungsaufgabe eine optimale Einstellung des Monitors und des Saaltons nach Gehör nicht ersetzen, obwohl viele Tontechniker das glauben! Beim Einrauschen wird nämlich nur die Verstärkeranlage selbst linearisiert, aber die Position der Mikrofone wird nicht berücksichtigt. Die Mikrofone und ihre Anordnung beeinflussen den Frequenzgang der Amplitude in hohem Maße. Das Einrauschen der Anlage mit dem Analyzer allein schafft vor Rückkopplungen keine ausreichende Sicherheit. Diese wird nur durch das gezielte Provozieren von Rückkopplungen beim Soundcheck durch extrem hohe Verstärkungsfaktoren erreicht. Dieses Verfahren heißt "Einpfeifen". Dabei rückt der Tontechniker den Rückkopplungen mit dem Equalizer zu Leibe. Das Verfahren erfordert Erfahrung, ist aufwendig und geht allen Anwesenden wegen der ständigen Rückkopplungen sehr auf die Nerven. Es führt aber zu den besten Resultaten.

Vocoder

Der Vocoder geht auf ein in den dreißiger Jahren entwickeltes militärisches Gerät zur Codierung von Sprache zurück. Heute wird der Vocoder in erster Linie für spezielle Klangeffekte benutzt. Der Vocoder liegt heute auch in der Form von Software als Algorithmus mancher Multieffektprozessoren vor.
Der Vocoder besteht im Wesentlichen aus einer dem Analyzer ähnlichen Filterbank, dem so genannten "Voder", und einer zweiten Bank von VCAs (spannungsgesteuerten Verstärkern) und Filtern, die vom Voder gesteuert wird, dem so genannten "Coder". Der Vocoder besitzt zwei Eingänge. Ein Signal gelangt in die Analyseeinheit, den Voder. Das andere Signal passiert die Coder-Bank und wird gefiltert. Dieses gefilterte Signal liegt am Ausgang des Vocoders an. Die Funktion des Vocoders besteht darin, dass der Verstärkungsfaktor jedes Frequenzbandes des Coders mit dem Pegel eines jeden Frequenzbandes des Voders einhergeht. Das heißt: In den Frequenzbereichen, in denen das an den Voder angeschlossene Signal stark ist, wird das an den Coder angeschlossene Signal betont. Die Frequenzbereiche, die

im Vodersignal nicht enthalten sind, werden vom Coder bedämpft. Deshalb nimmt das Codersignal in Echtzeit die spektrale Zusammensetzung des Vodersignals an!
Wenn an den Voder ein Mikrofon mit Sprache angeschlossen wird und an den Coder eine Orgel, scheint die Orgel zu sprechen. Die Sprachverständlichkeit ist bei einer ausreichenden Zahl von Filterbänken sogar sehr gut. Um eine gute Sprachverständlichkeit der Zisch-Laute und anderer Konsonanten zu gewährleisten, empfiehlt sich das Zumischen von Rauschen zum Codersignal. Vocoder werden bevorzugt für die Erzeugung von "Roboterstimmen" verwendet. Der Phantasie sind beim Einsatz des Vocoders allerdings keine Grenzen gesetzt. Auch die gegenseitige spektrale Beeinflussung von Musikinstrumenten ist möglich. Vocoder besitzen eine ausgeprägte Eigenklanglichkeit. Deshalb sind Vocoder eher als Geräte für Spezialeffekte aufzufassen.

10.12 Exciter, Enhancer und psychoakustische Equalizer

Im Laufe einer mit analogem Gerät durchgeführten Produktion passieren die Audiosignale eine sehr große Anzahl Verstärker, Filter, diverse Signalprozessoren, Kabel und so weiter. Obgleich im Einzelfall zumeist nicht hörbar, leidet die Qualität des Signals im Laufe der Produktion womöglich spürbar, und zwar umso mehr, je geringer die technische Qualität und je größer die Anzahl der einzelnen beteiligten Komponenten ist. Kleinere Anlagen, die aus besseren Komponenten bestehen, erweisen sich gegenüber großen Anlagen aus minderwertigem Equipment als überlegen.
Wenn der Klang bei der Abmischung nur dann befriedigen kann, wenn mit der Mischpult-Klangregelung bei fast allen Kanälen die Höhen und die Bässe angehoben werden, ist der Einsatz von Klang von Excitern, Enhancern oder so genannten psychoakustischen Equalizern angezeigt. Sie heben die vorhandenen Höhen an oder erzeugen zusätzliche Höhen und beleben so das Klangbild. Auch die Sprachverständlichkeit gewinnt, und das Gehör ermüdet nicht so schnell. Damit das Klangbild nicht höhenlastig erscheint, heben viele Geräte zugleich die Bässe an. Diese Geräte sind konventionellen grafischen oder parametrischen Equalizern in vielen Fällen überlegen, etwa wenn es um die klangliche Belebung kompletter Mischungen geht, ohne dass die Korrektur bestimmter Frequenzbereiche gefragt ist.
Exciter, Enhancer und psychoakustische Equalizer funktionieren ganz unterschiedlich, ihre klangliche Wirkung ist jedoch recht ähnlich. Sie erinnert zunächst an das Anheben von Bässen und

Höhen mit dem Loudness-Schalter einer HiFi-Anlage. Im Gegensatz zur Loudness-Schaltung treten beim Einsatz dieser Prozessoren die Mitten jedoch nicht in den Hintergrund, und der Klang wirkt nicht so verwaschen wie bei der einfachen Bass- und Höhenanhebung. Dennoch sind all diese Effekte sehr vorsichtig zu dosieren, denn der vordergründig klangverbessernde Effekt kann ermüdend wirken.

Exciter

Exciter erzeugen aus dem Eingangssignal hochfrequente spektrale Anteile, die im Eingangssignal nicht enthalten sind. Es handelt sich also um nichtlineare Verzerrer, ähnlich den Verzerrern, die man als Bodeneffektgeräte für Gitarren kennt. Das verzerrte Signal wird zu ganz geringen Teilen dem originalen Signal zugemischt. Der Obertongenerator ist schaltungstechnisch hinter einem Hochpassfilter mit variabler Filtergrenzfrequenz angeordnet. Die künstlichen Obertöne entstehen also nur im Frequenzbereich oberhalb der Filterfrequenz dieses Hochpassfilters. Der Parameter für die Filterfrequenz heißt "Tune", der Parameter für das Mischungsverhältnis heißt "Mix". Je tiefer das Filter gestimmt ist, desto mehr Obertöne produziert der Exciter, desto tiefer wird aber auch das Spektrum des hinzugemischten Klangs und desto unnatürlicher gerät der Klangeindruck.

Analoger Exciter mit zusätzlichem Kompressor nur für den Bassbereich: Aphex Aural Exciter C^2.

Grundsätzlich sind vergleichsweise hohe "Tune"-Einstellungen und im Zweifelsfall höhere Mischungsverhältnisse zu empfehlen, denn bei sehr hohen Frequenzen kann das Gehör zwischen synthetischen und natürlichen Obertönen nicht so gut unterscheiden wie in tieferen Frequenzbereichen. Exciter verhelfen digitalen Aufnahmen zu einer gewisse Lebendigkeit, die bei ihnen gelegentlich vermisst wird.
Manche Exciter besitzen überdies spezielle Schaltungen für die Anhebung der Bässe. Der Aphex Exciter C^2 komprimiert die Dynamik der Bässe und erzielt so eine Bassanhebung, die nur zu unwesentlich höheren Amplituden (Pegeln) führt. Die Bezeichnung "Aural Exciter" ist ein geschützter Handelsname des Herstellers Aphex.

Enhancer

Ein Enhancer ist ein Signalprozessor, der die Höhen immer solange anhebt, wie ihr Pegel einen bestimmten Schwellwert (Threshold) überschreitet. Wenn der Pegel der Höhen den Threshold unterschreitet, unterbleibt die Höhenanhebung. Auf diese Weise wird die Dynamik des Höhenbereichs erhöht. Der Klang wirkt brillanter. Ein besonderer Vorteil dieses Verfahrens besteht in seiner Eignung für leicht verrauschte Aufnahmen. Wird der Threshold geschickt gewählt, wird das Rauschen nicht spürbar verstärkt, wohl aber die Höhen! Enhancer empfehlen sich deshalb besonders bei analogen Aufnahmeverfahren.

Psychoakustische Equalizer

Diese Prozessoren machen sich die durch die Filterschaltungen bedingten Phasenverschiebungen zu Nutze, um in der Mischung mit dem originalen Signal bestimmte, durch die Phasenverschiebung bedingte Anhebungen und Auslöschungen bestimmter Frequenzbereiche zu erzielen. Die Wirkung erfolgt in Abhängigkeit vom Eingangspegel. Der klangliche Eindruck besteht in der Verstärkung der Bässe und der Höhen. Die wohl bekannteste Gerätefamilie dieser Art trägt den Handelsnamen "Vitalizer" und kommt aus dem deutschen Hause SPL.

Ein psychoakustischer Equalizer mit einer ungewöhnlichen Filterschaltung, die sich Phaseneffekte zur Anhebung der Höhen und der Bässe zu Nutze macht: Der Stereo Vitalizer von SPL.

Das Gerät enthält überdies einen so genannten "Surround Processor", der durch gegenphasige Zumischungen des linken auf den rechten und des rechten auf den linken Kanal eine Verbreiterung der Stereobasis erzielt. Subjektiv scheinen die Boxen weiter auseinanderzurücken. Ein zu starker Einsatz des Prozessors kann jedoch zu Phasenproblemen führen, in deren Folge die in die Mitte gemischten Signale zunehmend ausgelöscht werden.

10.13 Octaver, Subharmonic Synthesizer

Mit sehr geringem Aufwand lassen sich Schaltungen realisieren, die Impulse zählen und nach jedem zweiten eingehenden Impuls einen Impuls ausgeben. Solche Schaltungen heißen auch Frequenzteiler, da sie die Frequenz der eingehenden Impulse halbieren. Eine Halbierung der Frequenz entspricht der Transposition um eine Oktave abwärts. Dabei bleibt von der ursprünglichen Wellenform allerdings nichts erhalten. Das Resultat ist eine Rechteckwelle, oder, wenn sie durch ein Tiefpassfilter bearbeitet wird, eine obertonarme, sinusähnliche Welle.

Octaver

Ein Octaver mischt eine solche Welle dem Originalsignal zu. Oft findet man auch Octaver, die sogar zwei Oktaven unterhalb des Originalsignals generieren können. Das Problem bei Octavern besteht darin, dass das Eingangssignal eine klar definierte Frequenz besitzen, also einstimmig sein muss. Darin unterscheidet sich Oktavern von den viel komplizierteren digitalen Pitch Shiftern (siehe Abschnitt *Pitch Shifter* ab Seite 141). Octaver sind als Bodeneffektgeräte bekannt und werden wegen ihres Tiefbasses von Bassisten bevorzugt. Populär ist vor allem die Anwendung auf bundlose Bassgitarren (Fretless Bass).

Subharmonic Synthesizer

Subharmonic Synthesizer sind Signalprozessoren, die auf demselben technischen Funktionsprinzip basieren wie Octaver. Sie lassen sich aber auch auf komplette Mischungen, also auf sehr komplexe Signale anwenden. Der Trick besteht darin, dass dem Eingangssignal mit Hilfe von zwei Bandpassfiltern zwei Frequenzbereiche im Bassbereich entnommen werden, die ihrerseits zwei unabhängigen Frequenzteilerschaltungen zugeführt werden. Beim Subharmonic Synthesizer 120 XP des Herstellers DBX haben die beiden Frequenzbereich haben jeweils die Breite einer Quinte. Eine Frequenzteilerschaltung erzeugt Signale im Bereich von 24 bis 36 Hertz, die andere im Bereich von 36 bis 56 Hertz. Beide liegen also am untersten Rand des Hörfeldes.

Der DBX 120 XP erzeugt mit analoger Technik in zwei Frequenzbereichen jeweils von der Breite einer Quinte Bässe, die sich als Sub-Oktaven aus den tiefsten spektralen Anteilen des Eingangssignals ergeben.

Die Frequenzbänder, aus denen diese Sub-Oktaven aus dem Originalsignal hergeleitet werden, liegen prinzipbedingt eine Oktave höher. Das synthetische Bass-Signal wird mit Hilfe von Tiefpassfiltern von sehr tiefer Grenzfrequenz sämtlicher Mitten und Höhen beraubt. Der Subharmonic Synthesizer mischt die synthetischen Bässe dem Originalsignal zu. Das klangliche Resultat besteht in einer sehr tief hinabreichenden Bassanhebung, die kein Equalizer leisten kann.

10.14 Röhrenvorstufen und Harmonische Verzerrungen

Wenn es ein typisches, stilbildendes Merkmal der Rockmusik gibt, dann sind es die durch die so genannte Übersteuerung ("Overdrive"), also die elektrische Überlastung von Verstärkern verursachten Verzerrungen des Klangs elektrischer Gitarren. Natürlich wird diese Regel durch viele Ausnahmen bestätigt. Spätestens seit Gitarristen wie Jimi Hendrix, Pete Townshend (The Who) oder Ritchie Blackmore (Deep Purple) das Zusammenspiel von überlastetem Röhrenverstärker und elektrischer Gitarre zu einer neuen Klangästhetik entwickelt haben, geht es der Rock-Gitarre nicht mehr nur ums "Lautsein", sondern um den Sound. Damals ließen sich diese Verzerrungen nur erreichen, indem die Endstufen der Röhrenverstärker bis zur Überlastung aufgedreht wurden. Ein Röhrenverstärker mittlerer Leistung erzeugt dabei bereits Lautstärken, die bis dahin von keinem anderen Musikinstrument bekannt waren.
Später wurden Verstärkerschaltungen mit wenig Leistung als Vorstufe zwischengeschaltet, die die Verzerrungen produzieren sollten, während ein Master-Volume-Regler die Lautstärke des verzerrten Klangs begrenzen konnte. Um Verstärker-Vorstufen-Kombinationen handelt es sich auch bei den kleinen Verzerrer-

Effektpedalen. In den oft mit einem Wah-Wah-Pedal (Tiefpassfilter mit Resonanz) kombinierten so genannten "Fuzz"-Effekten steckten in den siebziger Jahren kleine Transistor-Verstärkerstufen. Das eisige Klangverhalten einfacher Transistorverzerrer unterscheidet sich deutlich von der warmen Entfaltung harmonischer Obertöne bei Röhrenendstufen.

Wie entstehen Verzerrungen?

Die Aufgabe eines Verstärkers besteht normalerweise darin, eine Ausgangsspannung zu erzeugen, die sich exakt analog zur Eingangsspannung verhält. Die Wellenform am Ausgang soll also genauso aussehen wie die am Eingang, aber eben eine größere Amplitude aufweisen. Das funktioniert nur innerhalb eines bestimmten Dynamikumfanges gut. Ab einer gewissen Spannungsgrenze kann der Verstärker dem Signal nicht mehr folgen und gibt einfach nur noch die größtmögliche Ausgangsspannung ab, ganz gleich, ob die Spannung am Eingang noch weiter ansteigt. Dasselbe gilt für negative Spannungen. Die Wellenform wird verzerrt, indem Spannungsspitzen ganz einfach abgeschnitten werden und nur der mittlere Bereich der Schwingung erhalten bleibt.

Durch die andere Wellenform ändert sich auch das Obertonspektrum – bei der so genannten harmonischen Verzerrung entstehen zusätzliche harmonische Oberschwingungen, die das Signal zuvor nicht enthielt (nichtlineare Verzerrungen). Der Unterschied zwischen Röhren- und einfachen Transistorschaltungen besteht im Wesentlichen in ihrer so genannten Kennlinie. Transistoren können ab der Übersteuerungsgrenze dem Eingangssignal schlagartig nicht mehr folgen, also begrenzen sie Spitzen abrupt, während Röhrenverstärker im Übersteuerungsbereich zunächst dem Eingangssignal noch innerhalb eines gewissen Maßes folgen können. Die Verbiegung der Wellenform erfolgt zäher und runder.

Transistorverzerrer erzeugen deshalb mehr harsche, hochfrequente und ungeradzahlige Obertöne, während Röhrenverstärker den Originalklang erkennbarer lassen und tiefere Oberschwingungen verursachen. Man kann schaltungstechnisch auch Transistorschaltungen eine gewisse Wärme verleihen, indem man das zu verzerrende Signal vor der Verzerrung mit einem Tiefpassfilter seiner Höhen beraubt. Durch die Verzerrung selbst entstehen wiederum neue Höhenanteile. Mit Hilfe digitaler Signalverarbeitung lassen sich die gewünschten Kennlinien guter Röhrenverstärker recht gut nachbilden – ein recht aufwendiges Verfahren, das bei digitalen Gitarrenvorstufen oder in Effektalgorithmen von Multieffektprozessoren zum Einsatz kommt.

Eigenschaften und Nebenwirkungen

Neben der Erzeugung zusätzlicher Obertöne ist der wesentliche Effekt der Verzerrung eine totale Kompression des Signals. Die physikalische Dynamik verschwindet bei stark verzerrten Signalen fast vollständig. Daher klingt der Ton einer verzerrten E-Gitarre sehr lange aus. Erst vor dem vollständigen Verklingen des Tons erscheint der Klang der Saite wieder unverzerrt, und zwar, ein Nebeneffekt des großen Verstärkungsfaktors, meist sehr verrauscht. Das Grundrauschen des Signals macht sich immer in Pausen unangenehm bemerkbar. Abhilfe schaffen hier Gates. Gates oder die weicher einsetzenden Expander werden als Rauschunterdrückung oft auch in digitalen Gitarrenvorstufen verwendet.

Auswirkungen der Kompression

Die mit der Übersteuerung von Verstärkerstufen einhergehende Kompression ist eine wesentliche Grundlage der Intonation von Rockgitarristen. Das betrifft nicht nur die langen Töne eines Carlos Santana. Die Kompression ist wesentlich dafür verantwortlich, dass sich bei mittleren bis höheren Lautstärken akustische Rückkopplungen provozieren lassen. Dabei wird die Saite durch den Schall aus dem Lautsprecher, der das Signal der Saite verzerrt wiedergibt, erneut zu schwingen angeregt.
Dadurch lassen sich unter bestimmten Voraussetzungen Noten beliebig lange halten oder Quietsch- und Kreischgeräusche erzeugen – Jimi Hendrix hat es vorgemacht. Aber auch Flageolet-Töne, die bei einer unverzerrten Gitarre extrem leise wären, erklingen bei einer Verzerrung genauso laut wie hart angeschlagene Akkorde. Der Gitarrenstil von Billy Gibbons (ZZ Top) ist stark durch verzerrte Flageolet-Töne geprägt, bei denen der Daumen der rechten Hand die Grundschwingung der mit dem Plektron angeschlagenen Saite dämpft.

Problematische Harmonien

Bei der Verzerrung eines einzelnen Tons entstehen harmonische Oberschwingungen. Bei Akkorden wird die harmonische Struktur des Klangs ausgesprochen kompliziert. Die durch die Verzerrung verursachten und die originalen Obertöne können sich bei bestimmten Akkorden bitter reiben. Akkorde, die im Jazz gang und gäbe sind, funktionieren bei starken Verzerrungen nicht – der Hauptgrund, weshalb verzerrte Instrumente im Jazz vergleichsweise selten sind. Mollakkorde klingen wesentlich rauer als Durakkorde, parallele Quinten oder Oktaven.
Störend wirken sich auch – insbesondere bei Keyboards – gleichzeitig erklingende tiefe und hohe Töne aus. Der Klang wird zu rau. Für Orgeln verwendet man daher nur ganz dezente Röhrenverzerrungen. Die Harmonik der Rockmusik ist durch die

Eigenschaften der Verzerrungen maßgeblich geprägt. Das Ausmaß der Verzerrungen und ihrer Nebeneffekte ist letztlich aber stufenlos regelbar. Während im Hardrock, Heavy Metal und Anverwandtem stark übersteuerte Marshall-Amps noch immer Standard sind, wird in anderen Genres auf einen dezenten "Crunch"-Sound Wert gelegt, der von der Klanglichkeit und der Dynamik des Instruments mehr übrig lässt.

Spezielle Röhren-Vorverstärker

Sehr oft werden Röhren-Vorstufen auch dann verwendet, wenn nur ganz dezente Harmonische Verzerrungen erwünscht sind. Röhrenschaltungen wird ganz allgemein ein sehr warmer Klangcharakter zugeschrieben – nicht immer zu Recht. Da digitale Recorder den Ruf klanglicher Kälte besitzen, kommt den Röhrenverstärkern wieder eine besondere Rolle zu, denn sie bereichern den Klang um die vermisste Wärme. Dabei lassen sich manche Produzenten noch nicht einmal durch den nicht ganz perfekten Rauschabstand von Röhrenverstärkern abschrecken. Langsam spricht es sich herum, dass es bestimmte Formen von Hintergrundrauschen gibt, die den Klang nicht beeinträchtigen, sondern bereichern. Wenn die gesamte Technik korrekt ausgesteuert wird, kann man sich das sehr leise Rauschen eines Röhrenverstärkers durchaus leisten.

Röhren-Vorverstärker gibt es speziell für Gitarren, Bassgitarren, aber auch für E-Pianos. Sie enthalten zusätzlich oft digitale oder mit Hilfe analoger Transistortechnik aufgebaute Klangregelungen und Kompressoren. Die Impedanz (der Scheinwiderstand) der Eingänge ist oft für die Tonabnehmer dieser Instrumente ausgelegt, so dass der Anschluss von Line-Signalen zu Problemen führen kann. Den Experimenten mit solchen Geräten sind jedoch keine Grenzen gesetzt.

Viele Vorverstärker dieser Art besitzen Ausgänge, denen Filter vorgeschaltet sind, die den Frequenzgang von Gitarren-Lautsprecherboxen simulieren. Diese Filterschaltungen sind wichtig, wenn man ohne den Umweg über die Mikrofonierung von Gitarrenlautsprechern direkt in das Mischpult spielen möchte. Die klanglichen Resultate können auch in der professionellen Produktion überzeugen. Wenn allerdings ein bestimmter Sound eines bestimmten Verstärkers gefragt ist, ist die Mikrofonierung des lautstarken Amps unvermeidlich.

Röhren-Equalizer und Röhren-Kompressoren

Der Rahmen dieses Buches reicht nicht aus, um näher auf die Schaltungen und technischen wie klanglichen Besonderheiten von in Röhrentechnik aufgebauten Equalizern und Kompressoren einzugehen. Historisch begann die gesamte Tontechnik auf

Basis von Röhrenschaltungen. Ihnen sind bestimmte klangliche Eigenschaften zueigen, die gerne und im Allgemeinen auch treffend als "Wärme" beschrieben werden. Sie ergänzen sich hervorragend mit einer ansonsten digitalen Studio-Umgebung. Deshalb werden Diese Geräte in überarbeiteter Form heute wieder gebaut. Sie sind im Allgemeinen sehr kostspielig und besitzen weniger flexible Regelmöglichkeiten. Für bestimmte Sounds sind sie unersetzlich. Sie gehören dennoch nicht zur Standardausstattung moderner Studios.

11 Tonbandgeräte

11.1 Analoge Tonband- und Cassettengeräte

Die in diesem Kapitel vorgestellten Tonbandgeräte verlieren zunehmend an Bedeutung – die Festplatte (Harddiskrecorder, Audiosequenzer) und CD-Brenner sind auf dem Vormarsch. Doch wann Tonbandgeräte ganz aus der Musikproduktion verschwinden, ist noch nicht abzusehen.
Das Tonband ist ein mit einer magnetisierbaren Auflage beschichteter Film. Die Aufläge enthält Verbindungen wie Chromdioxid (CrO_2), Eisenoxid (FeO), Reineisen (Fe) oder Eisen-Chrom-Verbindungen, deren Moleküle durch ein Magnetfeld auf eine bestimmte magnetische Polarität ausgerichtet werden können. Das Tonband befindet sich in Cassetten mit kleinen Spulen oder ist, ohne Cassette, auf separaten Spulen (Spulentonbandgerät) aufgewickelt. Bei analogen Tonbandgeräten (Cassettenrecorder und Spulentonbandgeräte) stehen die Tonköpfe fest, im Gegensatz zu Video- und DAT-Recordern, wo Tonköpfe in Form von Trommeln schräge an dem bewegten Band rotieren. Der Löschkopf und der Aufnahmekopf erzeugen entlang eines extrem schmalen Spaltes durch elektromagnetische Induktion ein wechselndes Magnetfeld. Der Aufnahmekopf (auch: "Sprechkopf") eines analogen Tonbandgerätes wird mit einem analogen Audiosignal gespeist. Analog zur Spannung des Audiosignals verhält sich das Magnetfeld, das am Spalt des Aufnahmekopfes induziert wird. "Sich analog zueinander verhalten" heißt soviel wie "miteinander einhergehen" oder "korrelieren". Für die analoge Audiotechnik heißt das: Je größer der Luftdruck (Schall), desto größer die Spannung, desto größer das Magnetfeld, desto weiter bewegt sich die Lautsprechermembran und so weiter.
Das Tonband wird mit gleichförmiger Geschwindigkeit, am Aufnahmekopf vorbei, durch das im Takt der Spannung wechselnde Magnetfeld geführt. Das Band berührt den Kopf bei der Aufnahme. Durch das Magnetfeld werden die magnetisierbaren Moleküle, die so genannten Elementarmagneten, magnetisch ausgerichtet und behalten ihre Magnetisierung bei, wenn sie am Aufnahmekopf vorbeigefahren sind und in der Spule aufgewickelt werden.

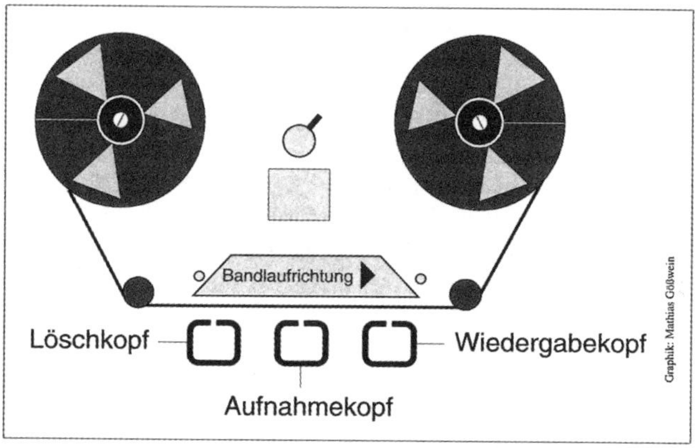

Position von Löschkopf, Aufnahmekopf und Wiedergabekopf bei einem analogen Stereo-Tonbandgerät. Bei Mehrspur-Tonbandgeräten sind demgegenüber Aufnahme- und Wiedergabekopf kombiniert, da ein Zeitversatz zwischen Aufnahme und Wiedergabe nicht zulässig ist.

Bei der Wiedergabe fährt das Band am Wiedergabekopf (auch: "Hörkopf") vorbei, der im Prinzip genauso funktioniert wie der Aufnahmekopf. Bei Mehrspurtonbandgeräten sind Aufnahme- und Wiedergabekopf kombiniert. Das Magnetfeld, das den Spalt des Wiedergabekopfes durchfährt, induziert eine Spannung, die sich wiederum analog zum Magnetfeld verhält. So werden Audiosignale aufgezeichnet und wiedergegeben. Die Beziehungen zwischen Magnetismus und Elektrizität in einem Tonbandgerät sind nicht unkompliziert. Für den Anwender ist das aber nicht weiter von Belang, solange das Tonbandgerät gut funktioniert. Tonbandgeräte müssen regelmäßig neu eingemessen werden, mitunter müssen die Köpfe neu justiert, vor allem aber müssen die Köpfe regelmäßig vom Bandabrieb gereinigt werden. Das gilt auch für Cassettendecks. Gebrauchte Tonbandgeräte sollte man vor dem Kauf unbedingt in einer Fachwerkstatt warten lassen. Im Allgemeinen sind Spulen-Tonbandgeräte auch bei Dauerbelastung sehr langlebig.

Analoge Spulentonbandmaschinen wie die Fostex G24S sind unkompliziert und zuverlässig, wenn es gilt, beispielsweise 24 Spuren über einen längeren Zeitraum zugleich aufzunehmen. Insbesondere Rockmusikproduzenten schätzen den Klang der Bandkompression und arbeiten mit analogen Tonbandmaschinen des Formats "2 Zoll".

11.2 Übersteuerung

Je stärker das Magnetfeld ist, desto stärker und vollständiger erfolgt die magnetische Ausrichtung der Elementarmagneten. Das funktioniert nur bis zu einem gewissen Maße, der so genannten magnetischen Sättigung. Stärkere Spannungen (mehr Pegel) und stärkere Magnetfelder können oberhalb der magnetischen Sättigung des Bandes nichts mehr ausrichten – die Aufnahme wird übersteuert. Die sanft einsetzende magnetische Sättigung führt auch zu einer ganz dezenten Kompression der Dynamik, ähnlich, wie man sie mit einem Kompressor erreichen kann. Die klangliche Wärme, die von dieser leicht komprimierten Dynamik ausgeht, ist einer der Gründe, weswegen viele Produzenten analoge Tonbandgeräte den digitalen Maschinen vorziehen.

11.3 Bandrauschen

Wenn das Band aus der Fabrik kommt, sind die Elementarmagneten chaotisch gepolt. Im Wesentlichen gleichen sich die unterschiedlich gepolten Elementarmagneten gegenseitig aus. Kleine, chaotisch verteilte Schwankungen resultieren bei der Wiedergabe jedoch in Rauschen. Das Grundrauschen lässt sich nie ganz vermeiden. Es ist umso stärker, je schmaler das Band ist – deshalb rauschen Cassettenrecorder so schrecklich. Beim

Löschen, also auch bei jeder Aufnahme, wird das Band vom Löschkopf mit einer (unhörbar) hochfrequenten Wechselspannung vormagnetisiert. Dadurch wird die Polung der Elementarmagneten schon einmal geordnet, was das Rauschen vermindert. Für jede Bandsorte eignen sich verschiedene Frequenzen und Amplituden des Vormagnetisierungsstroms. Deshalb sollte man das Tonbandgerät immer auf die Bandsorte einmessen. Gute Cassettendecks besitzen dazu einen Bias-Regler oder eine entsprechende Automatik, und natürlich den obligatorischen Bandsorten-Wahlschalter.
Wenn der Magnetisierungsstrom bei der Aufnahme zu gering ist, bleibt das Rauschen gegenüber der beabsichtigten Magnetisierung relativ stark. Um Übersteuerungen und Rauschen in geringen Grenzen zu halten, ist es deshalb bei jeder Tonbandaufnahme sehr wichtig, dass man auf eine gute Aussteuerung achtet. Cassettendecks besitzen dazu große Drehregler. Aussteuerungs-Automatiken sind für die Musikproduktion grundsätzlich nicht geeignet.

Rauschunterdrückungen

Die hohen Frequenzanteile des Rauschens (Zischen) wirken sich besonders störend aus. Andererseits wird die magnetische Sättigung fast immer zuerst durch tiefe Frequenzanteile erreicht. Deshalb liegt es nahe, hohe Frequenzanteile vor der Aufnahme anzuheben und bei der Wiedergabe entsprechend abzusenken. Dadurch wird das Band in allen Frequenzbereichen besser ausgenutzt und das besonders störende hochfrequente Grundrauschen gedämpft. Das ist das Prinzip der einfacheren Rauschunterdrückungen des Patentinhabers Dolby.
Bei den verschiedenen Dolby-Typen wird das Signal zum Teil in mehrere Frequenzbänder aufgeteilt und komprimiert. Die Dolby-Rauschunterdrückungen und ähnliche Patente (Hicom und andere) färben den Klang. Ursprünglich als Diktiergerät-Format konzipiert, erlangte die Compactcassette erst durch die Dolby-Rauschunterdrückung ihre Bedeutung als die Standard-Musikkonserve schlechthin. Heute gibt es Bandsorten, die sich sehr hart aussteuern lassen, so dass (bei konsequenter Aussteuerung) das Rauschen gegen das Nutzsignal leise wird. Deshalb ist es Geschmackssache, ob man heute bei Aufnahmen überhaupt noch eine Rauschunterdrückung vom Typ Dolby B oder dem überlegenen Dolby C verwenden will. Das Rauschen verschwindet zwar weitgehend, dafür klingt aber alles ziemlich muffig und verhangen. Den heutigen Maßstäben der Musikproduktion genügen allenfalls die Standards Dolby S, Dolby SR und Hicom. Sie verursachen nur sehr geringe Klangverfärbungen und unterdrücken das Rauschen sehr effizient. Bei der Auf-

nahme werden verschiedene Frequenzbereiche unabhängig voneinander in der Dynamik komprimiert und bei der Wiedergabe entsprechend expandiert. Rauschunterdrückungen sind oft in analoge Tonbandgeräte integriert.

11.4 Hinterbandkontrolle

Stereo-Spulentonbandgeräte und gute Cassettendecks besitzen separate Lösch-, Aufnahme- und Wiedergabeköpfe. Mit solchen Geräten kann man während der Aufnahme die Aufnahme abhören. Das Band wird vom Aufnahmekopf magnetisiert und läuft sogleich am danebenliegenden Wiedergabekopf vorbei. Dessen Wiedergabesignal lässt sich abhören. Diese Funktion heißt "Hinterbandkontrolle". Das hat den Vorteil, dass man noch während der Aufnahme die Qualität der Aufnahme überprüfen kann. Durch die Laufzeit von Aufnahme- zu Wiedergabekopf entsteht eine von der Bandgeschwindigkeit abhängige Verzögerung, die früher gelegentlich für Echoeffekte eingesetzt wurde.
Bei allen Mehrspurrecordern sind der Aufnahme- und der Wiedergabekopf in einem Bauteil zusammengefasst, da Wiedergabe und Aufnahme ohne den bei auseinanderliegenden Köpfen durch den Bandlauf bedingten Zeitversatz erfolgen müssen. Einfache Cassettendecks, aber auch fast alle digitalen Recorder (DAT, Adat und so weiter) besitzen nicht die Möglichkeit der Hinterbandkontrolle. Beim Kauf analoger Mastermaschinen und Stereo-Cassettendecks sollte man darauf achten, dass eine Hinterbandkontrolle möglich ist, da man es schon während eines Aufnahmeversuchs bemerkt, wenn etwa eine Übersteuerung hörbar wird. Man kann dann die Aufnahme sofort abbrechen. Das spart Zeit und Nerven.

11.5 Digitale Schallaufzeichnung (Sampling) – Grundlagen

Das Prinzip der digitalen Aufzeichnung, Speicherung und Wiedergabe von Audiosignalen hat für so gut wie alle digitalen Tonbandgeräte, Sampler, Harddiskrecorder und Signalprozessoren Gültigkeit. Das Verfahren heißt "Impuls-Code-Modulation" oder englisch: "Pulse Code Modulation" ("PCM"), landläufig einfach "Sampling" oder "PCM-Sampling" genannt.
Während das analoge Signal bei seiner Aufzeichnung, Übertragung und Wiedergabe einer Vielzahl von Störeinflüssen ausgesetzt, beschreitet die Digitaltechnik den Weg, nicht das analoge Abbild eines Signals, sondern nur eine Beschreibung desselben

zu übertragen und zu speichern. Die Beschreibung ist, wie alles in der Welt der Computer, binär codiert. Sie besteht also aus einer Abfolge von zwei weit auseinanderliegenden Spannungswerten, die mit "1" und "0" bezeichnet wird. Die Verständlichkeit wird durch Störeinflüsse wie harmonische Verzerrungen, nichtlinear arbeitende Verstärker, Rauschen und Filtereffekte, solange sich diese innerhalb gewisser Grenzen abspielen, nicht im geringsten geschmälert. Durch Reproduktion (Kopie) der Daten entsteht kein Informationsverlust, vielmehr können Verzerrungen der Spannungswerte durch eine Kopie der Daten sogar ausgelöscht werden. Der Unterschied zwischen "analoger" und "digitaler" Signalverarbeitung verhält sich wie der Unterschied zwischen dem Kopieren eines Bildes und dem Kopieren eines Textes mit dem Fotokopierer: Wenn man ein Bild mit all seinen unendlich feinen Nuancen der Helligkeit mit einem Fotokopierer kopiert, wird die Kopie schlechter als das Original. Wenn man einen geschriebenen Text kopiert, mag das Bild der Buchstaben auf der Kopie etwas ausgefranst erscheinen, aber die Textinformation bleibt ohne jede Einschränkung erhalten. Wenn das Original zu blass war, kann die Kopie sogar einen besseren Kontrast besitzen!

Sampling Rate und Nyquist/Shannon-Theorem

Beim PCM-Sampling wird das analoge elektrische Audiosignal, dessen Spannungswerte sich analog zu den von der Mikrofonmembran erfassten Schallschwingungen verhalten, in regelmäßigen Abständen gemessen. Eine einzelne solche Messung heißt "Sample" (englisch für "Probe"). Um Missverständnissen vorzubeugen: Auch eine gesamte Schallaufnahme, also eine Abfolge von Samples, wird im Allgemeinen Sprachgebrauch "Sample" genannt. Das Nyquist/Shannon-Theorem besagt: Damit von einer periodischen Schwingung wenigstens noch ein positiver und ein negativer Auslenkungspunkt erfasst wird, muss die Frequenz, mit der die Messungen erfolgen, wenigstens doppelt so hoch sein wie die zu messende Schwingung. Die Frequenz, mit der das System die Proben ("Samples") erfasst, heißt Abtastrate (auch: Sampling-Frequenz) oder englisch: "Sample Rate". Die höchste übertragbare Frequenz, also die halbe Abtastfrequenz, heißt Nyquist-Frequenz. Ein Tiefpassfilter filtert vor der Wandlung des Audiosignals diejenigen Frequenzen aus, die oberhalb der Nyquist-Frequnz liegen, da die von ihnen verursachten Abweichungen der Auslenkung bei der Rückwandlung in ein analoges Signal falsch interpretiert werden müssten. Wenn man, entsprechend den Fähigkeiten des menschlichen Gehörs, Frequenzen bis zu 20 kHz übertragen möchte, muss die Sampling-Frequenz also oberhalb von 40 kHz liegen. Oberhalb deshalb, weil das Tiefpassfilter die Frequnzen nur mit einer endlichen Flankensteilheit (Trennschärfe) ausfiltern kann. Der CD-Standard bedient sich einer Sampling-Frequenz von 44,1 kHz, DAT-Recorder samplen mit 48 kHz. Je höher die Sample-Frequenz, desto besser ist die Audioqualität, und desto mehr Daten fallen an. Gängige Sampling-Frequenzen sind 32 kHz, 44,05 kHz, 44,1 kHz und 48 kHz sowie die jeweils halben Werte. Die gängigen Frequenzen wurden ursprünglich als Vielfache von bestimmten im Rundfunk, Film und Fernsehen gebräuchlichen Frequenzen abgeleitet.

Quantisierung

In digitalen Systemen erfolgt die Wandlung der einzelnen Auslenkungen in binär kodierte Werte mit endlicher Genauigkeit, je nachdem, wieviel Informationskapazität das System pro Sample einsetzt. Eine Quantisierung von acht Bit ergibt ein Raster von 2^8 = 256 Werten, 12 Bit bedeuten 2^{12} = 4.096 Werte und der CD- und DAT-Standard bedienen sich einer Quantisierung von 16 Bit mit 2^{16} = 65.536 Werten. Je nach Quantisierung kann jedes Sample durch den Rundungsfehler innerhalb eines gewissen Rahmens vom Wert der Originalspannung des analogen Signals abweichen, was sich bei der Wiedergabe in Verzerrungen äußert.

Die meisten Toningenieure sind überzeugt, dass eine Erhöhung der Wortbreite von 16 auf 24 Bit (50 % mehr Datenaufkommen) wesentlich mehr zur Verbesserung der Audioqualität beiträgt als die Erhöhung der Abtastrate von 44, 1 oder 48 kHz auf 88,2 oder 96 kHz (100 % mehr Datenaufkommen).

Dither, Dynamik, digitale Verzerrungen

Die Verzerrungen sind geringer, wenn sich die Quantisierungsfehler bei der Kodierung möglichst zufällig verteilen. Daher mischen Analog-/Digital-Wandler dem Signal vor dem Sampling ein hochfrequentes Impulsrauschen ("Dither") mit einer Amplitude von etwa einem Drittel der Quantisierungsintervalle zu. Jedes zusätzliche Bit reduziert den Verzerrungsanteil dann um 6 dB. Systeme mit 16-Bit-Quantisierung können theoretisch einen Fremdspannungsabstand von 98 Dezibel erzielen. Im Gegensatz zu analogen Bandmaschinen und Verstärkern, die Übersteuerungen mit zunehmenden Harmonischen Verzerrungen und Kompression quittieren, reagieren digitale Systeme auf Übersteuerungen mit falschen Sample-Werten, die bei der Wiedergabe abrupt zu hartem Knistern und Krachen führen. Während bei analogen Systemen niedrige Aussteuerungen einen geringen Fremdspannungsabstand (Rauschen) und niedrige Verzerrungen nach sich ziehen, wächst bei digitalen Systemen durch die relativ zur Amplitude großen Quantisierungsfehler (Rundungsfehler) der Verzerrungsanteil! Bei der Aussteuerung aller digitalen Bandmaschinen, Sampler, Harddiskrecorder und Signalprozessoren gilt: Im Interesse geringer Verzerrungen möglichst hart aussteuern, aber niemals auch nur im geringsten übersteuern! Speziell bei digitalen Aufnahmen wie einem Live-Mitschnitt mit dem DAT-Recorder bietet sich deshalb der Einsatz eines Limiters an, der plötzliche Pegelspitzen verzerrungsfrei begrenzt.

Aliasing und Oversampling

Die Rückwandlung der digitalen Daten in ein analoges Audiosignal wirft diverse Probleme auf. Aufgrund ähnlicher physikalischer Sachverhalte, die beim Mittelwellen-Rundfunk oder (absichtlich) bei Ringmodulatoren zu eigenartigen Klangverfärbungen führen können, können bei der Digital/Analog-Wandlungen Störungen auftreten, die von der Sample-Frequenz und dem zu übertragenden Signal abhängen. Je niedriger die Samplefrequenz bei der Digital/Analog-Wandlung ist, desto größer sind die "Aliasing" genannten Störungen. Aliasing taucht auf, wann immer (wie beim Sampling) etwas in ein zeitliches Raster gepresst wird. Bekannt ist das Phänomen beim Film. Wenn Kamera und Filmprojektor 25 Bilder pro Sekunde zeigen und im Film ein Wagenrad zu sehen ist, das sich nur ein wenig langsamer als 25 Mal pro Sekunde dreht, scheint das Rad sich mitunter ganz langsam rückwärts zu drehen. Man hat den Eindruck, die Speichen würden von Bild zu Bild sich um ein Stück zurückbewegen, dabei hat sich das Rad knapp einmal vorwärts bewegt – das optische Resultat ist im Film beide Male gleich. Es wäre auch dann noch gleich, wenn sich das Rad fast zwei- oder dreimal gedreht hätte. Würde der Film 50 Bilder pro Sekunde zeigen, würde das Problem erst bei der doppelten Wagenradgeschwindigkeit auftreten. Aus dem gleichen Grund führt Aliasing bei der Digital/Analog-Wandlung zu falsch wiedergegebenen Wellenformen und in der Folge zu falschen Frequenzanteilen. Durch eine (ganzzahlige) Vervielfachung der Abtastfrequenz bei der Wiedergabe kann man den Aliasing-Effekt vermindern. Dieses Verfahren heißt Oversampling. Gebräuchlich sind achtfaches, aber auch 64-faches Oversampling.

11.6 Digitale Tonband- und Cassettengeräte

In der professionellen Musikproduktion, besonders bei anspruchsvollen "Klassik"aufnahmen, werden zum Teil digitale Spulentonbandgeräte (ohne Cassetten) als Mehrspurrecorder bevorzugt. Diese Bandmaschinen besitzen wie ihre analogen Pendants (und im Gegensatz zu DAT- und Video-Laufwerken) feststehende Tonköpfe. Deshalb heißen diese Maschinen auch DASH-Recorder (für "Digital Audio Stationary Head"). Solche Maschinen mit 32 Spuren sind nur für wenige Studios überhaupt bezahlbar. Andere digitale Mehrspur-Tonbandgeräte basieren auf Videocassetten-Laufwerken. Zur Zeit sind zwei Formate verbreitet: Das Adat des Herstellers Alesis, das auch von Fostex unterstützt wird, und die Geräte des Herstellers Tascam. Das Alesis Adat basiert auf einem S-VHS-Videolaufwerk ("Super-VHS") und der Tascam DA-88 auf einem Hi-8-Laufwerk. Beide Recorder besitzen acht Spuren und können im Verbund mit mehreren identischen Recordern synchron laufen. So lassen sich grundsätzlich auch Aufnahmesysteme mit mehr als 100 Spuren einrichten. Die jüngeren Vertreter dieser Recorder unterstützen Wortbreiten von 20 Bit oder 24 Bit.

DAT-Recorder

DAT-Recorder arbeiten mit speziellen DAT-Cassetten, deren Band, ähnlich wie bei VHS-Videocassetten, von einer schräge zum Band angeordneten, rotierenden Kopftrommel beschrieben und gelesen wird. Das Datenformat und die Audioqulität entsprechen weitgehend der CD. Auch hier ist die Quantisierung 16-Bit-linear, allerdings beträgt die Sampling-Frequenz im Normalfall 48 kHz, kann bei guten DAT-Recordern aber oft bei Aufnahmen über die Analogeingänge auch manuell auf die CD-typischen 44,1 kHz umgeschaltet werden. Bei modernen HiFi-DAT-Recordern mit dem so genannten "Serial Copy Management System" (SCMS) ist eine digitale Kopie von CD auf DAT möglich. Diese wird mit einem so genannten "Copy Prohibit Bit" versehen, also einer unhörbaren digitalen Markierung, die eine nochmalige Kopie vereitelt. Die Markteinführung des DAT-Formats ging mit erheblichen Geburtswehen einher, da die Medienkonzerne um ihre CD-Absätze fürchteten, denn es ist möglich, DAT-Kopien von CDs in identischer CD-Qualität herzustellen. Deshalb hat man die andere Sampling-Frequenz gewählt und später das ungeliebte SCMS eingeführt. Im Konsumentenbereich hat sich DAT nicht auf so breiter Front durchgesetzt wie von Entwickler Sony erhofft, und die Cassetten sind zu teuer, als dass sich systematisches CD-Kopieren lohnen würde. Für Musiker erwies sich der DAT-Recorder jedoch als die Master-Maschine schlechthin. Teurere DAT-Recorder versehen 44,1-kHz-Digitalkopien noch nicht einmal mit dem Copy Prohibit Bit, außerdem sind Geräte zur Entfernung dieses störenden Bits erhältlich. Mit einem DAT-Recorder kann jeder Musiker Master-Aufnahmen herstellen, die als Basis einer CD-Pressung sehr gut geeignet sind. Gegenüber analogen Spulentonbandgeräten fällt lediglich unangenehm ins Gewicht, dass man keine Schnitte mit Schere und Klebestreifen herstellen kann. Diese Aufgabe wird am besten zuvor mit einem Harddiskrecorder erledigt. Möglich, aber nicht ganz einfach, ist auch das gefühlvolle Zusammenkopieren mit zwei DAT-Recordern. DAT-Recorder können auch als Backup-Medium etwa für Harddiskrecorder dienen. Sie sind sehr preiswert, und ihre Klangqualität genügt höchsten Ansprüchen. Damit man auch Kopien und Schnitte in einer bestimmten Reihenfolge herstellen kann, ist es sehr zu empfehlen, sich gleich zwei DAT-Recorder zuzulegen. Die Audioeigenschaften der einzelnen Modelle und Preisklassen variieren zwar, aber ähnlich wie bei den CD-Playern halten sich die Unterschiede in Grenzen.

DAT-Recorder wie der Tascam DA-40 haben das Zweispurtonbandgerät als Mastermaschine abgelöst. Die Bounce-Funktion eines Audiosequenzers ist der schärfste Konkurrent des DAT-Recorders: Sie erzeugt eine Master-Audiodatei, die direkt in ein CD-Schnittprogramm eingebunden und auf die CD-R gebrannt werden kann – womit sich die Anschaffung eines DAT-Recorders zumeist erübrigt.

Mastermaschinen

Ziel jeder Musikprodiktion ist die Herstellung einer endgültigen Stereoaufnahme beim so genannten "Mixdown", also der Endabmischung. Diese Aufnahme, das sogennante "Master", von der ausgehend alle späteren Kopien und die CD hergestellt werden, wird mit der Mastermaschine aufgenommen. Dabei handelt es sich um einen Stereorecorder allerbester technischer Qualität.

Die MiniDisk (MD) oder die digitale Compact Cassette (DCC) sind, obwohl deutlich besser als analoge Cassettenrecorder, als Mastermaschine keine Alternative für DAT-Recorder oder CD-R. Bei diesen Formaten wird mit Hilfe einer Datenreduktion das Datenaufkommen auf ein Bruchteil der ursprünglichen Information begrenzt. Dank geschickter Algorithmen, die die Eigenschaften des menschlichen Gehörs berücksichtigen, sind die Klangeinbußen zwar gering, aber groß genug, um die unwesentlich teureren und viel weiter verbreiteten DAT-Recorder vorzuziehen. In jedes Studio gehört außerdem ein gutes Cassettendeck, und zwar nur, damit man mit der "Außenwelt" kompatibel ist. Auch nach heutigen Maßstäben können Stereo- und Zweispur-Spulentonbandgeräte als gute Mastermaschinen gelten. Ihr Vorteil ist der unkomplizierte Schnitt mit Schere, Klebestreifen und einer einzigen Maschine.

Modular Recording

Besitzer zweier Adats (oder Tascam-Achtspur-Recorder) können digitale16-Spur-Aufnahmen herstellen. Die Flexibilität des Systems geht jedoch weit darüber hinaus. Alesis bietet für das Adat-System eine besondere Fernbedienung an, die unter anderem auch einen Autolocator enthält, die so genannte "BRC Master Remote Control". Mit zwei oder mehr Adats ist es möglich, bestimmte Passagen zeitversetzt von einem Recorder zum nächsten zu kopieren, und zwar mit absoluter Timecode-Präzision und vollkommen verlustfrei, weil digital. Die Montage eines Refrains von einer Maschine zur nächsten, um 32 Takte versetzt, und nachheriges Zurückkopieren auf die erste – kein Problem.

Der digitale 8-Spur-Recorder Tascam DA 78 HR basiert auf einem Videolaufwerk und erlaubt Modular Recording mit mehreren identischen, synchronisierten Recordern. Vergleichbar, aber nicht kompatibel mit den Tascam-Recordern sind die Adat-Modelle des Herstellers Alesis.

Wenn man nur zwei Recorder hat, kann man zwar "nur" sechzehn Spuren gleichzeitig aufnehmen und wiedergeben, aber dennoch beliebig viele Spuren verwalten. Wenn man etwa das Schlagzeug auf acht Spuren aufnimmt, kann man dieses auf zwei Spuren des zweiten Recorders heruntermischen. Die Cassette mit den Schlagzeugspuren tauscht man gegen eine leere Cassette aus, und schon hat man vierzehn freie Spuren und das Stereo-Schlagzeug. Wenn sich im Verlauf der Produktion her-

ausstellt, dass die Snare zu leise ist, legt man die Schlagzeugcassette wieder ein und wiederholt die Abmischung. Dabei muss die erste Schlagzeugabmischung noch nicht einmal unwiderbringlich verloren gehen. Man kann vorher schließlich eine digitale Kopie davon auf einer anderen Cassette oder einer anderen Bandstelle herstellen. Kopien sollte man von Zeit zu Zeit ohnehin herstellen, denn ein Band kann auch einmal beschädigt werden, oder es können Fehler in den Daten auftreten. Die Digitalkopie einer Cassette ist mit dem Original identisch.
MIDI-Instrumente belegen, wenn die Recorder mit einem Sequenzer synchronisiert sind, keine Audiospur. Der Sequenzer spielt sie gewissermaßen live. Wegen der Möglichkeit des Modular Recording und der Timecode-Spur vermögen zwei synchronisierte digitale Achtspurrecorder deutlich mehr zu leisten als eine einzelne 16-Spur-Maschine. Spulentonbandgeräte besitzen jedoch andere Vorteile. Zum einen dauert es nach jedem Wiedergabe- und Aufnahmebefehl eine unterschiedlich lange Zeit (einige Sekunden), bis zwei synchronisierte Maschinen tatsächlich synchron laufen. Vorher bleiben die Geräte stumm, und es kann keine Aufnahme erfolgen. Zum anderen kommt es zuweilen vor, dass die Synchronisation plötzlich nicht mehr erfolgt. Mit dem Auswerfen und Wiedereinlegen der Cassetten oder mit Spulvorgängen lässt sich das System zwar wieder zur Räson bringen, aber die schlafwandlerische Sicherheit von einzelnen Spulentonbandgeräten wird nicht erreicht. Was die Audioqualität anbelangt, genügen diese Recorder höchsten Ansprüchen. Oberhalb von 24 Spuren ist unter professionellen Dauerstress-Bedingungen ein DASH-Recorder vorzuziehen.

11.7 Portable Studios

Compact-Cassetten als Mehrspur-Medium

Die wohl preisgünstigste Grundausstattung eines Heimstudios besteht in der Kombination von Mischpult und analogem Mehrspur-Cassettenrecorder in einem kompakten Gerät. Fast alle dieser Recorder arbeiten mit gewöhnlichen Compact-Cassetten. Gebräuchlich sind Formate mit vier, acht, selten sechs Spuren. Die Cassetten werden nur in einer Richtung bespielt. Eine stereo aufgenommene Compact-Cassette besitzt vier Spuren: Zwei für die eine "Seite" und zwei für die andere. Tatsächlich ist nur eine Seite des Bandes bespielt, aber es verlaufen eben vier Spuren nebeneinander, von denen zwei die eine Seite und die entgegengesetzt verlaufenden anderen beiden die andere Seite repräsentieren. Die Breite der Spuren ist bei Vierspur-Cassettendecks also dieselbe wie bei Stereo-Cassettendecks. Statt der cassettenüblichen Geschwindigkeit von 4,75 cm/s laufen die meisten Vierspur-Cassettendecks im Interesse einer besseren Aufnahmequalität mit der doppelten Geschwindigkeit (9,5 cm/s). Eine C-90-Compact-Cassette besitzt also eine Spielzeit von gut 22 Minuten. Die Spuren von Achtspur-Cassettendecks sind weniger als halb so breit wie die normaler Stereocassetten. Die Hersteller vermochten diesen Nachteil durch eine gegenüber den billigen Vierspur-Laufwerken und -Tonköpfen besonders hohe bauliche Präzision und anspruchsvollere Rauschunterdrückungen aufzuholen. Cassettendecks dieser Art gestatten kaum Frequenzgänge, die 18 kHz hinausgehen. Die ärgsten Probleme bei Compact-Cassetten sind das Rauschen und der vergleichsweise schlechte Gleichlauf, der sich durch unreine Töne (Vibrati, Heulen) äußert. Recorder mit nur vier Spuren erfordern das Heruntermischen von drei Spuren auf die vierte Spur, damit wieder drei Spuren für zusätzliche Aufnahmen frei werden. Dadurch ist man in der Gestaltung stereophoner Aufnahmen sehr eingeschränkt, und mit jedem Zwischenmix leidet die Qualität erheblich. Die Synchronisation eines Sequenzers mit Hilfe eines SMPTE-Timecodes belegt eine Audiospur. Manchmal genügt die Aufnahmequalität für den Timecode nur dann, wenn die Rauschunterdrückung abgeschaltet ist.

Die integrierten Mischpulte

Die Mischpulte dieser kombinierten Geräte haben zumeist zwischen vier und sechzehn Kanalzüge und besitzen teilweise vier Subgruppen. Die Signalführung ist im Vergleich zu anderen Mischpulten zumeist etwas unflexibel und ausschließlich für den Betrieb mit dem betreffenden integrierten Recorder ausgelegt. Zumeist sind die Subgruppen direkt den einzelnen Spuren zugeordnet, während die Panoramaregler der Eingangskanäle direkt die ungeradzahligen und geradzahligen Subgruppen ansteuern. Die Kriterien für solche Mischpulte entsprechen im übrigen denen, die auch an andere Pulte anzulegen sind – das Gleiche gilt für die Recorder.

Der Preisvorteil beim Kauf eines solchen Kompaktgeräts relativiert sich, wenn eine Komponente ausgetauscht werden soll, etwa, weil sie den Anforderungen nicht mehr genügt, oder weil ein Defekt auftritt. Auch für Beschallungsaufgaben sind diese Geräte im Gegensatz zu anderen Mischpulten größtenteils kaum geeignet. Außer dem günstigen Anschaffungspreis und der kompakten Bauweise können kombinierte Recorder mit integrierten Mischpulten mit keinen besonderen Vorzügen aufwarten. Auch die technische Abstimmung der Komponenten gelingt ihnen nicht besser als jeder anderen Kombination von separatem Mischpult und Multitracker. Allerdings werden nicht so viele Verbindungskabel benötigt, da der Anschluss des Recorders an das Mischpult intern verdrahtet ist.

11.8 Typische Fehler bei analogen Tonbandaufnahmen

Aussteuerung

Die meisten Fehler werden bei der Aussteuerung gemacht. Gerade bei analogen Cassettenrecordern wirkt sich eine zu schwache Aussteuerung schlecht auf das Klangbild aus. Wird keine Rauschunterdrückung verwendet, ist das Grundrauschen deutlich vernehmbar. Da während einer einfachen Produktion mit Cassettengeräten zum Teil mehrfach durch Zwischen- und Endabmischungen Kopien von Kopien hergestellt werden müssen, summiert sich das Rauschen bis zur endgültigen Democassette bis ins Unerträgliche. Die Verwendung guter (und teurer) Cassetten, die stark magnetisierbar sind, bringt wenig, wenn nicht tatsächlich kräftig ausgesteuert wird, denn das absolute Grundrauschen ist bei guten Cassetten kaum geringer als bei einfachen Cassetten. Erst durch die hohe Aussteuerung wird das Rauschen gegenüber dem Nutzsignal unhörbar leise. Wird eine einfache Rauschunterdrückung verwendet und zu schwach ausgesteuert, filtert die Rauschunterdrückung die höheren Frequenzbereiche aus, und der Klang wird muffig.
Eine zu starke Aussteuerung führt zu Verzerrungen, die zwar frühzeitig meßbar, aber erst bei deutlich härteren Aussteuerungen hörbar sind. Am besten ist es, wenn man die Übersteuerungsgrenze experimentell auslotet, um zu testen, wie weit man bei künftigen Aufnahmen mit der jeweiligen Bandsorte gehen kann. Bei Recordern mit Hinterbandkontrolle geht das besonders einfach, indem man bei der Aufnahme den "Monitor"-Schalter auf "Tape" (anstatt "Source") einstellt.
Ein Kompressor ist bei der Aufnahme sehr hilfreich, da er schwache Pegel anhebt und Spitzen bedämpft. Man sollte nach Möglichkeit immer das komprimierte Signal aufnehmen und nicht etwa bei der Wiedergabe komprimieren. Eine Kompression ist bei fast allen Gesangs- und bei sehr vielen Instrumentalaufnahmen ohnehin angezeigt. Der Kompressor verändert freilich das Klangbild, allerdings in zumeist erwünschter Weise.

Einmessen

Man sollte bei Aufnahmen immer nur die Bandsorte verwenden, auf die der Recorder eingemessen ist. Gute Recorder besitzen Bias-Regler für das manuelle Einstellen des Vormagnetisierungsstroms, andere sogar eine Automatik für das Einmessen. Sind diese Funktionen nicht vorhanden, kann man anhand der Bedienungsanleitung (oder durch Rückfrage beim Vertrieb) herausfinden, für welche Bandsorte das Gerät ab Werk ausgelegt ist. Natürlich müssen auch die Bandsorten-Wahlschalter richtig eingestellt werden. Bei Musikproduktionen sollte man immer das beste Band verwenden, auf das der Recorder eingemessen werden kann, denn durch die zahlreichen Kopiervorgänge im Laufe der Produktion hängt die Audioqualität des Endprodukts sehr von der Sorgfalt ab, die man in diesem Punkt walten lässt.

Abrieb und Reinigung

Das Band berührt bei Aufnahme und Wiedergabe die Köpfe. Deshalb lagert sich Abrieb auf den Köpfen ab, der ihre Funktion empfindlich beeinträchtigen kann. Auch die Andruckrolle, die Capstan-Welle und andere Bauteile können verschmutzen. Oft sind Unregelmäßigkeiten des Gleichlaufs die Folge: Der Ton zittert oder jault. Abrieb auf dem Wiedergabe- oder Aufnahmekopf resultiert in einem höhenarmen, muffigen Klang. Cassetten gehören immer in eine staubsichere Schutzhülle! Ansonsten lagert sich Staub auf dem Band ab, der die Oberfläche des Wiedergabekopfes abschmirgelt. Reinigungscassetten sind grundsätzlich nicht zu empfehlen, denn auch sie schleifen die Köpfe ab, sind wenig wirksam und besitzen eine sehr kurze Spielzeit. Tonköpfe werden mit dem elektrisch nicht leitenden Isopropyl-Alkohol gereinigt. Es ist in Apotheken in Flaschen oder als "Tonband"- oder "Video-Spray" in ausreichender Reinheit erhältlich. Die Köpfe, die Andruckrolle und die Capstan-Welle müssen regelmäßig gereinigt werden. Dazu empfiehlt es sich, Wattestäbchen zu benutzen, und zwar mit ganz wenig Krafteinsatz. Auf den Teilen darf nicht "herumgeschrubbt" werden, denn sie würden sich dabei dejustieren. Eine falsche Spurlage und ein verrauschter, leiser, dumpfer und unregelmäßiger Klang wären die Folge. Bei digitalen Recordern auf der Basis von Videolaufwerken stellt sich das Problem der Verschmutzung ebenfalls. Man folge hier den Anweisungen der Bedienungsanleitung.

Spulen

Vor der ersten Aufnahme sollte jede Compact-Cassette unbedingt einmal ganz vor- und wieder zurückgespult werden. Ab Werk sind fast alle Bänder ein wenig schief gewickelt. Das führt auch bei guten Recordern insbesondere in den ersten Minuten des Bandes immer wieder zu eigenartigem Jaulen und Mulmen. Durch den Spulvorgang wird das Band sauber aufgewickelt.

Wenn Cassetten eines anderen Recorders auf dem eigenen Recorder leise und rauschig klingen, dann ist vermutlich die Spurlage (die Position der Köpfe) eines der beiden Recorder verstellt. Bei ganz wichtigen Kopiervorgängen sollte man gegebenenfalls den Recorder bei der Wiedergabe verwenden, mit dem die Aufnahme auch vorgenommen wurde: Dann kann man einigermaßen sicher sein, dass die Spurlage stimmt.

Lagerung

Magnetbänder vertragen keine Magnetfelder, also auch nicht die Nähe von Lautsprechern, Fernsehgeräten oder großen Netzteilen. Auch Staub und Hitze setzen den Bändern zu. Das Auto ist der schlechteste Platz, um Cassetten zu lagern, denn dort ist es ist nicht nur schmutzig, sondern im Sommer teilweise auch extrem heiß. Wenn Tonbandgeräte aus der Kälte (Auto!) in einen beheizten Raum getragen werden, kann sich Kondenswasser im Gerät bilden. Vor der Inbetriebnahme muss sich das Gerät akklimatisiert haben. Wenn es die Raumtemperatur angenommen hat, ist das gefährliche Kondenswasser wieder verdunstet. Durch Besprühen der Köpfe mit Alkohol aus der Spraydose kann sich auf den Köpfen durch die Kühlung ebenfalls Kondenswasser bilden. Dieses muss erst verdunsten, bevor das Gerät wieder benutzt wird. Wenn gespulte Magnetbänder, also auch Cassetten, lange gelagert werden, kann sich die Magnetisierung des Bandes von einer Windung auf die nächste übertragen. Echoeffekte bei der Wiedergabe sind die Folge. Dem kann man durch regelmäßiges Umspulen des Bandes begegnen.

12 Mischpulte

12.1 Funktion und Bauformen

Das Mischpult, im Rundfunk-Bereich auch "Tonregie-Anlage", im Beschallungsjargon einfach "Tisch" genannt, ist das zentrale Instrument bei Aufnahmen und Live-Beschallungen. Es prägt den Arbeitsplatz des Tontechnikers und des Musikproduzenten. Alle Ausgänge der Musikinstrumente, Mikrofone, Signalprozessoren und Tonbandgeräte (Wiedergabe) werden an den Eingängen des Mischpults angeschlossen. Die Hauptaufgabe des Mischpults besteht darin, die Audiosignale aller dieser Quellen zu mischen und verschiedenen Ausgängen zuzuführen. "Mischen" heißt: Die Pegelverhältnisse der Signale bestimmen und mit der Klangregelung den Klang einstellen. Außerdem regelt man am Mischpult den Anteil der Effekte für jeden Kanal, also auch die Menge des Halls. Hall- und Effektgeräte werden aber wiederum extern an das Mischpult angeschlossen. Trotz ihrer mitunter beeindruckenden Größe und der großen Zahl von Reglern und Schaltern lassen sich Mischpulte recht leicht durchschauen. Zum einen ergibt sich die Größe des Mischpults in erster Linie durch das mehrfache Vorkommen identischer Parameter in den einzelnen Kanalzügen; zum anderen sind praktisch alle Mischpulte verschiedenster Hersteller, Größen und Preisklassen sehr ähnlich strukturiert.
Das gilt auch, wenngleich in punkto Bedienung mit Abstrichen, für digitale Mischpulte. Auch virtuelle Mischpulte orientieren sich in ihrer Gestaltung eng an die Vorgabe analoger Mischpulte. Das gilt auch für die in Audiosequenzern integrierten Mischpulte.

12.2 Ausstattungsmerkmale konventioneller Analogpulte

Ausgänge

Die Ausgänge des Mischpults sind mit den Eingängen der Verstärker der jeweiligen Verstärkeranlage verbunden. Bei Aufnahmen sind Ausgänge des Mischpults mit den (Aufnahme-) Eingängen der Tonbandgeräte verbunden. Im konventionellen Studio mit Mehrspur-Tonbandmaschine nimmt das Mehrspur-Tonbandgerät grundsätzlich Signale aus dem Mischpult auf. Fast alle Mischpulte besitzen einen Stereo-Hauptausgang. Bei der Produktion einer Stereoaufnahme wird das Signal dieses Hauptausganges mit der Mastermaschine, also beispielsweise einem DAT-Recorder, aufgenommen. Bei Beschallungsaufgaben gibt die große Verstärkeranlage für das Publikum, das so genannte Front-Of-House-System (FOH), das Signal dieses Stereo-Hauptausgangs wieder. Weitere Ausgänge heißen Ausspielwege (Aux-Wege, Auxiliary Sends). Ihre Funktion wird in einem gesonderten Absatz erläutert.

Subgruppen

Einfache Mischpulte mischen die Signale der einzelnen Kanalzüge direkt auf den (zumeist stereophonen) Hauptausgang. Viele Pulte mischen die Signale jedoch zunächst auf so genannte "Subgruppen", die ihrerseits auf den Hauptausgang gelegt werden können. Angenommen, es gilt eine Bigband bei einem Live-Konzert in einem großen Saal zu mischen. Jede einzelne Trommel des Schlagzeugs, jedes einzelne Blasinstrument, das Klavier, der Bass und alle Sänger werden mit separaten Mikrofonen abgenommen. Dazu ist ein großes Mischpult erforderlich, das wenigstens so viele Eingangskanäle besitzt, wie Mikrofone im Einsatz sind. Wenn der Tontechniker den Pegel des Schlagzeugs ein wenig anheben und den Pegel der Blechbläser ein wenig absenken will, wäre es sehr unpraktisch, sämtliche Fader (Pegelschieberegler) der einzelnen Trommeln und Bläser bewegen zu müssen. Das Mischungsverhältnis der Trommeln untereinander und der einzelnen Instrumente des Bläsersatzes würde sich zwangsläufig verändern. Wenn man aber das gesamte Schlagzeug auf eine oder – stereo – zwei Subgruppen mischt, und sämtliche Blechbläser auf zwei andere Subgruppen legt, braucht man nur mehr sehr wenige Subgruppen-Fader zu bewegen. Der Schlagzeugklang bleibt gleich, aber man kann die Lautstärke des gesamten Schlagzeugs gemeinsam regeln – unabhängig von den Bläsern, die auf einer anderen Subgruppe liegen.

Subgruppen bei der Aufnahme, Direct Outs

Die meisten Mischpulte besitzen vier oder acht Subgruppen. Viel mehr sind nicht üblich, denn dann würde die Bedienung wieder unübersichtlich werden. Die Ausgänge der Subgruppen sind im Studio in der Regel mit den Aufnahmeeingängen der Mehrspurmaschine verbunden. Das Mehrspur-Tonbandgerät nimmt auf den einzelnen Spuren die Signale der Subgruppen des Mischpults auf. Geht es nur darum, ein einzelnes Instrument aufzuzeichnen, kann man auch den Kanalzug direkt mit dem Aufnahmeeingang der jeweiligen Spur des Tonbandgerätes verbinden. Dazu besitzen viele Pulte in jedem Kanalzug so genannte "Direktausgänge", die üblicherweise mit "Direct Out" beschriftet sind.

12.3 Der Aufbau eines Kanalzuges

Der Eingangsbereich:

Gain-Poti, Pad-Schalter, Pre Fader Listening (PFL)

Das Gain-Potentiometer und der dazugehörige Pad-Schalter befinden sich, soweit vorhanden, ganz am oberen Ende der meisten Mischpulte. Dort ist der Mikrofonvorverstärker untergebracht. Mikrofone liefern in der Regel viel weniger Pegel als elektronische Musikinstrumente, Studiogeräte oder Hifi-Geräte. Das Signal eines Mikrofons muss beträchtlich verstärkt werden. Die Qualität des Mikrofonvorverstärkers ist ein wesentliches Qualitätsmerkmal für Mischpulte. Minderwertige Vorverstärker können den Klang verfärben oder rauschen. Die eigentliche Aussteuerung, also die Pegelanpassung an die Elektronik, wird mit dem "Gain"-Potentiometer vorgenommen. Damit passt man den Arbeitspegel an – ähnlich wie bei der Aufnahme mit dem Cassettenrecorder. Bei einer zu empfindlichen Aussteuerung drohen Verzerrungen, während eine zu unempfindliche Aussteuerung einen zu schwachen Pegel gegenüber dem Grundrauschen verursacht. Bei der korrekten Aussteuerung helfen LED-Ketten oder VU-Meter. Der Gain-Regler hat eine Dezibel-Skala. Die wenigsten Mischpulte besitzen in jedem Kanalzug eine separate Aussteuerungsanzeige. Meistens gibt es nur eine "Peak"-LED, die bei Pegelspitzen (Peaks) rot aufleuchtet und die Gefahr einer Verzerrung anzeigt. Die Peak-LED befindet sich meistens am unteren Ende des Kanalzuges, beim Fader. Durch Betätigen der "Solo"-Taste, die oft auch "Pre Fader Listening" (PFL) heißt, wird nicht nur das Signal des Kanals auf den Kopfhörerausgang gelegt, sondern überdies eine LED-Kette im Summenbereich als Aussteuerungsanzeige verwendet.

Die Abbildung außen zeigt einen Stereo-Kanalzug des Soundcraft Venue Theater mit Gain-Regler, Klangregelung, sechs Ausspielwegen und Routing-Schaltern neben dem Fader.

Ein "Pad"-Schalter erweitert den Regelbereich des Gain-Reglers oft um weitere 20 dB. Viele Mischpulte besitzen in jedem Kanalzug nicht nur einen Mikrofoneingang, sondern auch einen separaten "Line"-Eingang. Meistens sind die Mikrofoneingänge als XLR-Buchsen und die Line-Eingänge als Klinkenbuchsen ausgeführt. Meistens schaltet ein mit "Line" beschrifteter Eingang zwischen beiden Eingängen um. Einen Sonderfall stellen die so

genannten Inline-Pulte dar, bei denen die Ausgänge der Mehrspurmaschine und Instrumente in gemeinsamen Kanalzügen zusammengefasst sind.

Phasenumkehr (Phase Reverse, "∅")

Der Phasenumkehrschalter ("Phase Reverse") ist oft durch das Symbol "∅" gekennzeichnet. Hier werden die beiden Pole einfach vertauscht und so eine Phasenverschiebung des Signals um 180° erzielt. Der Effekt besteht, pointiert formuliert, darin, dass sich der Lautsprecher nicht "vor und zurück", sondern "zurück- und vorbewegen" wird. Ein klanglicher Unterschied ist zunächst nicht wahrnehmbar. Erst, wenn andere, ähnliche Signale hinzukommen, etwa, wenn mehrere Mikrofone im selben Raum stehen, wird der Effekt deutlich. Je nach Abstand zur Schallquelle trifft der Schall wegen der endlichen Schallgeschwindigkeit mit unterschiedlichen Phasenlagen bei den verschiedenen Mikrofonen ein. Beim Zusammenmischen beider Mikrofonsignale können sich die Schwingungen deshalb gegenseitig zum Teil auslöschen, was mit mehr oder minder schweren Klangverfälschungen einhergeht. Diese können durch eine Phasenumkehr eines Mikrofons vermieden werden.

Die Abbildung außen zeigt einen Mono-Kanalzug des integrierten virtuellen Mischpults von Logic Audio Platinum, hier mit Low-Cut-Filter sowie 3-Band-Equalizer mit vollparametrischen Mitten, eingeschliffenem Kompressor und Downward Expander sowie sechs Ausspielwegen (Bus 1 bis 6).

Phantomspeisung

Kondensatormikrofone benötigen für ihren Betrieb im Gegensatz zu dynamischen Mikrofonen eine Versorgungsspannung. Die meisten Kondensatormikrofone besitzen keine Batterie; auch die so genannten Elektret-Kondensatormikrofone, bei denen eine Kunststoffolie eine Spannung liefert, sind in der Musikproduktion nicht üblich. Die in der Musikproduktion üblichen Kondensatormikrofone werden über das dreipolige Mikrofonkabel mit einer Spannung von 48 Volt (seltener 12 Volt) versorgt. Dabei fließt der Strom zu gleichen Teilen über die Plus- und die Minusader und kehrt über den Schirm zurück. Dadurch bleibt die Signalführung symmetrisch (siehe Abschnitt *Kondensatormikrofone* ab Seite 110).

Einschleifpunkte (Inserts, Send/Return)

Die meisten Mischpulte verfügen über so genannte Einschleifpunkte, die schaltungstechnisch hinter dem Mikrofonvorverstärker angeordnet sind. Ein Einschleifpunkt besteht aus einem Ausgang und einem Eingang. Hier kann man einen Signalprozessor anschließen ("einschleifen"), der das bereits vorverstärkte Signal bearbeitet und dem Kanalzug wieder zuführt. Bevorzugte Anwendung ist die Kompression, die Expansion oder das Gaten des Signals, also eine Dynamikbearbeitung. Kompressoren für einzelne Gesangskanäle werden vorzugsweise an diesen Einschleifpunkten angeschlossen. Dynamikprozessoren enthalten üblicherweise keine Mikrofonvorverstärker; deshalb speist man sie mit Line- oder Studiopegel, also mit dem vom Mikrofonverstärker des Mischpults vorverstärkten Signal. Einschleifpunkte sind zumeist als zwei Klinkenbuchsen (Ausgang und Eingang) oder als eine einzige Klinkenbuchse ausgeführt. Hinter einzelnen Klinkenbuchsen verbergen sich dreipolige Stereoklinken, die asymmetrisch beschaltet sind, aber Ein- und Ausgang gemeinsam beherbergen. Es gibt spezielle Insert-Kabel, an deren einem Ende ein Stereoklinkenstecker und an deren anderem Ende zwei Monoklinkenstecker vorliegen. Die Monoklinken werden mit dem Ein- und Ausgang des Signalprozessors verbunden, während das Stereoklinkenende in die Send/Return-Buchse des Mischpults gesteckt wird. Eine englische Bezeichnung für einen Mischpultausgang heißt "Send", während ein Eingang in diesem Zusammenhang "Return" genannt wird. Statt vom "Einschleifen" spricht man bei so einem Anschluss eines Signalprozessors auch vom "Inserieren" (siehe Abschnitt *Dynamikprozessoren* ab Seite 144.)

Klangregelungen und Trittschallfilter

In fast jedem Kanalzug eines Mischpults befindet sich eine Klangregelung (Equalizer). Mischpulte ohne Klangregelung, etwa solche zum Einbau in ein 19-Zoll-Rack, sind eher selten. Die einfachste Klangregelung besteht aus nur zwei so genannten Kuhschwanzfiltern (Shelving Type Filter). Jedes Filter hat einen Drehknopf – einen für die Höhen, einen für die Bässe. Solche Klangregelungen sind auch von den meisten Stereoanlagen bekannt. Die Regler sind zumeist mit "Treble" und "Bass" oder mit "HF" wie "High Frequency" oder "LF" wie "Low Frequency" beschriftet. Oft findet man auch zusätzlich regelbare Frequenz-Bänder für Mitten ("Mid") oder hohe und tiefe Mitten ("High Mid", "Low Mid"). Wesentlich flexibler sind aber halbparametrische oder vollparametrische Mittenregelungen. Bei einer halbparametrischen Mittenregelung lässt sich mit dem Pegelregler für die Mitten nicht nur einstellen, wie stark die Mitten angehoben oder abgesenkt werden sollen. Man kann mit einem weiteren Drehpotentiometer einstellen, bei welcher Frequenz die Regelung erfolgen soll, also, ob man beispielsweise eher den Frequenzbereich um 800 Hertz oder eher den Frequenzbereich um 1,3 kHz regeln will. Häufig besitzen Mischpulte ein oder zwei,

selten mehr parametrische Mittenbänder pro Kanalzug. Dazu kommen meistens noch die nicht parametrischen Kuhschwanzfilter für Bässe und Höhen, die meist unterhalb von 80 Hz und oberhalb von 10 kHz wirksam sind. Oft sind die Klangregelungen halb- oder vollparametrisch ausgeführt (siehe Abschnitt *Parametrische Equalizer* ab Seite 160). Oft kann die gesamte Klangregelung eines Kanalzuges auch ausgeschaltet werden, wodurch auch störende Einflüsse der Klangregelung vermieden werden. Ein solcher Schalter ist zumeist mit "EQ" für "Equalizer" (Entzerrer) beschriftet.
Im Bereich des Mikrofonvorverstärkers, also ganz oben im Kanalzug beim "Gain"-Regler, befindet sich oft ein Schalter, der mit "High Pass Filter", "Low Cut Filter", einer entsprechenden Abkürzung oder einem Symbol beschriftet ist. Dieser Schalter aktiviert ein Hochpassfilter, das tieffrequentes Rumpeln unterhalb von (meist) 50 Hz eliminiert. Bei Gesangsmikrofonen sollte das Hochpassfilter immer eingeschaltet werden, denn bei Signalanteilen in so tiefen Lagen kann es sich nur um Störungen handeln. Dabei handelt es sich beispielsweise um den so genannten Trittschall, der über den Boden und das Stativ in das Gehäuse des Mikrofons rumpelt. Deshalb nennt man dieses Hochpassfilter auch Trittschallfilter. Bei tiefen Instrumenten wie der Bass Drum bleibt das Hochpassfilter ausgeschaltet.

Ausspielwege (Aux-Wege, Auxiliary Sends)

Mischpulte besitzen in der Regel zwei bis acht Ausgänge, die vom Stereo-Hauptausgang unabhängig sind: Die Ausspielwege (Aux-Wege, Auxiliary Sends). Auf jedem dieser Monoausgänge liegt eine individuelle Mischung aller Eingangskanäle. Für die Ausspielwege gibt es zwei Hauptanwendungen: Der Einsatz als Effektweg und der Einsatz als Monitorweg.

Effektwege und Monitorwege

Für jedes Instrument und für jeden Sänger möchte man den Hallanteil individuell bestimmen können. Alle Kanäle können auf den Eingang eines einzigen Hallgeräts geführt werden, das beispielsweise am Ausspielweg "AUX 1" angeschlossen ist. Die mit "AUX 1" beschrifteten Regler in jedem Kanalzug bestimmen, wieviel Pegel aus dem jeweiligen Kanal an das Hallgerät geführt wird. Am Ausspielweg "AUX 2" könnte ein Multieffektprozessor mit einem Echoeffekt angeschlossen sein. Die mit "AUX 2" beschrifteten Regler jedes Kanalzuges bestimmen, wieviel Echo das jeweilige Instrument erhält. Der Gesamtpegel von Hall und Echo wird in den Kanalzügen (oder den Behelfseingängen) eingestellt, an denen die Ausgänge dieser Effektgeräte angeschlossen sind.

Auf der Bühne oder im Aufnahmeraum spielen die Musiker, die individuelle Mischungen benötigen. Die Beschallung des Musikers im Aufnahmeraum und auf der Bühne heißt "Monitor". Der Musiker benötigt meistens eine ganz andere Mischung als der Tonmeister im Regieraum (oder das Publikum im Saal). So ist es für einen Sänger sehr wichtig, seine eigene Stimme besonders laut zu hören. Dagegen wird ihn eine Trompete im Monitor eher irritieren. Der Monitor, den der Musiker bei der Aufnahme über einen geschlossenen Kopfhörer und live über eine Monitorbox hört, basiert auf einer Mischung, die mit den Ausspielwegen hergestellt wird. So kann beispielsweise an dem Ausgang "AUX 3" des Mischpults der Monitorverstärker angeschlossen werden. Die Regler namens "AUX 3" in jedem Kanalzug des Mischpults bestimmen nun den Pegel jedes Instruments auf diesem Monitorkanal. Optimal ist es, wenn jeder Musiker einen eigenen Monitorkanal erhalten kann. Meistens müssen sich aber mehrere Musiker einen Monitor teilen.

"Post Fader" und "Pre Fader"

Die meisten Regler besitzen große Schieberegler am unteren Ende eines jeden Kanalzugs, die den Pegel des jeweiligen Kanals bestimmen: Die so genannten "Fader". Wäre der Begriff nicht so missverständlich und ungenau, könnte man im Zusammenhang mit dem Fader auch von einem "Lautstärkeregler" für das daran angeschlossene Instrument (beziehungsweise Mikrofon oder Tonbandspur) sprechen. Wenn man beim Mischen den Pegel eines Instrumentes verändert, möchte man in der Regel auch, dass der Effektanteil dieses Instruments sich entsprechend mit ändert. Der Hallpegel des Gesangs soll sich proportional zum Pegel des Gesangs verändern. Deshalb sind Effektwege schaltungstechnisch hinter dem Fader angeordnet, so dass der Fader sowohl den Pegel des Kanals auf dem Hauptausgang, der so genannten "Summe", als auch den Pegel des Kanals auf dem Ausspielweg regelt. Eine solche Schaltung des Ausspielwegs hinter dem Fader heißt "Post Fader". Monitorsignale sollen sich nicht verändern, wenn man die Mischung der Summe verändert. Deshalb sind Monitorwege schaltungstechnisch vor dem Fader angeordnet: "Pre Fader". Oft können die Ausspielwege zwischen "Post Fader" und "Pre Fader" umgeschaltet werden. Oftmals sind unterschiedlich beschaltete Potentiometer, die nicht zwischen "Pre"- und "Post Fader" umgeschaltet werden können, mit verschiedenen Farben markiert. Bei manchen Mischpulten kann die Schaltung durch so genannte "Jumper" auf der Platine umgestellt werden. Das erfordert das Aufschrauben des Mischpults.

Panpot und Routing

Unter "Routing" versteht man das Einstellen des Weges, den das Signal innerhalb des Mischpultes nimmt. Bei einem Mischpult mit Subgruppen kann man an jedem Kanal einstellen, auf welche Subgruppe – oder ob überhaupt – es auf eine Subgruppe geführt wird. Bei einem Mischpult mit einem Hauptausgang ("Mix") und acht Subgruppen befinden sich in jedem Kanal acht mit den Ziffern 1 bis 8 beschriftete sowie ein mit "Mix" beschrifteter Schalter. Drückt man die Schalter "1" und "2", liegt das Signal auf den Subgruppen 1 und 2, drückt man "Mix", wird das Signal direkt auf die Stereosumme geführt usw. Man kommt recht selten in die Lage, ein Signal auf mehr als zwei Gruppen legen ("routen") zu wollen. Um mit Subgruppen stereophone Signale zu verwalten, muss man jeweils zwei Subgruppen zusammenfassen. Angenommen, das Schlagzeug soll stereo abgemischt werden. Zur Abnahme des Schlagzeugs werden beispielsweise acht Mikrofone eingesetzt, die dementsprechend acht Kanäle des Mischpults belegen. Bei diesen acht Kanälen werden jetzt jeweils die Routing-Schalter "3" und "4" gedrückt. Alle anderen Schalter bleiben ausgeschaltet, und kein anderer Kanal wird auf die Gruppen 3 oder 4 geroutet. Die Gruppe 3 wird wiederum auf den linken und die Gruppe 4 auf den rechten Hauptausgang geroutet. Dazu gibt es bei den Subgruppen entweder Schalter, oder Panoramaregler, oder das Routing der Subgruppen ist festgelegt – je nach Mischpult. Die Panorama-Potentiometer (Pan-Pots) der acht Schlagzeugkanäle bestimmen nun, welches Mikrofon auf die Gruppe 3 (links) und welches auf die Gruppe 4 (rechts) geroutet wird. Bei Linksanschlag liegt das Signal auf den ungeradzahligen (englisch: "odd") Gruppen oder dem linken Hauptausgang (Mix). Bei Rechtsanschlag des Pan-Pots liegt das Signal auf den geradzahligen (englisch: "even") Gruppen oder dem rechten Hauptausgang. In der Mittelposition wird das Signal zu gleichen Teilen zu beiden Seiten geführt. Die Regelung erfolgt stufenlos.

Panorama-Potentiometer erinnern in ihrer Funktion an den Balanceregler eines HiFi-Verstärkers. Im Gegensatz zu diesem senken sie aber nicht nur den Pegel eines Stereosignals auf einer Seite ab, um die Position im Stereopanorama zu verändern. Der Pegel des Monosignals eines jeden Kanalzuges bleibt unabhängig von der Position des Pan-Pots. Die Stereo-Kanalzüge mancher Mischpulte besitzen statt eines Pan-Pots einen Balanceregler, wie man ihn von einer Stereoanlage her kennt.

Behelfseingänge

Viele Mischpulte besitzen neben den Kanalzügen noch weitere Eingänge, die im Vergleich zu den normalen Kanalzügen einfacher ausgestattet sind. Sie dienen dem Zumischen der Signale der Mastermaschine, eines CD-Players oder auch eines Hallgeräts. Oft sind diese Behelfseingänge stereo. Sie besitzen zumeist eine einfachere oder auch überhaupt keine separate Klangregelung und keine oder weniger Ausspielwege. Diese oft "Return" ("Rückführung") genannten Behelfseingänge sind oft mit Namen wie "Tape" oder "FX Return" bezeichnet, damit die vorgesehenen Funktionen (Tonbandeingang, Effektgeräte-Rückführung) deutlich werden. Grundsätzlich eignen sich solche Eingänge für alle Signale mit Line- oder Studiopegel, also auch für Keyboards, Soundmodule und alle möglichen Hifi-Geräte (nicht: Vinyl-Plattenspieler). Sie haben aber keine Mikrofonvorverstärker. Die Routing-Möglichkeiten sind meistens ebenfalls eingschränkt.

Mute-Gruppen und Mute-Automationen

Insbesondere Theaterpulte verfügen über so genannte Mute-Gruppen. "To Mute" (englisch) heißt "stummschalten". Mute-Gruppen gestatten das gemeinsame Ausschalten beliebiger Kanalzüge mit Hilfe eines einzigen Schalters. Ein Anwendungsbeispiel aus der Praxis: Angenommen, es gilt, eine Musical-Aufführung in einem Musiktheater zu beschallen. Das Mischpult besitzt vier Mute-Gruppen. Der Tontechniker "fährt" eine Show, in der es Sprechszenen gibt, aber auch eine Gruppe von elf Darstellern, die als Chor auftritt, und ein Orchester. Die Darsteller, die auch als Chor singen, tragen Funkmikrofone am Körper. Die Funk-Empfänger sind an die Kanalzüge des Mischpults angeschlossen. Die Orchesterinstrumente und der Chor werden nicht nur im Saal verstärkt, sondern auch als Monitor auf der Bühne. Wenn der Chor von der Bühne abgeht und hinter der Bühne gegebenenfalls mit dem Maskenbildner sprechen muss, genügt es nicht, die Subgruppe für den Chor herunterzuziehen, denn dann wäre der Chor immer noch auf dem Monitor der Bühne zu hören. Alle Chorkanäle müssen ausgeschaltet werden. Wenn man allen elf Chorkanälen mit einem Schalter die Mute-Gruppe 1 zuordnet, kann man all diese Kanäle mit dem Mute-Schalter 1 gemeinsam ausschalten. Auch das Orchester soll in den Sprechszenen auf allen Lautsprechern vollständig stummgeschaltet werden, weil der Pianist mit dem Notenpapier raschelt und der Cellist mit seinem Bogen klappert. Das Orchester erhält die Mute-Gruppe 2 und wird mit dem Mute-Schalter 2 stummgeschaltet.

Auch bei der Musikproduktion sind Mute-Gruppen praktisch. Wenn ein Song mit einem Gitarrensolo beginnt, und alle anderen Instrumente erst nach der ersten Strophe dazukommen, ist es angenehm, wenn deren Spuren mitsamt deren Grundrauschen so lange wie möglich stumm bleiben. Das Stummschalten der Kanäle kann bei manchen Mischpulten auch über MIDI-Signale erfolgen. Das ist die einfachste Form der MIDI-Fernsteuerung, wenn die Pegel der einzelnen Kanäle nicht über MIDI geregelt werden, sondern nur der An-/Aus-Zustand der Kanäle. Der Vorteil: Wenn die Musik, die aufgezeichnet wird, synchron zu einem MIDI-Sequenzer läuft, kann das Stummschalten beliebig vieler Kanäle vollkommen automatisiert werden und bei jedem Durchlauf exakt an der gleichen Zeitposition erfolgen. Dadurch kann der Produzent sehr konsequent auch bei kurzen Pausen einzelner Instrumente den jeweiligen Kanal stummschalten. Dadurch spart man sich die teilweise sehr riskante Mühe, alle Pausen auf dem Mehrspurtonband penibel abzulöschen. Vor und nach einem Gitarrensolo, das nach mehreren Versuchen aufgenommen wurde, gibt es fast immer irgendwelche Quietsch-, Brumm und Regelgeräusche. Beim Löschen dieser Passagen kann man leicht versehentlich das Solo selbst anlöschen. Durch "Muten" im Mischpult kann nichts passieren. Beim Muten unterdrückt man immer auch das störende Grundrauschen des Bandes.

Mischpultautomationen

Die einfachste Form der Mischpultautomation ist die Automation der Mute-Gruppen. Diese einfache Form der Automation bietet bei Homerecording-Anwendungen ein sehr vernünftiges Preis-/Leistungsverhältnis. Bei einfacheren Produktionen kann man oft auf Automationen verzichten, da man beim Mastern einer Aufnahme durchaus die Ruhe für mehrere Versuche hat.
Die nächst aufwendigere Variante der Automation besteht in der Automation der Fader, die den Pegel des Kanals regeln. Bei vielen Pulten sind die Gleitwiderstände unter den Fadern nicht integrierter Bestandteil der Verstärkerstufe, die den Pegel regelt. Bei manchen Pulten kontrollieren die Fader eine Spannung, die wiederum einen spannungsgesteuerten Verstärker steuert. Dieses Bauteil heißt "VCA" für (englisch) "Voltage Controlled Amplifier" (Spannungsgesteuerter Verstärker). Die meisten Mischpultautomationen liefern Steuerspannungen für diese VCAs. Solche VCA-Automationen lassen sich bei vielen Pulten auch nachrüsten. Manche Mischpulte enthalten integrierte Sequenzer, die den zeitlichen Verlauf der Spannungen, also der Pegel, steuern, ansonsten erfolgt die Steuerung extern über MIDI. Noch eleganter, und technisch zumeist der VCA-Lösung überle-

gen, sind motorisierte Fader. Wie von Geisterhand bewegen sich die Schieberegler ("Flying Faders"), und zwar bei Bedarf mit sehr hoher Geschwindigkeit und absoluter Präzision. Auch hinsichtlich der Audioeigenschaften sind die teuren Motorfader den VCA-Automationen zumeist überlegen.
Zu Mischpultautomationen gibt es zwei Alternativen. Zum einen gibt es in Form externer Geräte VCA-Bänke, die sich über MIDI steuern lassen. Diese können am Einschleifpunkt der Kanalzüge inseriert werden. Das Verfahren hat zwei Nachteile: Die Pegelregelung wirkt sich erstens auf alle Ausspielwege aus, da alle Ausspielwege zwangsläufig Post Fader geschaltet sind. Außerdem ist bei geringen Pegeln eine optimale Aussteuerung der Kanäle nicht gewährleistet – das Rauschen nimmt in Relation zum Nutzsignal zu. Die zweite Alternative besteht bei reinen MIDI-Produktionen mit elektronischen Instrumenten in der Steuerung des Pegels eines jeden Instruments über den MIDI-Controller Nummer 7 (MIDI Volume). Auch hier ist eine optimale Aussteuerung der Kanäle nicht gewährleistet.

12.4 Digitale Mischpulte

Eine komplette Programmierung und Automation sämtlicher Parameter eines Mischpultes gibt es im nur bei digitalen Mischpulten. In jüngster Zeit werden digitale Mischpulte auch für semiprofessionelle Anwender preislich interessant. Bei digitalen Mischpulten erfolgt die Verarbeitung aller Signale nur in der digitalen Domäne. An jedem Analogeingang befindet sich ein Analog/Digital-Wandler, an jedem Analogausgang ein Digital/Analog-Wandler. Dazwischen findet nur digitale Signalbearbeitung statt.
Die Diskussion "Digital" versus "Analog" beschäftigt die Gemüter von Experten wie Laien seit Jahren. Tatsache ist:
Hochwertige analoge Mischpulte überzeugen mit einem warmen Klangbild. Nicht alle Mischpulte klingen gleich. Bei guten analogen Mischpulten gibt es keine Probleme mit Nebengeräuschen. Digitale Pulte sind ebensowenig nebengeräuschfrei wie analoge Mischpulte. Eine Automation analoger Pulte ist mit einem hohen Bauaufwand verbunden und erreicht nicht alle Parameter. Bei analogen Mischpulten besteht ein direkter Zugriff auf sämtliche Parameter, da jeder Parameter einen eigenen Regler oder Schalter besitzt.
Demgegenüber bieten schon kleine digitale Mischpulte den "Total Recall", also die vollständige Programmierbarkeit und Automation sämtlicher Parameter. Die Kanalzüge der meisten digitalen Mischpulte besitzen meistens eine großzügige vollparametrische Klangregelung. Jeder Eingang muss mit einem Ana-

log/Digital-Wandler und jeder Ausgang mit einem Digital/Analog-Wandler ausgestattet sein – es sei denn, es handelt sich um digitale Ein- und Ausgänge. Diese Wandlerbauteile sind recht kostspielig. Kleinere digitale Pulte besitzen deshalb statt mehrerer Ausspielwege integrierte Effektprozessoren, so dass für die Effektbearbeitung die digitale Ebene nicht verlassen wird. Ein wesentlicher Nachteil der meisten digitalen Mischpulte besteht darin, dass nicht für jeden Kanalzug separate Bedienungselemente vorliegen, sondern dass die softwaregesteuerten Kanalzüge zunächst selektiert werden müssen, wenn man an einem zentralen Bedienungselement Werte eingeben will. Dadurch wird der Bedienungskomfort eingeschränkt. Allerdings ist das Gerät auch kleiner und – wohlgemerkt – voll programmierbar. Ein weiterer Nachteil, der eine weitere Verbreitung digitaler Mischpulte bei der Beschallung bislang verhindert, besteht darin, dass bei Defekten oder Software-Problemen ein Totalausfall des gesamten Mischpults wahrscheinlicher ist. Bei analogen Pulten fällt eher einmal nur ein einzelner Kanal aus. Ein prinzipieller Vorteil digitaler Systeme besteht darin, dass der Datenaustausch innerhalb der digitalen Ebene ohne jegliche Verluste erfolgt. In Anbetracht der technischen Qualität guter analoger Pulte ergibt sich daraus aber kein nennenswerter Wettbewerbsvorteil.

Digitales Mischpult Spirit 328

Strukturell verzichten digitale Mischpulte oft auf echte Subgruppen. Diese werden nur simuliert, indem man mit einem Fader den Pegel mehrerer Kanäle gemeinsam proportional regelt. Von Hand gelingt das bei analogen Mischpulten nicht – bei softwaregesteuerten digitalen Pulten ist das jedoch kein Problem. Zur Zeit sind digitale Mischpulte besonders für den Studiobetrieb interessant, wenn es darum geht, Regelungen automatisch und synchron zum Sequenzer ablaufen zu lassen. Sie eignen sich auch für Anwendungen, wo ein exaktes Aufrufen von Einstellungen von Nöten ist. Im Beschallungsbereich spielen digitale Pulte außer in staatlichen Theatern zur Zeit keine nennenswerte Rolle.

Genauigkeit der Auflösung und Zipper Noise

In der Welt des Digitalen gibt es keine stufenlosen Regelvorgänge. Bei sehr geringen Pegeln wird die Auflösung der gängigen 16-Bit-linearen Quantisierung zusehends gröber. Werden mit dem Fader Regelbewegungen durchgeführt, die auf digitalem Wege die Berechnung des Pegels steuern, verändert der Rechner den Pegel in kleinen Schritten. Diese Schritte machen sich durch eine Reihe von kleinen ruckartig erfolgenden Stufen in der Wellenform bemerkbar. Jede Stufe geht mit einem (sehr geringen) Knacken einher. Eine lange Folge von Knacks ergibt einen geräuschhaften Ton, der sehr an das Geräusch erinnert, das beim Öffnen eines Reißverschlusses entsteht. Mit dem Durchfahren der einzelnen Glieder des Reißverschlusses wird im Grunde auch nur eine Folge von Knacks erzeugt. Deshalb trägt dieses Störgeräusch den Namen "Zipper Noise" ("Zipper" englisch für: Reißverschluss, "Noise" für: Geräusch). Zipper Noise entsteht auch in digital gesteuerten analogen Schaltungen, etwa, wenn man mit MIDI Volume (Controller 7) den VCA eines MIDI-Mischpults steuert. Der Controller "MIDI Volume" gestattet die Regelung des Pegels in lediglich 128 Schritten.

12.5 Studio-Konsolen

Grundsätzlich sind konventionelle Mischpulte mit Subgruppen für Beschallungs- und Aufnahmeaufgaben gleichermaßen geeignet. Bei Aufnahmen nimmt man es mit der technischen Qualität natürlich noch etwas genauer. In professionellen Tonstudios haben sich dennoch zwei besondere Bauformen von Mischpulten durchgesetzt, die besonders gut mit Mehrspurtonbandgeräten harmonieren: Die Split- und die Inline-Konsolen.
Bei der Musikproduktion im Tonstudio hat man es immer mit zwei verschiedenen Sorten von Signalen zu tun, die es abzumischen gilt: Den Audiosignalen von den Mikrofonen und Instrumenten aus dem Aufnahme- und Regieraum auf der einen und den Ausgängen der einzelnen Spuren der Mehrspur-Tonbandmaschine auf der anderen Seite. Die Wiedergabesignale der

Tonbandmaschine haben Studiopegel oder Line-Pegel. Jedenfalls ist ein Mikrofonvorverstärker für diese Signale überflüssig.

Split-Konsolen

Viele Split-Konsolen sind wie folgt aufgebaut: Links befinden sich die Eingangskanäle für die Mikrofone, Instrumente und Signalprozessoren. In der Mitte befinden sich die Subgruppen, die Regler für den Hauptausgang und diverse Behelfs-Ein- und Ausgänge. Rechts befinden sich die Kanalzüge für die Wiedergabe der einzelnen Spuren der Tonbandmaschine. Oft mit einem zweiten Fader für die Aussteuerung der Aufnahme versehen, dienen diese Kanalzüge auch dem Zuspielen der Signale zur Bandmaschine. Dazu sind die Aufnahmeeingänge der Tonbandmaschine mit Direktausgängen dieser Kanalzüge verbunden. Mit einem zentralen Schalter in der Mitte des Mischpultes können die Kanäle von Aufnahme auf Wiedergabe umgeschaltet werden. Die einzelnen Kanäle lassen sich darüberhinaus auch einzeln auf Seiten des Mischpults von Aufnahme auf Wiedergabe schalten. Unabhängig davon müssen auch an der Tonbandmaschine oder ihrer Fernbedienung (dem Autolocator) die einzelnen Kanäle auf Aufnahmebereitschaft oder Wiedergabe geschaltet werden.

Noch weiter rechts ist oft ein Steckfeld angebracht, an dem sämtliche Anschlüsse des Mischpults, der Bandmaschinen und Signalprozessoren aufliegen. Aus Gründen der Platzersparnis sind Steckfeld mit so genannten Tiny-Telephone-Buchsen ausgestattet. Dabei handelt es sich um eine kleine, platzsparende Norm von dreipoligen Klinkensteckern und -buchsen für die symmetrische Signalführung. Am Steckfeld ist das gesamte Tonstudio normalerweise zentral geerdet.

Inline-Konsolen

In der modernen Musikproduktion mit Mehrspur-Tonbandmaschinen werden oft nur einzelne Instrumente nacheinander aufgenommen, so dass kein Bedarf für zahlreiche Eingangskanäle entsteht. Solange keine ganzen Orchester insgesamt in einem "Take" mit mehreren Mikrofonen aufzunehmen sind, erfolgt die Aufnahme nacheinander, Spur für Spur. In einem 24-Spur-Studio (in einem Studio mit einer 24-Spur-Maschine) benötigt man 24 Eingangskanäle für die Tonbandmaschine und nur eine Handvoll zusätzliche Eingänge für das Gesangsmikrofon und ein paar Hallgeräte. Eventuell belegen elektronische Klangerzeuger weitere Kanäle, wenn diese synchron zur Bandmaschine von einem Sequenzer gesteuert werden. Man kommt in einem 24-Spur-Studio also oft mit etwa 32 Kanälen im Mischpult aus.

Während eine Split-Konsole zwei mal 24 Kanäle besitzt, kommt eine Inline-Konsole mit 32 Kanälen aus. Die 24 Kanäle für die Wiedergabe der Tonbandmaschine lassen sich zwischen Tonband-Wiedergabe und ihrem Mikrofoneingang umschalten. Der Nachteil besteht darin, dass man tatsächlich auf 32 Kanäle begrenzt ist, während man mit der vergleichbaren Split-Konsole im Extremfall 48 Signale simultan abmischen kann.

Splint-Mischpulte

Eine Mischform von "Split"- und "Inline"-Technik ist die so genannte "Splint"-Bauweise – und so ist auch die gelegentlich anzutreffende Wortbildung "Splint" zu verstehen. Eine Splint-Konsole sieht zunächst so aus wie ein Inline-Pult. Bei der Aufnahme verwendet man die Kanalzüge mit ihren Klangregelungen ganz normal, wie bei der Inline-Konsole. Bei der Wiedergabe der Tonbandspuren lassen sich die Kanalzüge des Splint-Pultes "splitten", also aufteilen. Dabei wird auch die Klangregelung geteilt. Beispielsweise dienen Bass- und Höhenregler dem Mikrofoneingang, während zwei halbparametrische Mittenbänder für die Regelung des Klangs der Tonbandspur benutzt werden. Man hat den Vorteil zahlreicher Eingänge wie bei der Split-Konsole und die kompakte Bauform einer Inline-Konsole. Daher sind Splint-Konsolen vor allem für kompakte MIDI-Studios interessant, bei denen zu den Tonbandspuren noch viele Klangerzeuger kommen, die von einem zum Tonband synchronisierten Sequenzer "gespielt" werden. Bei der Abmischung muss man, was die Flexibilität der Ausspielwege und der Klangregelungen anbelangt, jedoch Kompromisse eingehen. In großen Tonstudios erweisen sich deshalb Split- oder große Inline-Pulte als überlegen. Diese kosten allerdings oft ein Vielfaches.
Es gibt zahlreiche unterschiedliche Konzeptionen und Detail-Lösungen im Mischpult-Bau. Deshalb sind Begriffsverwirrungen bei Typenbezeichnungen wohl unvermeidlich. Häufig wird der Begriff "Split"-Konsole auch auf Splint-Konsolen angewendet, deren Kanalzüge sich "splitten", also aufteilen lassen. Im Einzelfall ist zu prüfen, wie die Signalführung jedes einzelnen Mischpults funktioniert und welche Schaltungskonzepte verwirklicht wurden.

12.6 Sonderformen von Mischpulten

Power Mixer

"Power Mixer" nennt man Mischpulte, in denen eine Endstufe, also ein Leistungsverstärker, bereits eingebaut ist. Die Lautsprecherboxen werden direkt an den Lautsprecherausgang des Power Mixers angeschlossen. Normalerweise enthalten Mischpulte keine Verstärker – allenfalls Kopfhörerverstärker. Power Mixer sind in Studios nicht üblich. Man verwendet sie bei kleineren Beschallungsaufgaben. Besonders beliebt sind sie als Gesangs- und Instrumentalverstärker für Alleinunterhalter und kleine Bands. Power Mixer genießen unter Musikern nicht den besten Ruf, da insbesondere bei älteren Modellen die einzelnen Komponenten oft nicht besonders hochwertig waren. Heute gibt es jedoch sehr gut ausgestattete, gut klingende Mischpult/Endstufen-Kombinationen. Reizvoll ist der Gedanke, in einem einzigen kompakten Gehäuse die gesamte Verstärkeranlage mit sich zu führen. Die meisten Power Mixer enthalten auch wenigstens einen Effektprozessor, der Hall- und/oder Echoeffekte erzeugen kann. Oftmals durchläuft der Hauptausgang auch einen grafischen Equalizer mit etwa zwei mal zehn Bändern. Häufig ist die Flexibilität der Signalführung (Routing) und die der Klangregelung recht begrenzt. Überdies ist es zuweilen von Nachteil, lange Lautsprecherkabel verwenden zu müssen, wenn das Mischpult im Saal steht. In langen NF-Leitungen vom Hauptausgang des Mischpults zu einer Endstufe, die im Bühnenbereich bei den Lautsprechern steht, gibt es meistens weniger Verluste als in einem langen Lautsprecherkabel. Ein weiterer Punkt, der gegen Power Mixer spricht: Wenn eine Komponente ausfällt, muss das ganze Gerät zur Reparatur und nicht nur die betreffende Komponente. Das Gleiche gilt, wenn es darum geht, auf ein Mischpult mit mehr Kanälen oder eine Endstufe mit mehr Leistung umzusteigen. Auf der Habenseite stehen der günstige Anschaffungspreis, der geringe Platzbedarf und die Einsparung von Verbindungskabeln.

Diskothekenmixer

Normale Mischpulte sind für Mikrofon-, Line- und Studiopegel ausgelegt – nicht aber für die bei Plattenspielern üblichen, magnetischen Tonabnehmer. Deshalb kann man einen Plattenspieler nicht direkt an ein konventionelles Mischpult anschließen. Wie der "Phono"-Eingang eines HiFi-Verstärkers besitzen Diskothekenpulte integrierte Phono-Vorverstärker. Hinsichtlich ihrer Impedanz, ihrer Empfindlichkeit aber auch hinsichtlich der Entzerrung ihres Frequenzganges sind diese Vorverstärker für Plattenspieler optimiert. Ein Plattenspieler enthält – außer dem Tonabnehmer selbst – gar keine Audioelektronik! Zu dem Phono-Vorverstärker gehört auch ein Schraubanschluss zum Erden des Plattenspielers. Diskotheken-Mixer besitzen mehrere Stereoeingänge und oft nur einen Mikrofoneingang für die Ansagen des Diskjockeys. Die Stereoeingänge können zwischen "Phono"

und "Line" oft umgeschaltet werden. Alle HiFi-Klangquellen außer Plattenspielern geben Line-Pegel ab. Das gilt unter anderem für Cassettendecks, DAT-Recorder, Mini-Disc-Player, Tuner (Radioempfänger), aber auch die meisten Keyboards. Dementsprechend sind die für die bessere Unterscheidung mit "Tape", "Tuner", "Aux" (Auxiliary), "DAT" und anderen Namen bezeichneten Eingänge bei HiFi-Verstärkern und Diskothekenpulten in der Regel identisch.
Diskothekenmischpulte besitzen zum Teil gar keine oder nur sehr einfache Klangregelungen. Zwischen zwei Phonokanälen befindet sich meistens ein Überblendregler (Cross Fader), der zwischen den Signalen beider Plattenspieler stufenlos überblendet. Der Diskjockey muss also nur einen Fader ziehen, wenn er eine Überblendung zwischen zwei Plattenspielern vornehmen will. Im Zusammenhang mit der Rap- und anderer DJ-Musik haben Plattenspieler und Diskothekenmischpulte als Musikinstrumente Bedeutung erlangt. Für die Musikproduktion und für Beschallungsaufgaben sind sie ansonsten nicht geeignet.

Theaterpulte, Mischpultmatrix

Wenn es darum geht, verschiedene Signale anstatt auf eine Stereosumme auf viele verschiedene Ausgänge zu mischen, verwendet man eine so genannte Matrix. Das ist insbesondere bei Theater- und Monitormischpulten der Fall. Im Theater benötigt man beispielsweise acht verschiedene Endstufenkanäle, weil acht verschiedene Grupen von Lautsprechern anzusteuern sind. Im Rang gibt es ein anderes Stereosignal zu hören als im Parkett. Vor der Bühne ist ein Mono-Subwoofer für die Bässe installiert. Hinter der Bühne werden auf zwei weiteren Kanälen Geräusche eingespielt und im Foyer und in der Garderobe verfolgen die Saaldiener und die Maskenbildner die Show über eine achte Leitung! Mischpulte mit nur einem Stereoausgang sind hier überfordert.
Theaterpulte haben deshalb für jeden Ausgangskanal einen Kanalzug, in dem jede Subgruppe und der Hauptausgang (Stereosumme, "Mix Out") repräsentiert sind. Für jede Subgruppe kann man nun separat einstellen, wieviel davon auf jedem Ausgang liegen soll. Jeder dieser Ausgänge durchläuft zumeist einen Equalizer und wird dann einer Endstufe (Leistungsverstärker) zugeführt, die einen oder mehrere Lautsprecherboxen antreibt. Angenommen, es gibt zwei Subgruppen für das Orchester (stereo), zwei Subgruppen für die Darsteller und zwei Subgruppen für den Chor (siehe *Subgruppen* ab Seite 190). Dank der Matrix kann man nun wählen, dass das Orchester nur aus den Lautsprechern im Rang und aus dem Subwoofer tönt, dass der Chor im Rang, im Parkett und hinter der Bühne klingt, und

dass die Sprechstimmen der Darsteller im Rang, im Parkett, in der Garderobe und im Foyer zu hören sind! Typisch für Theaterpulte sind auch die Mute-Gruppen.

Monitorpulte

Bei größeren Konzerten verwendet man das Saalpult nur für den Saalton. Die Beschallung der Bühne (der Monitor) wird von einem zweiten Tontechniker mit einem zweiten Mischpult und separaten Hallgeräten durchgeführt. Grundsätzlich eignen sich auch große konventionelle Mischpulte mit vielen Ausspielwegen (Auxiliary Sends) als Monitorpulte. Einfacher ist es jedoch, ein kleineres, so genanntes Monitorpult zu verwenden. Auch das Monitorpult besitzt acht Ausgänge und beispielsweise 24 Eingänge. Die acht Ausgänge sind über Equalizer mit den Endstufen für die Monitorboxen der einzelnen Musiker verbunden. In einer sechsköpfige Band hat also jeder Musiker seinen eigenen Monitor, zwei sogar in stereo. Dazu benötigt man aber eben auch wenigstens acht Boxen und acht Endstufenkanäle, also vier zweikanalige Endstufen allein für den Monitor. Um Rückkopplungsprobleme optimal in den Griff zu bekommen, werden überdies acht Kanäle grafische Equalizer benötigt, also beispielsweise vier zweikanalige Terzband-Entzerrer.
Ein Monitorpult besitzt in der Regel keine Subgruppen und auch keine Stereosumme, sondern nur (beispielsweise) acht Hauptausgänge. Die Kanalzüge des Monitorpults besitzen keine Fader, sondern nur jeweils acht Drehpotentiometer, mit denen man jeden Eingang den entsprechenden Ausgängen zumischt. Die Klangregelung der einzelnen Kanalzüge ist zumeist recht einfach ausgeführt. Ein Monitorpult ist im Grunde also genau so aufgebaut wie die Matrix eines Theaterpultes.

Live-Mitschnitte und Rundfunk-Übertragungen: der Splitter

Um das Signal eines einzelnen Mikrofons verschiedenen Mischpulten zuzuführen, verwendet man einen so genannten Splitter (auch: Split-Box). Ein Splitter besitzt für jeden Kanal einen XLR-Eingang und mehrere XLR-Ausgänge. Um Brummproblemen vorzubeugen, müssen die verschiedenen Mischpult-Plätze, die räumlich weit voneinander getrennt sein können, galvanisch getrennt werden, das heißt, es darf keine elektrisch leitende Verbindung zwischen ihnen bestehen. Wie bei einer DI-Box enthält der Splitter deshalb für jeden einzelnen Ausgang einen Transformator (Trafo). Minderwertige Trafos können den Klang beeinträchtigen. Wenn ein Konzert im Fernsehen übertragen wird, ein Mitschnitt auf einer Mehrspurmaschine vorgenommen wird, es ein separates Monitor- und ein Saalpult gibt, dann muss jeder Splitter-Kanal vier Ausgänge haben. Über separate Multicores und Stage Boxes werden Monitorpult, Saalpult, Aufnahmepult und der Ü-Wagen dann mit dem Splitter bei der Bühne verbunden. Ansonsten gibt es am Splitter nichts einzustellen.

13 Abhöranlage

13.1 Studiomonitore

Während bei Lautsprecherboxen von Gitarren- und Bassverstärkern eine bestimmte Eigenklanglichkeit erwünscht und bei HiFi-Lautsprechern einfach ein möglichst schöner Klang gefragt ist, stellt man an die Abhöranlage eines Studios ganz andere Anforderungen. Die Abhöranlage eines Studios soll alle Aspekte eines Klangs genau hörbar machen, dabei aber den Klang nicht schönen. Die Abhörboxen eines Studios heißen "Studiomonitore". Studiomonitore müssen alle Frequenzbereiche deutlich übertragen, aber insbesondere in den Mitten müssen die Boxen alles besonders deutlich abbilden. Gute Studiomonitore können sehr gut klingen, aber nur, wenn die Abmischung gelungen ist. Wenn man auf HiFi-Boxen abmischt, klingt das Master auf diesen Boxen gut. Wenn man das Band aber in einem anderen Raum, auf einer anderen Anlage abhört, wundert man sich, wie schlecht das Resultat auf einer anderen, ebenso guten, aber eben anders klingenden Anlage erscheinen kann. Studiomonitore funktionieren prinzipiell genauso wie HiFi-Boxen – sie sind noch nicht einmal teurer. Wegen ihres schonungslos deutlichen und harten Klangs können Studiomonitore allerdings mit HiFi-Boxen beim Publikumsgeschmack nicht konkurrieren. Die wichtigste Eigenschaft eines Studiomonitors besteht darin, dass der Produzent mit seinen klanglichen Eigenschaften vertraut ist. Zugleich verrät die Box jeden Fehler. Es gibt Monitore, die bei Produzenten sehr populär sind, obwohl sie ziemlich schrecklich klingen. Jeder erfahrene Produzent kennt diese Boxen aber ganz genau, und er weiß, wie eine Abmischung auf diesen Boxen klingen muss, damit sie später sowohl im Küchenradio als auch auf einem Ghettoblaster oder einer HiFi-Anlage ausgewogen klingt.

Nahfeldmonitore

Obwohl man in großen Studios sehr große Monitore findet, die zum Teil in Wände eingelassen sind, spielen die kleinen und preiswerten Nahfeldmonitore bei der Produktion die größte Rolle. Sie sehen aus wie kleinere HiFi-Boxen und liegen meistens auf der Meter-Bridge, also auf dem Aufbau mit den Aussteuerunginstrumenten des Mischpults. Sie strahlen den Tontechniker, der in einem Sessel vor dem Mischpult sitzt, direkt an. Der Hörer und die beiden Boxen bilden im Idealfall ein gleichschenkliges Dreieck. Die Position direkt über dem Mischpult ist leider nicht optimal, da die Fläche des Mischpults Schall reflektiert. Der Sinn der Nahfeldmonitore besteht darin, dass der Hörer einen möglichst hohen Direktschallanteil der Lautsprecher erfasst. Die für den Raum spezifischen Reflektionen spielen dann eine untergeordnete Rolle. Das vereinheitlicht die Abhörsituation in verschiedenen Studios, ohne dass komplizierte bauliche Maßnahmen erforderlich würden. Mit ihrer zumeist etwas unzulänglichen Basswiedergabe ähneln diese Boxen im übrigen den gängigen Lautsprechern mehr als die nahezu perfekten großen Monitore. Das tägliche, stundenlange konzentrierte Hören wird bei Nahfeldmonitoren zumeist weniger ermüdend empfunden als bei großen Lautsprechern.

Aktive Biamping-Studiomonitore JBL LSR 25P

Ein gutes Studio bietet die Möglichkeit, wahlweise mit verschiedenen Lautsprecherpaaren abzuhören. Dementsprechend besitzen Studiopulte oft mehrere schaltbare Hauptausgänge für die Stereosumme. Verschiedene Aspekte des Klangs und der Mischung lassen sich mit verschiedenen Lautsprechern besser ausloten, so dass der Tontechniker schließlich eine Mischung findet, die allen Lautsprechern gerecht wird. Große Lautsprecher verraten zu großzügige Bassanhebungen, zu denen kleine Nahfeldmonitore verleiten. Lautstärkeverhältnisse lassen sich bei sehr geringen Lautstärken mit einfachen Nahfeldmonitoren am besten beurteilen. Nahfeldmonitore mit einem etwas spröden Klangcharakter klingen nicht so druckvoll wie HiFi-Boxen oder große Studiomonitore. Bei Pop- und Rockproduktionen fordern sie zu mehr Mühe bei der Abmischung heraus. Erst wenn die Mischung auch auf diesen Boxen kompakt und druckvoll klingt, kann sich der Produzent zufrieden geben. Demgegenüber geben große und sehr hochwertige Monitore den größten Aufschluss über ganz filigrane Feinheiten der Klänge. Diese werden bei hohen Abhörlautstärken deutlich.

Aktive Biamping-Nahfeldmonitore Behringer Truth B 2031

Nahfeldmonitore richtig aufstellen

Das richtige Aufstellen der Boxen hat große Auswirkungen auf den Klang. Die akustischen Phänomene, die zu Problemen führen können, sind zum Teil recht kompliziert. Deshalb sollen hier nur die wichtigsten Faustregeln angesprochen werden.

Die Boxen dürfen nie direkt an einer Wand stehen, sie sollen auch nicht genau parallel zu Wänden stehen oder direkt auf gegenüberliegende Wände strahlen. Schräge Winkel sind zu bevorzugen. Die Hochtöner (die kleinen Lautsprecher) gehören nach außen, um eine maximale Stereowirkung zu erzielen. Beide Boxen sollen gleich weit vom Hörer entfernt sein und gegenüber dem Hörer symmetrisch stehen. Nach hinten, nach oben und zu den Seiten muss um die Boxen herum ausreichend Platz bleiben, damit der Klang sich entfalten kann. Die Boxen sollen auf Ohrhöhe stehen. Wenn bestimmte Frequenzen besonders dröhnen und/oder bestimmte Töne plötzlich viel leiser erscheinen als andere, treten so genannte stehende Wellen auf. Dabei handelt es sich um Raumresonanzen, die auftreten, wenn die Schallquelle und die Wände so zueinander stehen, dass die Reflektionen sich mit dem Direktschall überlagern. Bei der Überlagerung können sich bestimmte Schwingungen gegenseitig auslöschen oder, wenn Druckwelle mit Druckwelle zusammentrifft, extrem verstärken. Dieser Vorgang ist immer frequenzabhängig, da es dabei auf die Wellenlänge der Schallwellen ankommt. Im Falle solcher stehender Wellen müssen die Boxen umgestellt und anders gerichtet werden.

13.2 Verstärkeranlagen in großen und kleinen Studios

Die großen Studiomonitore eines guten Studios sind "eingerauscht", das heißt, sie sind mit Hilfe von Terzbandentzerrern hinsichtlich des Frequenzgangs der Amplitude entzerrt. Die Regler des Equalizers für die fest installierten Lautsprecher befinden sich für den Benutzer unzugänglich hinter einer Blende, nachdem einmal mit Hilfe eines Analyzers, mit Rauschgenerator und Messmikrofon die Equalizer-Kurve gefunden wurde, mit der das Übertragungsverhalten von Raum und Lautsprecher linear ist. Die Boxen selbst werden von hochwertigen Endstufen angetrieben. Zunehmend setzen sich allerdings Aktivboxen in Biamping-Technik durch, die über ins Boxengehäuse integrierte Endstufen individuell für jeden Lautsprecher verfügen, die durch aktive Frequenzweichen getrennt werden. Diese Technik erlaubt eine bestmögliche Anpassung von Phasengang und Impulsverhalten. Die Lautstärkeregelung erfolgt vor den Equalizern, nämlich am Mischpult, und zwar an einem Monitor-Summenregler für den Regieraum.
Für passive Nahfeldmonitore und für das ausschließlich mit Nahfeldmonitoren ausgestattete Heimstudio bieten sich gute, integrierte HiFi-Verstärker an. "Integriert" heißt im Zusammenhang mit HiFi-Verstärkern, dass der so genannte Vorverstärker, also der Eingangswahlschalter, die Klangregelung und so weiter, mit der Endstufe in einem Gehäuse untergebracht sind. Die jeweiligen Mittel- und Spitzenklassemodelle der gängigen Hersteller sind als Verstärker für die Anhöranlage gut geeignet.

Bei der Verwendung passiver Studiomonitore bedarf es einer Endstufe (Leistungsverstärker). Diese sollte wie die Crown K2 konvektionsgekühlt sein, also ohne Lüfter auskommen, der immer Geräusche verursacht. Im Heimstudio leisten auch solide HiFi-Amps gute Dienste.

Gefahr für die Boxen?

Ein von vielen HiFi-Amateuren am Leben erhaltener Mythos ist die Behauptung, dass die Belastbarkeit der Boxen größer sein muss als die Nennleistung des Verstärkers. Das ist falsch. Richtig ist, dass man, wenn man es darauf anlegt, praktisch mit jedem

Verstärker, sei er klein oder groß, fast jede Box beschädigen kann. Die Gefahr ist bei Boxen mit großer Belastbarkeit etwas geringer. Die häufigste Ursache für defekte Hochtöner (Hochton-Lautsprecher) sind zu kleine, überlastete Verstärker. Diese fangen bei Überlastung nämlich an zu klirren. Diese Verzerrungen gehen mit großen Energien in hohen Frequenzbereichen einher – und davon gehen die Boxen kaputt. Mit der schieren Leistung eines großen Verstärkers kann man Boxen zwar auch zerstören, aber da dies bei sehr hohen Lautstärken und äußerst unangenehm klingenden Verzerrungen der Lautsprecher-Membramen stattfindet, gehört dazu schon eine gehörige Portion böser Wille. Ein HiFi-Verstärker mit einer Nennleistung von zwei mal 100 Watt und ein paar Nahfeldmonitore mit einer Belastbarkeit von nur 60 Watt pro Box passen ohne weiteres gut zusammen. Die meisten HiFi-Verstärker besitzen schaltbare Anschlüsse für zwei Boxenpaare, so dass man zwei Monitorpaare anschließen kann. Nach Möglichkeit verwendet man ein großes Paar mit guter Basswiedergabe und ein kleines Paar etablierter Studio-Nahfeldmonitore. Wer sich ein Heimstudio neu einrichtet, kann zunächst auch mit gewöhnlichen HiFi-Boxen arbeiten. Beim Musikproduzieren sollte man bedenken, dass Stereoanlagen für fertige Musikabmischungen konzipiert sind, die einen sehr breiten Frequenzbereich abdecken und die kaum jemals Pegelspitzen enthalten. Im Studio hat man es demgegenüber immer wieder mit einzelnen Instrumenten und einer großen, weil noch unkomprimierten Dynamik zu tun. Dazu kommen immer wieder kleine Bedienungsfehler, nach dem Motto: "Wieso höre ich jetzt nichts?" Da kann es leicht passieren, dass man einen Knopf drückt, und versehentlich ist auf einmal alles sehr laut. Deshalb ist bei insbesondere bei HiFi-Boxen eine größere Zurückhaltung bei der Lautstärke gefragt. Man sollte ein einzelnes Instrument nicht lauter abhören, als es im Gesamtarrangement auch erklingen würde. Das gilt besonders für Instrumente, die scharfe Impulse in bestimmten Frequenzbereichen erzeugen, also etwa die Bass Drum, der Bass, aber auch hohe Xylophone oder der Triangel.

13.3 Abmischen

Beim Abmischen kommt es sehr darauf an, seinem Gehör Ruhepausen zu gönnen. Wenn in Pausen Hintergrundmusik dudelt, belastet das die Konzentrationsfähigkeit des Produzenten unnötig. Egal, ob man Rockmusik oder Barockmusik abmischt: Man sollte sich nicht dauerhaft großen Lautstärken aussetzen. Andererseits sollte man zwischendurch immer wieder einmal hohe Abhörlautstärken wählen, um neue Aspekte wahrnehmen und die Wirkung der Musik neu beurteilen zu können. Gelegentliches Ändern der Lautstärke und das Umschalten verschiedener Boxenpaare ist für den Produzenten so wichtig, wie es für den Bildhauer wichtig ist, sein Objekt von allen Seiten betrachten zu können. Das Verharren auf einer Perspektive führt hier wie dort zu schlechten Resultaten.

Vergleichendes Hören und imitierendes Mischen

Ein ganz banales Verfahren bei der Abmischung ist der ständige Vergleich mit anderen Produktionen. Sammeln Sie einige CDs, deren Klang Sie mögen, von denen Sie meinen, dass sie gut produziert sind! Wenn man selbst bei der Abmischung ist, sollte man immer wieder zwischen diesen CDs und der eigenen Mischung umschalten. Das funktioniert ganz einfach, wenn der Hauptausgang beispielsweise am Aux-Eingang eines HiFi-Verstärkers angeschlossen ist. Am HiFi-Verstärker kann man mit einem Tastendruck zwischen CD und dem Mischpult umschalten. Die Pegel beider Quellen müssen einander unbedingt angeglichen sein. Wenn man versucht, das eigene Schlagzeug dem Schlagzeug auf der CD so sehr klanglich anzupassen, dass es zwar nicht gleich, aber doch gleich gut klingt, kann man mit seiner Schlagzeugabmischung später sicher zufrieden sein. Wenn man auf diesen einfachen A/B-Vergleich verzichtet, wird man sich immer wieder verschätzen, zumal das Gehör beim Mischen schnell ermüdet. Das Verfahren funktioniert auch dann sehr gut, wenn die abzumischende Musik und die CDs aus verschiedenen Genres stammen. Eine gut produzierte Madonna-CD kann auch dem Rock-Produzenten helfen, eine gute CD von Alan Parsons ist auch bei der Produktion volkstümlicher Musik nützlich. Dieser Trick bewahrt den Produzenten zuverlässig davor, bestimmte Frequenzbereiche zu sehr zu betonen oder auszufiltern. Gute Produktionen besitzen oft viel präsentere Mitten als die auf satte Bässe und Höhen getrimmten Mischungen von Anfängern. Der Sound läuft nicht wirklich Gefahr, seine Individualität einzubüßen, denn so perfekt kann man andere Sounds ohnehin nicht kopieren. Es geht vielmehr um die Ausgewogenheit des Klangbildes.

Sehr aufschlussreich ist auch das Abhören von Testaufnahmen mit dem Koffer- oder Autoradio. Bei dieser Gelegenheit treten unpassende Pegelverhältnisse der einzelnen Spuren, aber auch die Betonung bestimmter Frequenzbereiche oder ein zu großzügiger Gebrauch von Effekten besonders deutlich zu Tage. Außerdem lernt man seine eigene Studio-Abhöranlage besser kennen. Es schont im übrigen die Nerven, wenn man diese Testläufe vornimmt, bevor die CD gepresst ist.

13.4 Kopfhörer

Kopfhörer sind für das Abmischen grundsätzlich nicht geeignet. Sie geben zwar alle Frequenzbereiche gut wieder, und es sind auch alle Nuancen gut zu hören, aber man kann die Lautstärkeverhältnisse über Kopfhörer kaum beurteilen. Das Problem besteht in der so genannten "Im-Kopf-Lokalisation". Das Geschehen scheint sich beim Hören mit dem Kopfhörer im Inneren des Kopfes abzuspielen – eine ungewohnte Hörsituation, die mit der Hörsituation des Endverbrauchers nichts gemein hat. Außerdem ermüdet das Gehör beim Tragen von Kopfhörern besonders schnell, ganz zu schweigen vom Wärme- und Schweißproblem. Die digitalen "Individual-Virtual-Acoustics"-Prozessoren von AKG bearbeiten Stereosignal so, dass die Im-Kopf-Lokalisation deutlich verringert wird. Etwas Erfahrung damit vorausgesetzt, kann man mit solchen Systemen abmischen. Man trägt die optimale Hörposition immer mit sich herum und verursacht keinen Lärm. Dennoch ist auch diese Lösung eher für Ton-Arbeitsplätze geeignet, in denen es hauptsächlich darum geht, die Kollegen nicht zu stören.

Kopfhörer verleiten zum lauten Hören. Dadurch ermüdet das Gehör besonders schnell, und es besteht die Gefahr von Hörschäden.

Kopfhörer bei der Aufnahme

Geschlossene Kopfhörer lassen aus ihren Kapseln kaum Schall in die Umgebung dringen. Bei Gesangs- und Instrumentalaufnahmen ist großer Wert darauf zu legen, dass auf der jeweiligen Spur tatsächlich nur Gesang beziehungsweise das Instrument zu hören ist – und nicht etwa das Playback. Gesangsaufnahmen werden schließlich fast immer nach einem Playback durchgeführt. Der Sänger hört das Playback, aber auch seine eigene Stimme mit Hall (wichtig!) bei der Aufnahme über einen geschlossenen Kopfhörer. Offene Kopfhörer, wie sie im HiFi-Bereich üblich sind, oder die so genannten Walkman-Kopfhörer sind nicht geeignet, denn ein zischelnder Höhenanteil des Playbacks gelänge in die Umgebung und mithin das Aufnahmemikrofon. Das Gleiche gilt natürlich in noch extremerem Maße für gewöhnliche Lautsprecher. Ein Playback dieser Lautsprecher darf nicht auf die einzelnen Spuren gelangen. Bei Live-Aufnahmen von Konzerten kommt man nicht umhin, dass jedes Mikrofon von allem etwas einfängt. Allerdings ist der Produzent hinterher darauf festgelegt, keinerlei Aufnahmespuren durch andere Takes mehr ersetzen zu können. Wenn das Gitarrensolo erst einmal, wenn auch leise, auf der Gesangsspur zu hören ist, kann man kein neues Gitarrensolo mehr aufnehmen – das Ergebnis wäre ein Gitarrenduo.

Geschlossene Kopfhörer wie diese Modelle von Audio Technica lassen kaum Schall nach außen, zum Mikrofon dringen. Die Musiker tragen deshalb bei der Aufnahme geschlossene Kopfhörer.

Es gibt separate Kopfhörerverstärker und Verteilerboxen, an denen mehrere Kopfhörer zugleich angeschlossen werden können. Im Heimstudio leisten HiFi-Verstärker als Kopfhörerverstärker gute Dienste. Der Produzent sollte den Musiker oder Sänger bei der Aufnahme genau nach seinem Monitor-Wohlbefinden befragen. Der oder die Aufgenommene können nur allein beurteilen, ob er/sie mehr oder weniger Gesamtlautstärke, mehr oder weniger Playback, eigene Stimme oder Hall hören will. Der Nachhall der eigenen Stimme ist im Monitor für die ständige Korrektur der Intonation sehr wichtig. Das Monitorsignal kann von zwei Mono- oder einem Stereo-Ausspielweg(en) eines größeren Mischpults stammen. Ansonsten verwendet man die Stereosumme. Allerdings muss der Produzent in dieser Situation, was die Mischung aller Signale angeht, allein auf die Bedürfnisse des Aufzunehmenden eingehen.

13.5 Das Studio richtig ein- und ausschalten

Beim Einschalten, beim Ausschalten und insbesondere beim Einstecken von Kabeln können von Musikinstrumenten, Signalprozessoren, Recordern und allen anderen Geräten nahezu beliebige Störimpulse mit zum Teil beachtlicher Amplitude erzeugt werden. Diese Krachgeräusche können schnell Lautsprecher und Verstärker überlasten. Grundsätzlich ist auch die Gefahr der Beschädigung der Elektronik gegeben – das ist allerdings selten. Aus diesen Gründen schaltet man den oder die Verstärker als letztes ein und als erstes aus. Wenn der Verstärker nicht, wie professionelle Endstufen, über eine zuverlässige Einschalt-Verzögerung verfügt, wird der Volumenregler vor jedem Einschalten und vor jedem Ausschalten auf Null gedreht. Wenn ein Instrument oder ein Signalprozessor angeschlossen oder eingeschaltet werden, wird der betreffende Anschluss zuvor stummgeschaltet. Beim Einschalten von größeren Verstärkern werden alle anderen Verstärker leise gedreht, da diese das ganze Netz stören können.

Auch Experten tun sich schwer mit der Antwort auf die Frage, ab welcher Ruhezeit das Studio komplett ausgeschaltet werden soll. In etwa ist man sich einig, dass man aus Gründen der Energieersparnis ein Studio nur für Pausen ausschalten sollte, die länger als einige Stunden dauern. Im Allgemeinen bedeutet dies: Das Studio wird morgens ein- und abends ausgeschaltet. Ansonsten bleiben alle Geräte den ganzen Tag lang eingeschaltet. Bei einem Schaltvorgang altert das Gerät in aller Regel mehr, als wenn es einen ganzen Tag lang läuft. Eine Ausnahme sind Bandmaschinen und Cassettendecks, deren Motoren ununterbrochen laufen. Solche Geräte und natürlich sämtliche Geräte, die man den Tag über sicher nicht benötigt, sollten nach Möglichkeit ausgeschaltet bleiben. Meistens wird das ganze Studio über eine einzige Steckdose mit Steckerleisten versorgt. Wenn das Studio längere Zeit nicht benutzt wird (etwa im Urlaub), sollte das Hauptkabel abgezogen werden. Im Falle eines Blitzeinschlags besteht dann kaum Gefahr für die Anlage. Bei Gewittern sollte das Studio grundsätzlich ausgeschaltet und gegebenenfalls der Hauptstecker gezogen werden. Schaltbare Steckerleisten bieten sich für das zentrale Ein- und Ausschalten an. Es ist jedoch sehr zu empfehlen, die Anzahl der schaltbaren Schuko-Leisten zu gering zu halten, da die in den Schaltern enthaltenen Glimmlampen unmerklich Fehlfunktionen aufweisen und Ladungen übertragen können. An der Sicherung für das Studio sollten nur die Studiogeräte und Glühlampen ohne Dimmer angeschlossen werden. Alle anderen Geräte des Haushalts, die nicht mit Kabeln mit dem Studio verbunden sind, sollten über andere Sicherungen abgesichert sein. Dimmer, Kühlschränke, Elektromotoren und Neonlampen gehören zu den übelsten möglichen Störungsquellen.

14 Typische Probleme und ihre Lösungen

14.1 Brummen

Eine fehlerhafte Erdung ist die häufigste Ursache für die verzwicktesten tontechnische Probleme. Mitunter müssen alle Kabelverbindungen einer Anlage trennen, damit man die Ursache einer Brummstörung findet.
Wann immer ein Brummen auftaucht, ist davon auszugehen, dass mit der Masseführung etwas nicht in Ordnung ist. Das Brummen, das auch als helles "Sirren" in Erscheinung treten kann, geht auf die Frequenz des Wechselstroms zurück: 50 Hertz – ein Brummen eben.

Fehlerhafte Erdung

Wenn die Anlage brummt, ist sie entweder überhaupt nicht geerdet oder, was wahrscheinlicher ist, zuviel geerdet. Das Ziel ist, die gesamte Anlage an einer zentralen Stelle mit einem dicken Leiter zu erden. Das kann am Steckfeld beziehungsweise am Mischpult oder bei den Leistungsverstärkern erfolgen. Wenn die Anlage an zwei verschiedenen Stellen geerdet ist, können die elektrische Potentiale, die die Abschirmungen der Kabel aufnehmen sollen, nicht richtig an die Erde abgeführt werden. In diesem Fall spricht man von einer "Brummschleife". Der Kontakt der überflüssigen Erdung muss dann unterbrochen werden.

In diesem Zusammenhang wird gelegentlich empfohlen, die Erdung von Netzkabeln abzukleben. Das ist lebensgefährlich. Unterbrechen Sie die Brummschleife stattdessen bei den Audiokabeln – das funktioniert ebenso gut.

Vergewissern Sie sich zunächst, dass alle Geräte am gleichen Stromkreis angeschlossen sind. Hören Sie die Kanäle des Mischpults einzeln ab, um die Quelle des Brummens zu orten.
Professionelle Geräte verfügen über einen "Ground-Lift"-Schalter, mit dem Sie die Masse von der Audioverbindung trennen können. Manchmal kann man das Brummen ganz einfach ausschalten, indem man einen Ground-Lift-Schalter betätigt. Grundsätzlich sollte man beim Aufbau der Anlage damit beginnen, dass die Erde nicht abgetrennt ist.
Wenn Sie das Gerät ausfindig gemacht haben, das das Brummen verursacht, haben Sie das Problem schon fast gelöst. Es kann aber auch sein, dass das Gerät selbst nicht brummt, sondern, dass es überall anfängt, zu brummen, sobald Sie das Gerät

anschließen. Wenn Sie den Übeltäter nicht finden, müssen Sie leider alle Kabel, die im Mischpult stecken, abziehen. Schließen Sie dann zunächst die Verstärkeranlage an das Pult an.

Sternförmige Erdung

Wenn die Erdung beim Mischpult oder beim Steckfeld liegt, werden alle Anschlüsse nach Möglichkeit sternförmig geerdet. Dabei liegt eine Masseverbindung nur auf der Seite vor, wo die Erdung vorgenommen wurde – also beim Mischpult. Auf der anderen Seite, im Aufnahmeraum (oder auf der Bühne), soll keine Masseverbindung über die Audiokabel erfolgen. Das gilt nur für Verbindungen zu Geräten, die selbst an das Netz angeschlossen sind. (Mikrofone werden direkt an das Mischpult angeschlossen.)

DI-Boxen

Die eleganteste und sicherste Methode der Trennung ist ein Trafo (Transformator), bei dem überhaupt kein Körperkontakt zwischen Eingang und Ausgang vorliegt. Man spricht auch von "galvanischer Trennung". Ein Trafo ist das Herz einer DI-Box. Das ist die Abkürzung von "Direct Injection Box" und meint ein kleines Kästchen, das zumeist einen Klinkeneingang und einen XLR-Ausgang besitzt. Zwischen Aufnahmeraum (oder der Bühne) und dem Mischpult besteht dank der DI-Box keine Masseverbindung. Deshalb wird eine Brummschleife ausgeschlossen. Die Qualität der verwendeten Trafos ist nicht unwichtig. Prinzipiell verursachen Trafos immer gewisse Verluste bei hohen Frequenzen und Verzerrungen bei hohen Pegeln. Bei guten Trafos liegen die Grenzen, wo es kritisch wird, jedoch außerhalb des hörbaren Bereichs. Man unterscheidet aktive DI-Boxen mit integrierter Vorverstärkerstufe und passive DI-Boxen. Ein Vorteil der passiven Varianten besteht in der Möglichkeit, die Geräte auch "rückwärts" einzusetzen, also ein symmetrisches Signal in den "Ausgang" zu führen und am "Eingang" ein unsymmetrisches Signal abzugreifen. Das bietet sich immer dann an, wenn man einen Verstärker mit einem asymmetrischen Eingang symmetrisch ansteuern will (etwa bei der Beschallung mit Hilfe von Aktivboxen, die nur Klinkeneingänge besitzen).

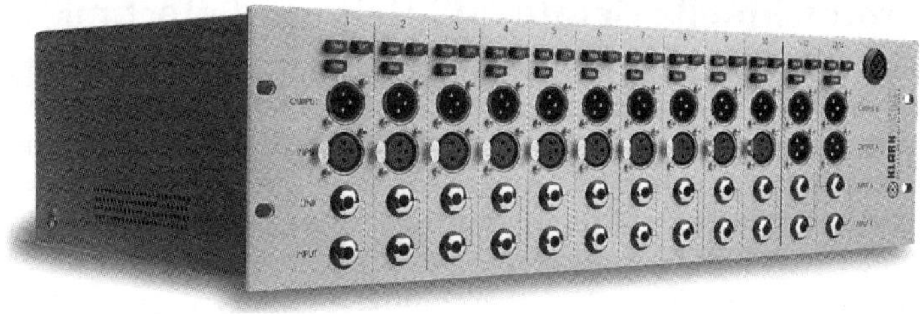

Die Klark Teknik DN1414 ist eine aktive vierzehnkanalige DI-Box mit besonders hochwertigen Übertragern (Transformatoren). Jeder Kanal verfügt über einen 30-dB- und einen 15-dB-Dämpfungsschalter sowie über einen Ground-Lift-Schalter zum Trennen der Masseverbindung zwischen Eingang und Ausgang.

Grundsätzlich lässt sich eine Masseverbindung bei symmetrischen Kabeln schon aufheben, indem man auf seiten des Aufnahmeraums die Masse vom Stecker abklemmt. Dieses Vorgehen bietet sich aus Gründen der Zuverlässigkeit eher bei Festinstallationen. Solche Kabel müssen unbedingt eindeutig gekennzeichnet sein.

Heimtückische Masseverbindungen

Bei allen unsymmetrischen Kabeln gibt es eine Verbindung der Masse mit dem Minus-Pol. Unsymmetrisch sind alle Kabel mit nur zweipoligen Steckern, also auch die meisten Adapterkabel.

Es gibt Adapterstücke, die aus zwei XLR-Männchen oder zwei XLR-Weibchen bestehen. Man benutzt diese dazu, um die Stagebox und das Multicore auch für die Ausgänge des Mischpults verwenden zu können, an die die Verstärker angeschlossen werden, die bei der Bühne stehen können. Ohne vernünftigen Grund werden diese teilweise mit asymmetrischer Beschaltung ausgeliefert. Dabei ist die Masse mit einer kleinen Brücke im Stecker mit dem Minus-Pol verlötet. Wenn Sie solche Adapter kaufen, schrauben Sie diese gleich auf, und schneiden Sie die unglückselige Verbindung durch!

Berühren sich zwei Gerätegehäuse, beispielsweise über die Rack-Schienen, ist das eine Gerät über das andere geerdet. Man kann diese Masseverbindung mit Hilfe kleiner Gummis für Rackschrauben unterbrechen und Brummschleifen auf diese Weise ausschalten.

14.2 Andere typische Fehlerquellen

Kühlschränke, Neonlampen und insbesondere billige Dimmer von Lichtanlagen sind Störungsquellen, denen nicht jede Abschirmung gewachsen ist. Gegen billige Dimmer ist jeder Tontechniker machtlos.

Professionelle Geräte und Heimstudiotechnik

Rundfunk- und professionelle Studiotechniker verlangen von allen Signalprozessoren trafosymmetrierte Ein- und Ausgänge sowie ein geerdetes Gehäuse, erkennbar an dem dicken Netzstecker mit Massekontakt. Demgegenüber sind viele andere Geräte und Instrumente mit unsymmetrischen oder elektronisch symmetrierten Ein- und Ausgängen ausgestattet, besitzen nur die dünnen, zweipoligen Netzstecker oder werden gar mit Steckernetzteilen gespeist. All diese Geräte müssen über die Audiokabel geerdet werden. Deshalb lassen sich Brummschleifen zum Teil nicht ohne weiteres aufheben. Leitende Verbindungen zwischen Gehäusen oder zusätzliche, abschirmende Metallgehäuse können bei Brummproblemen Abhilfe schaffen.

Übersprechen und Notabschaltungen

Kabel sollten nicht über weite Strecken dicht nebeneinanderliegend parallel verlaufen, da dies Übersprechen von einer Leitung zur nächsten provoziert. Wenn Kabel aufgerollt sind – zum Beispiel auf einer Kabeltrommel – ergibt sich eine elektrische Spule. Das ist bei Netzkabeltrommeln tückisch, denn durch die Erhitzung kann sich die Trommel abschalten, und der Strom fällt aus. Man sollte das Netzkabel also immer abrollen und es schön durcheinander liegen lassen – dann gibt es keine Spule!

14.3 Rauschen

Alle Audiogeräte und alle Tonbänder rauschen – das gilt für die analoge wie die digitale Technik. Der Fremdspannungsabstand (auch "Rauschabstand"), also der Faktor, um den der Pegel der chaotischen Spannungsschwankung (Rauschen) geringer ist als der des maximalen Nutzsignals, ist bei allen modernen Musikinstrumenten und Studiogeräten zufrieden stellend.
Unangenehm gering ist der Rauschabstand heute noch bei Cassettenrecordern und Röhrenverstärkern für E-Gitarren und E-Bässe sowie bei allen Verzerrern.
Das geringe Rauschen hochwertiger Geräte kann aber durch eine Verstärkung in den diversen Gliedern der Signalverarbeitungskette so stark angehoben werden, dass es sich störend auswirkt. Wenn der Pegel des Nutzsignals angehoben werden muss, wird das Rauschen, das am Eingang des Geräts ankommt, ebenfalls mit angehoben.

Richtig aussteuern

Um Rauschen zu vermeiden, kommt es darauf an, alle Glieder der Signalverarbeitungskette so hart wie möglich auszusteuern, ohne dass Verzerrungen auftreten. Erst bei einer satten Aussteuerung wird der Pegel des Grundrauschens relativ zum Nutzsignal klein. Erst im letzten Glied der Signalverarbeitungskette wird das richtig ausgesteuerte Signal "leise" gedreht.

Wenn es rauscht, gilt es, das erste Glied in der Signalverarbeitungskette ausfindig zu machen, das schlecht ausgesteuert wurde. Alle nachfolgenden Glieder müssen ebenfalls möglichst kräftig ausgesteuert werden. Die Lautstärkeregelung erfolgt frühestens bei der Wiedergabe eines gut ausgesteuerten Bandes im Mischpult. Insbesondere Bandaufnahmen müssen immer möglichst hart ausgesteuert werden, allerdings nur so weit, wie keine nennenswerten Verzerrungen auftreten. Nachträglich lässt sich Rauschen nur schwer und unter Klangeinbußen entfernen.

Verzerrungen

Wenn Verzerrungen auftreten, ist ein Glied der Signalverarbeitungskette übersteuert. Das kann mit falschen Impedanzen zusammenhängen, etwa, wenn ein Line-Ausgang eines Keyboards an einen Mikrofoneingang angeschlossen wird. Zumeist ist aber einfach der Pegel eines Signals zu hoch für den Eingang des nächsten Glieds der Signalverarbeitungskette.

Wenn Verzerrungen auftreten, gilt es, dasjenige erste Glied in der Signalverarbeitungskette ausfindig zu machen, das übersteuert wurde. Alle nachfolgenden Glieder müssen erneut richtig ausgesteuert werden. Die Lautstärkeregelung erfolgt frühestens mit Hilfe des Faders im Mischpult – nicht mit einem "Gain"-Regler. Nachträglich lassen sich Verzerrungen nicht entfernen.

14.4 Rückkopplungen (Feedbacks)

Wenn ein Mikrofon (oder ein beliebiger anderer Tonabnehmer) Schall einfängt und dieser mit Hilfe eines Verstärkers und eines Lautsprechers im gleichen Raum verstärkt wiedergegeben wird, bleibt es nicht aus, dass das Mikrofon auch den Schall des Lautsprechers "hört". Also wird der Schall, der aus dem Lautsprecher tönt, erneut verstärkt, denn er wird auf das Mikrofon "zurück gekoppelt" – ein Kreislauf der Verstärkung setzt ein. Ab einem bestimmten Verstärkungsfaktor, der so genannten Rückkopplungsgrenze, wird das Signal mit jedem Durchlaufen dieses blitzschnellen Verstärkungskreislaufs immer weiter verstärkt, bis die Belastungsgrenze erreicht ist und das System "Mikrofon – Verstärker – Lautsprecher – Raum" mit der ihm eigenen Resonanzfrequenz zu schwingen beginnt. Die Resonanzfrequenz, also die Geschwindigkeit, mit der das System schwingt, ist immer diejenige Frequenz, die das System am stärksten betont. Ein Tontechniker ist stets bemüht, solche Betonungen aufzuspüren und mit dem Entzerrer (englisch: "Equalizer") auszugleichen.

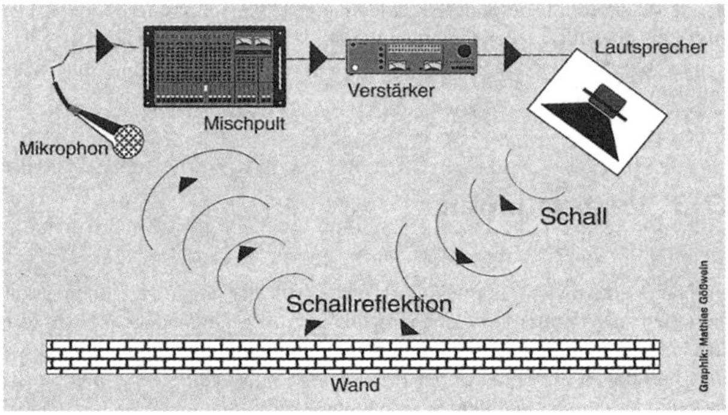

Akustischer Rückkopplungskreislauf

Das Problem tritt in erster Linie bei der Beschallung auf. Durch Fehlbedienungen kann man auch elektronische Rückkopplungen verursachen, etwa indem im Kanalzug eines Hallgeräts der Ausspielweg des Hallgeräts aufgedreht wird. Sehr hohe Pegel und das Erreichen der Belastungsgrenze der beteiligten Komponenten sind die Folge.
Je linearer das System arbeitet, desto weniger anfällig ist es für Rückkopplungen. Es soll kein Frequenzbereich betont werden. Am kritischsten sind immer der Raum, die Lautsprecher (insbesondere die Monitore) und die Mikrofone.

Wenn es ganz plötzlich sehr laut pfeift, dröhnt oder tönt, müssen sofort der Pegelregler des Hauptverstärker und/oder der Summenregler des Mischpults auf "Null" gedreht werden, denn die Lautsprecher werden erfahrungsgemäß als erstes zerstört. Danach hat man genug Zeit, diejenigen Pegelsteller herunterzuregeln, die an der Rückkopplung beteiligt waren.

14.5 Knistern

Knistern, Rascheln, "Britzeln" und andere unangenehme Störgeräusche dieser Art deuten auf einen – zumeist nicht sehr ernsten – Defekt, insbesondere auf einen Wackelkontakt, hin. Meistens sind es Kabel oder Anschlussbuchsen, die defekt sind. Der Fehler lässt sich zumeist sehr schnell finden, indem man ein wenig an den Kabelverbindungen rüttelt oder ein verdächtiges Kabel ein wenig verbiegt. Auch das Austauschen der Kabel hilft, den Fehler zu lokalisieren.
Dreh- und Schiebepotentiometer (Fader) können verschmutzen und korrodieren. Beim Bewegen können Raspelgeräusche auf-

treten. Durch mehrfaches Hin- und Her-Drehen (beziehungsweise -Schieben) des Reglers lässt sich das Störgeräusch oft beheben. Anderenfalls ist eine Überholung (Reinigung) des Gerätes durch einen Service-Techniker fällig.
Ein charakteristisches Knistern und Knackgeräusche können auch durch Funkstörungen verursacht werden. Potentielle Verursacher sind etwa Kühlschränke, Elektromotoren und Neonlampen. Lange, vorwiegend unsymmetrische Leitungen können Funkstörungen einfangen – sogar Radiosender. Solche Störungen weisen auf defekte Abschirmungen der Kabel hin. Kabel sind mechanisch empfindlich – sie wollen mit großer Sorgfalt behandelt werden.

14.6 MIDI-Kommunikationsprobleme

Wenn ein MIDI-Klangerzeuger nichts abspielt, obwohl er es sollte, sind dies die typischen Fehlbedienungen:

- Der MIDI-Empfangskanal und der Sendekanal sind nicht gleich.
- Der MIDI-Ausgang oder andere MIDI-Anschlüsse wurden verwechselt.
- In einer MIDI-Thru-Kette ist eines der beteiligten Geräte ausgeschaltet, oder eine Funktion zum Ausfiltern bestimmter Daten ist bei diesem Gerät eingeschaltet.
- Eines der MIDI-Kabel ist defekt.
- Auf Seiten des Senders wurde die Ausgabe bestimmter Datentypen unterbunden.
- Auf Seiten des Empfängers wurde der Empfang bestimmter Datentypen unterbunden.
- Es wurde kein Sound geladen (etwa ein Sound einer Speicherkarte wurde versucht anzuwählen, obwohl keine Karte im Kartenschacht des Klangerzeugers steckt).
- MIDI-Volume (Controller 0) wurde auf "Null" gesetzt.
- Die Lautstärke ist auf "Null", ein falscher Ausgang wurde gewählt, oder das Gerät ist nicht am Netz.
- Wenn ein einzelnes Keyboard keinen Ton von sich gibt, obwohl man auf der Tastatur spielt, kann das daran liegen, dass die Tastatur von der Klangerzeugung durch die "Local-Off"-Funktion getrennt ist, wie es für den Betrieb mit dem Sequenzer sinnvoll ist.

Anhang A Pegeldefinitionen

dB (Dezibel)

1. Das dB ist wie das Prozent ein Maß zur Beschreibung von Verhältnissen. Solange das dB nicht um eine Bezugsgröße ergänzt ist – wie etwa das "dB(A)" – handelt es sich also um keine physikalische Einheit, auch keine Einheit zur Beschreibung von Lautstärken, sondern nur um einen Faktor, also um eine Zahl, die mit einer anderen Zahl multipliziert wird.

2. In der Akustik wird das dB auch als eine physikalische Einheit, nämlich als Maß des "unbewerteten absoluten Schalldruckpegels" verwendet. 0 dB entsprechen demnach einem Schallwechseldruck von 2×10^{-5} Pa (Pascal). Um Missverständnissen vorzubeugen, empfiehlt sich der Gebrauch des Kürzels dB(SPL) (für: Sound Pressure Level, englisch für: Schalldruckpegel).

Das dB ist nach einem der Erfinder des Telefons, Alexander Graham Bell, benannt und bedeutet "ein Zehntel Bel". Versuche in den Bell Telephone Laboratories hatten ergeben, dass unter bestimmten Voraussetzungen eine Zunahme des Schallwechseldrucks um ein Bel (10 dB) als Verdoppelung der Lautstärke empfunden wird. Das dB beschreibt stets ein Vielfaches des dekadischen Logarithmus (des Logarithmus zur Basis 10) eines Verhältnisses, beispielsweise des Logarithmus der Ausgangsspannung eines Verstärkers zu dessen Eingangsspannung. Den Verstärkungsfaktor statt mit einfachen Zahlen oder in Prozent logarithmisch zu beschreiben bietet mehrere Vorteile: Zum einen wird das Rechnen erleichtert, da man stets mit handlichen kleinen Zahlen rechnet. Außerdem werden durch die logarithmierte Beschreibung aus Multiplikationen einfache Additionen und aus Divisionen einfache Subtraktionen. Die Beschreibung in dB lässt sich direkt aus dem Bereich der Elektronik (Beschreibung der Verhältnisse von Spannungen) in die Akustik (Beschreibung der Verhältnisse von Schallwechseldrücken) übertragen. Die logarithmierte Beschreibung stimmt aber insbesondere recht gut mit der menschlichen Hörwahrnehmung überein.

Der Gebrauch des dB ist kompliziert, weil es viele verschiedene *Pegeldefinitionen* gibt. Für die Beschreibung des Verhältnisses von Ausgangsleistung zu Eingangsleistung eines elektrischen Übertragungsglieds gilt diese Formel:

$$p_p = 10 \lg \frac{P_1}{P_2}$$

Dabei ist p_p der relative *Leistungspegel*, angegeben in dB, P_1 die *Eingangsleistung* und P_2 die *Ausgangsleistung*, jeweils angegeben in Watt (W). Leistungsbezogene Pegelangaben, zu denen auch Angaben zur Schallintensität zählen, sind stets nach dieser Definition zu berechnen. Ein *Pegel* ist ein logarithmisch in dB ausgedrückter Faktor. Unter bestimmten Voraussetzungen lässt sich diese Formel von den elektrischen Leistungen auf das Verhältnis der Ausgangs- zur Eingangsspannung umrechnen. Daraus ergibt sich für den relativen *Spannungspegel* diese Definition:

$$p = 20 \lg \frac{U_1}{U_2}$$

p ist der Spannungspegel, angegeben in dB. U1 ist die *Eingangsspannung* und U2 ist die *Ausgangsspannung*, jeweils angegeben in V (Volt). Um Verwechslungen mit anderen Pegeldefinitionen vorzubeugen, wird für Angaben in dB nach dieser Definition auch das Kürzel "dBr" verwendet ("r" für "relativ"). Die unten genannten absoluten Definitionen des Spannungspegels, dBu und dBV, sind Angaben in dBr, die sich auf eine bestimmte Bezugsspannung beziehen und nach der letztgenannten Formel zu berechnen sind.

Eine Verzehnfachung der elektrischen Spannung bedeutet demnach eine Zunahme um 20 dBr. Der Faktor 100 resultiert in einer Addition von 40 dBr, der Faktor 1.000 dem entsprechend 60 dBr. Wird die Leistung auf ein Zehntel bedämpft, entspricht dies einer Subtraktion von 20 dBr. Als Anhaltspunkte können auch diese Angaben dienen: eine Zunahme um 3 dBr bedeutet in etwa eine Multiplikation der Spannung um den Faktor 1,4 ($\sqrt{2}$), 6 dBr entsprechen einer Verdoppelung der Spannung, und 10 dBr entsprechen dem Faktor 3,16. Eine Zunahme um 10 dBr wird nach der Verstärkung und Wiedergabe durch einen Lautsprecher auch als Verdoppelung der Lautstärke empfunden.

Da Audiosignale Wechselspannungen sind, gestaltet sich das Errechnen ihrer Pegel recht kompliziert – für Berechnungen bedarf es der Integralrechnung. Ebensowenig, wie ein gleichzeitiges Erklingen zweier gleich lauter Töne als Verdoppelung der Lautstärke (gegenüber einem einzelnen Ton) empfunden wird, lassen sich beim Mischen verschiedener Audiosignale deren Pegel einfach addieren. Der resultierende Pegel hängt von den Wellenformen und Phasenlagen der einzelnen Signale ab.

Für die verschiedenen Anwendungsbereiche haben sich unterschiedliche Pegeldefinitionen durchgesetzt, die unglücklicherweise teilweise die gleichen Namen tragen. In der Elektroakustik, Akustik und Studiotechnik sind die folgenden Pegeldefinitionen relevant:

dB(A) Das dB(A) gibt einen nach einer Filterkurve bewerteten absoluten Schalldruckpegel an. Die Filterkurve A entspricht den "Kurven gleicher Lautstärke" bei 40 Phon, nach denen für hohe und tiefe Frequenzen höhere Schalldrücke von Nöten sind, als für eine mittlere Frequenz wie 1.000 Hz, um den Eindruck einer gleichen Lautstärke hervorzurufen. Das dB(A) hat als relativ zuverlässiges Maß der Lautstärke die genauer nach den Kurven gleicher Lautstärke gewichtete Einheit Phon verdrängt, die zu ähnlichen Angaben führt. 0 dBA entsprechen 2×10^{-5} Pa (Pascal) Schallwechseldruck bei 1.000 Hz, also der Hörschwelle. Für Messungen bei höheren Lautstärken werden gelegentlich auch die Kurven B und C verwendet. Die Einheiten heißen dementsprechend dB(B) und dB(C). Das Maß des Schallwechseldruckpegels ohne Bewertung durch ein Filter ist das eingangs unter 2. erläuterte dB, das, um Verwechslungen mit dem reinen Verhältnismaß zu vermeiden, als dB(SPL) geschrieben werden sollte.

dB(B) Wie dB(A), aber bewertet nach der Filterkurve B, die den Kurven gleicher Lautstärke bei 70 Phon entspricht.

dB(C) Wie dB(A), aber bewertet nach der Filterkurve C, die den Kurven gleicher Lautstärke bei 90 Phon entspricht

dBa Bezeichnung für einen *absoluten* Referenzpegel, nicht zu verwechseln mit dem dB(A).

dBe Im Rundfunk gebräuchlicher Referenzpegel. 1 dBe = 1 Mikrovolt/Meter.

dBFS „FS" steht für „Full Scale" und definiert die digitale Vollaussteuerung als 0 dBFS.

dBm Das frühere dBm als Maß des absoluten Spannungspegels wird heute durch das dBu ersetzt. Das dBm hat heute in der Nachrichtentechnik als Maß des absoluten Leistungspegels Bestand. 0 dBm entsprechen 1 mW (Milliwatt) an einem Lastwiderstand von 600 Ohm.

dBp Absoluter Pegel der Schallleistung, bezogen auf 1 pW (1 Pikowatt; entspricht 10^{-12} Watt). In Bezug auf die Schallintensität gilt:
1 dBp = 1 pW/m^2 (1 Pikowatt pro Quadratmeter).

dBqps Mit dieser vom dBqs abgeleiteten, gehörgerechten Pegeldefinition wird das Grundrauschen von Studiogeräten angegeben, genauer: die mit der "Filterkurve für den Störpegel nach DIN 45405" *bewertete Störspannung*. Das "p" steht für "pondéré" (französisch für: "bewertet"). Die von den Kurven gleicher Lautstärke abgeleitete Bewertung berücksichtigt den Umstand, dass insbesondere in den Höhen das Rauschen auffällt.

dBqs Pegeldefinition für die *unbewertete Störspannung*, bezogen auf 0,775 Volt (Messtechnik). Das "q" kennzeichnet die Messung einer – in Bezug auf Sinustöne dem Effektivwert entsprechenden – *Quasi-Spitzenspannung*. Das "s" kennzeichnet den Frequenzbereich der Audiotechnik (von "son", französisch für "Ton"). Gemessen wird mit einem *Störspannungsmesser* der Bereich von 31,5 Hz bis 16 kHz. Das die tiefen Frequenzen ausblendende Hochpassfilter hat eine Flankensteilheit von 12 dB/Oktave, das die Höhen ausblendende Tiefpassfilter eine Flankensteilheit von 18 dB/Oktave. Siehe auch dBqps.

dBu Maß des absoluten Spannungspegels bezogen auf 0,775 Volt. 0 dBu entsprechen 0,775 V (RMS). Diese Spannung ergibt sich, wenn eine Leistung von 1 mW (Milliwatt) an einen Lastwiderstand von 600 Ohm angelegt wird. In 600 Ohm-Leitungen sind die Werte für dBu und dBm gleich. Die Ein- und Ausgänge von professionellen Audiogeräten sind oft für einen Pegel von +4 dBu ausgelegt, das entspricht einem Effektivwert (RMS) von 1,228 V. Das ist der *Studiopegel*. Der *Funkhausnormpegel* von +6 dBu liegt bei 1,55 V. Um den Vorzeichenwechsel zu vermeiden, werden zuweilen die +6 dBu des Funkhausnormpegels als Bezugspunkt (0 dBr) definiert. Dann erhält man nur mehr negative Werte in dBr.

dBV Das dBV – auch: dB(V) – mit großem "V" ist das Maß des absoluten Spannungspegels in Bezug auf 1 Volt. 0 dBV entsprechen 1 V (RMS) oder +2,2 dBu. In der HiFi- und Heimstudiotechnik sind die Ein- und Ausgänge in der Regel für einen Pegel von –10 dBV ausgelegt (Line-Pegel), das entspricht einem Effektivwert (RMS) der Spannung von 0,316 V. Siehe auch dBv.

dBv Das dBv mit kleinem "v" ist gleichbedeutend mit dem weniger missverständlichen dBu: es beschreibt den Pegel in Bezug auf 0,775 V RMS. Das dBv ist nicht mit dem dBV zu verwechseln!

Anhang B Literatur

Ahnert, Wolfgang und Steffen, Frank. *Beschallungstechnik, Grundlagen und Praxis*. Leipzig: Hirzel, 1993.

Anwander, Florian. *Synthesizer*. Bergkirchen: PPV, 2000.

Brüderlin, René. *Akustik für Musiker*. 4. Auflage. Regensburg: Beck 1990.

Conrad, Jan-Friedrich. *Taschenlexikon Musikelektronik*. Zweite überarbeitete Auflage 1998. Bergkirchen: PPV.

Dickreiter, Michael. *Handbuch der Tonstudiotechnik (2 Bände)*. 5. völlig neubearbeitete und ergänzte Auflage. München: Saur 1990.

Eisner, Uli. *Mixing Workshop*. Bergkirchen: PPV 1998.

Görne, Thomas. *Mikrofone in Theorie und Praxis*. Aachen: Elektor, 1994.

Meyer, Jürgen. *Akustik und musikalische Aufführungspraxis*. 4. überarbeitete Auflage. Frankfurt: Bochinsky, 1999.

Roederer, Juan G. *Physikalische und psychoakustische Grundlagen der Musik*. Heidelberg: Springer 1977.

Warstat, Michael und Görne, Thomas. *Studiotechnik, Hintergrund und Praxiswissen*. Aachen: Elektor, 1994.

Webers, Johannes. *Handbuch der Tonstudiotechnik, Analoges und digitales Recording bei Fernsehen, Film und Rundfunk*. 6. Auflage. Poing: Franzis, 1994.

Index

Zahlen

A

B

C

D

J

K

L

M

N

Mehr Wissen, mehr Erfolg!

Robert Lyng
Musik & Moneten
277 Seiten
ISBN 3-932275-08-X

Künstlerexklusiv-, Bandübernahme- und Produzentenverträge – nicht nur Künstler sind vielfach von der Aussagefähigkeit dieser Verträge überfordert, sondern auch Angestellte in Produktions- und Tonträgerfirmen, Musikverlagen und Anwaltskanzleien, die sich nicht regelmäßig damit beschäftigen. „Musik & Moneten" bringt Licht in die wirtschaftlichen Aspekte dieser Verträge.

Robert Lyng
Die Praxis im Musikbusiness
348 Seiten
ISBN 3-932275-19-5

Das Nachschlagewerk über das „härteste Geschäft der Welt". Dieser Bestseller macht aus Fremdwörtern wie Urheberrechtsgesetz, Bandübernahmevertrag, Verlagstantiemen und Konventionalstrafe vorstellbare Dinge. Alles über GVL/GEMA, Label und Verlagsverträge mit Musterverträgen. Verständlich geschrieben und juristisch korrekt. Ein absolutes Muss für Leute, die im Musikbusiness tätig sind. Prädikat: sehr lesenswert!

Jürgen Meyer
Akustik und musikalische Aufführungspraxis
341 Seiten
ISBN 3-923639-01-5

Das Standardwerk zu diesem Thema – für Akustiker, Musiker und Dirigenten. Hier wird auf Klangspektren und Richtcharakteristiken von Instrumenten eingegangen; es werden die akustischen Verhältnisse auf dem Konzertpodium behandelt, Diskrepanzen zwischen dem Höreindruck im Saal und den Verhältnissen auf Bühne und Podium dargestellt, bis hin zur computergesteuerten Verstärkertechnik.

Barbara und Gunnar Berndorff
Musikrecht
237 Seiten
ISBN 3-932275-05-5

Endlich sind sie da, die Antworten auf über 70 Fragen aus dem Bereich des Musikrechts. Ohne große Paragraphenschlacht, ohne Fachchinesisch werden sie in diesem Buch von den Berliner Rechtsanwälten Barbara und Gunnar Berndorff sowie Knut Eigler kompakt und verständlich beantwortet. Dieses Buch versteht man auch ohne Jura-Studium – Ein absolutes Muss für Musiker mit Business-Ambitionen!

Thomas Sandmann
Effekte & Dynamics
192 Seiten inkl. CD
ISBN 3-932275-09-8

- Welche Hallraum-Größe für die Stimme?
- Wie komprimiere ich den Mix richtig?
- Wie funktioniert eigentlich ein Chorus?

Antworten auf diese und viele andere Fragen zum Outboard-Equipment liefert dieses Buch. Vom einfachen Delay bis zu komplexen Multi-Effekt-Ketten werden die einzelnen Effekte mit praktischen Beispielen erklärt und der richtige Umgang mit ihnen beschrieben. Dabei werden nicht nur die Klassiker wie Hall, Delay und Chorus behandelt, sondern auch viele andere Effekte und Dynamikbearbeitungen.

Martin Hömberg
Taschenlexikon Homerecording
300 Seiten
ISBN 3-932275-12-8

Auf dieses Nachschlagewerk kann niemand verzichten, der im „Personal Studio" seine eigenen Projekte realisiert. Weit über 1.000 Begriffe zu Digital- und Analog-Recording, Mikrofonen, Sound-Bearbeitung und Effekten, Verkabelung, MIDI und Synchronisation werden unmittelbar praxisbezogen und leicht verständlich erklärt.

Martin Hömberg
Taschenlexikon Studio
300 Seiten
ISBN 3-932275-13-6

Weit über 1.000 Begriffe erfassen alles, was in der heutigen Welt des Recording eine Rolle spielt. Ohne theoretischen Ballast kommen die Defintionen sofort zur praktischen Bedeutung. Ein unentbehrliches Hilfsmittel für alle, die mit ihrer Arbeit im Studio gehobene oder professionelle Ansprüche verbinden.

Jan-Friedrich Conrad
Taschenlexikon Musikelektronik
320 Seiten
ISBN 3-9802124-9-1

Dieses unentbehrliche Nachschlagewerk für Musiker und Beschallungstechniker deckt mit rund 1.000 Einträgen alle Bereiche der Musikelektronik ab. Klassische Tontechnik ebenso wie analoge und digitale Studio- und Beschallungstechnik, Synthesizer, sowie Sampler und Computer. Verständlich und locker geschrieben, im handlichen Format.

Jan-Friedrich Conrad
Taschenlexikon Beschallung
300 Seiten
ISBN 3-932275-14-4

Hier werden alle Fachbegriffe der Musik- und Theater-Beschallung, der PA-Technik, Akustik, Elektro- und Psychoakustik erläutert. Das Buch widmet sich dem Thema mit akademischem Tiefgang und ist nicht nur für Musiker, sondern auch als für angehende Audio Engineers, Medien- und Veranstaltungstechniker interessant.

Florian Anwander
Synthesizer
200 Seiten inkl. CD
ISBN 3-932275-06-3

- Warum knallt meine Electro-Bassdrum nicht?
- Wie kriege ich meine Hüllkurven in den Griff?
- Wer moduliert bei der Crossmodulation eigentlich wen?

Antworten auf diese und hundert andere Fragen zu Synthesizern findet man hier. Über das Kernthema hinaus werden auch verwandte Bereiche wie der Vocoder, Studioeffekte mit Synthesizern und der musikalische Einsatz der speziellen Eigenschaften dieser Soundmaschinen besprochen. Wer einen Synthesizer hat, der braucht dieses Buch!

Gleich anrufen und bestellen!

Weitere Informationen:

PPV Versandservice
c/o Verlag Erwin Bochinsky
GmbH & Co KG
Münchener Straße 45
D-60329 Frankfurt am Main
Tel.: 069/2 71 37 89-0
Fax: 069/2 71 37 89-94
e-mail:
buch@das-musikinstrument.de

Alles für Musiker!

FACHBLATT SOUNDCHECK

... damit die Karriere auch Spaß macht.

Abo-Unterlagen anfordern unter
(069) 27 13 78 94
oder im Internet unter www.soundcheck.de

++ Jeden Monat aktuell +++ Jeden Monat mit CD +++ Für nur 7,80 DM! +++ Großer Kleinanzeigenmarkt +++